教育部重点课题"翻转教学形态的变革与创新研究"（课题

# 从"翻转教学形态"走向"自觉教学形态"
## ——以初中数学教学现实为例

潘建明 著

河海大学出版社
HOHAI UNIVERSITY PRESS
·南京·

## 内容提要

以不同教学形态进行教学,其效能会有很大差异,因而对教学形态的变革与创新研究是一个非常重要的课题。教学形态主要反映在核心素养落实、教学资源整合、学情掌握、学习活动组织、教学方法选择、评价与反馈等方面。翻转教学形态的主要优势是通过有效的学教互动提升知能内化的效能,其劣势是对师生能力素养、资源开发和技术支持等挑战性很大。本书以初中数学教学现实为例,首先,分析翻转教学形态的优势与不足;其次,对自觉教学形态进行建构;再次,介绍自觉教学形态的三个核心要素——主导自觉(以教引学、以真学促真教等)、主体自觉(责任意识、学习心向、能力造就等)和支持自觉(氛围、载体、工具、平台等);最后,给出现实的教学案例。

**图书在版编目(CIP)数据**

从"翻转教学形态"走向"自觉教学形态":以初中数学教学现实为例 / 潘建明著. －－南京:河海大学出版社,2021.5
 ISBN 978-7-5630-6970-5

Ⅰ. ①从… Ⅱ. ①潘… Ⅲ. ①中学数学课－教学研究－初中 Ⅳ. ①G633.602

中国版本图书馆 CIP 数据核字(2021)第 092635 号

| | |
|---|---|
| 书　名 | 从"翻转教学形态"走向"自觉教学形态"——以初中数学教学现实为例<br>CONG "FANZHUAN JIAOXUE XINGTAI" ZOUXIANG "ZIJUE JIAOXUE XINGTAI"<br>——YI CHUZHONG SHUXUE JIAOXUE XIANSHI WEI LI |
| 书　号 | ISBN 978-7-5630-6970-5 |
| 责任编辑 | 陈丽茹 |
| 特约校对 | 魏　连 |
| 装帧设计 | 王云华　姚琴娣 |
| 出版发行 | 河海大学出版社 |
| 地　址 | 南京市西康路 1 号(邮编:210098) |
| 网　址 | http://www.hhup.com |
| 电　话 | (025)83737852(总编室)　(025)83722833(营销部) |
| 经　销 | 江苏省新华发行集团有限公司 |
| 排　版 | 南京布克文化发展有限公司 |
| 印　刷 | 广东虎彩云印刷有限公司 |
| 开　本 | 718 毫米×1000 毫米　1/16 |
| 印　张 | 14.25 |
| 字　数 | 286 千字 |
| 版　次 | 2021 年 5 月第 1 版 |
| 印　次 | 2021 年 5 月第 1 次印刷 |
| 定　价 | 68.00 元 |

# 序 言

## 找到教育教学行为健康进步的"可靠起点"

顾泠沅(上海教科院副院长、研究员、博士生导师)

无论是数学素养,还是教育素养,都有其坚定的"价值内核"。数学是研究客观事物数与形的抽象及其规律,基本方法是逻辑推理;教育则是通过不断地设计和改进教育教学方式以达到特定的育人目标的。一个是科学,一个是专业,两件事有机地合在一起才叫作数学教育。可是,两件事本身的研究对象不同,解决问题的思路各异,要说难,也许就难在这里。当然,要突破也正在于此。本书作者提出:"数学素养教育无可争辩地是一项没有终点的专业长跑,只有把数学课堂彻底地变成以学生的'自觉性学习为中心'的课堂,我们才有可能使数学素养教育变成现实",这是很有道理的。

教育的主阵地是课堂,只有赢在课堂才能赢得未来。因而,我们选择课堂作为切入点。第一,着力于对学生如何学数学的研究。数学素养教育要有学生的立场,我们要关注学生课堂上学得好不好、会不会、关键能力是否得到提升、必备品格是否养成,与此同时,更要关注他们学得累不累。第二,把数学教学的出发点和着力点从教师"如何教"转变为学生"如何学"。学生数学考高分和学生喜欢数学并不是一回事。数学教育对不同的学生来说,个性差别尤为明显,基础、需求各不相同。第三,教育观念朝着以学生的学习为中心这一核心内容发生转型。这样的课堂改革转型其实就是回归课堂教学的本真。数学教育首先要了解和理解学生,调动其积极性,激发不同的自我效能感,唤醒发展期望,让他们的身心获得解放,并释放出创造的潜能。教学创新和课堂转型已进入组合性突破的阶段,让学习真实而有效地发生,已逐步成为课堂改革转型的关键。

本书作者是个有思想的实践者。他辛勤耕耘在数学教育的园地已近四十年。几十年来他善于积累,以"因材循导、自觉体悟"的教学思想和鲜明风格为基础进行研究和总结,逐步形成了"主导自觉、主体自觉和支持自觉"的自觉教育思想,这都是作者加强自身"教育教学行为文化建设"的一次"试水"。这本《从"翻转教学形态"走向"自觉教学形态"——以初中数学教学现实为例》，其实就是这种"试水"的又一成果。面对时代要求、学情变化与教情变革的现实，这样的"试水"是非常可贵的。我们热情期待广大中小学教师像本书作者那样，在课堂拼搏中学会教学，以期逐步获得一种对教育教学的本真理解，找到教育教学行为健康进步的"可靠起点"。

**2021 年 2 月 26 日**

# 前 言

## 从"翻转教学形态"走向"自觉教学形态"

各种教学理念都有自身的教学形态。教学形态是以一定的教育哲学理论为基础的,外化为教学策略、手段、方法和途径,它是理论的现象化,区别于某种特定的教学形式。以不同教学形态进行教学,其效能会有很大差异,因而对教学形态变革与创新研究是一个非常重要的课题。

一、翻转教学形态的优势与不足

翻转教学形态是让学生通过一定载体(文本和超文本资源)预学习(课前或课内),再进行生生互动交流和完成相关练习,教师根据学情组织学生进行多种形式的学教互动,帮助全体学生完成认知、理解、思辨、应用、深化等,再进行达标检测与补偿性学习的一种教学形态。

翻转教学形态的优势在于:①在一定程度上改变了填鸭式的弊端,较好地改变学生学习的被动状态,能激发学习的积极性和主动性,能培养自主学习和独立思考的能力;②关注每一个学生提出的个性问题,丰富了每一个学生对知识的理解;③在线学习课程资源最大好处就是方便、不受时间控制、可重复等;④能够兼顾每个学生不同的能力水平,通过良性差异互动,能较好地实现全体学生"手拉手一起走";⑤超文本资源(如视频、学件等)可以广泛地分享,对实现教育均衡发展有一定的积极意义。

翻转教学形态的不足在于:①对师生能力素养、资源开发和技术支持等挑战性很大;②学生观看视频等用眼时间过长,会严重伤害学生视力;③教师的精力有限,无法顾及所有学生提出的问题;④学生缺乏自主能力和自觉性,会造成部分学生的"虚假学习",同时由于缺少了课堂的紧张感和严肃性,注意力容易分散,难以保证学习效率;⑤网络上能共享的资源太少,教师要花费大量的时间和精力进行教学设计、制作、批阅、答疑、上课和补偿教学等。

二、为什么要进行"翻转教学形态的变革与创新"

在翻转教学中,由于受到设计水平和技术水平的制约,目前大多数教师录制的大多数微课视频都是以简单的PPT录屏为主,展示内容形式主要是"文本＋讲解",其效果远远达不到动态化、生成化和寓教于乐的要求等。网上很难找到适合现实教学情况的视频,要想制作出丰富多彩、生动形象的微型教学视频,所花费的时间成本和经济成本都是巨大的。与此同时,翻转教学对师生的素养要求较高,对于教学设施、设备、网络和流量都有较高的要求,对教学资源的匹配性开发不是学校个体层面能有效完成的,存在一些"先天不足"的问题,因此很难普及所有学校(特别是农村中小学),适用范围有限。很多人认为翻转教学不适合长期学校教学,只可作为教学辅助,因而,翻转教学的命运必然会是"昙花一现"。但翻转教学的实践和研究,开阔了我们的视域,使师生角色发生了深刻的变化,翻转教学形态的一系列优势正是我们变革常态教学的弊端所需要的。如何将翻转教学形态的优势在常态教学中发挥,弥补常态教学的不足,是我们对"翻转教学形态的变革与创新研究"的动力和缘由。

三、怎样进行"翻转教学形态的变革与创新"

我们在教育部重点课题"翻转教学形态的变革与创新研究"(批准号:DHA160378)的研究过程中,受到了很多的启迪。我们提出从"翻转教学形态"走向"自觉教学形态",绝不是理念性的主张,只停留在概念化的层次,甚至是口号化的"表象",更不是"华丽转身",也不是新教学形态的"横空出世",而是对传统教学形态、常态教学形态和翻转教学形态优势的良好继承。主要途径有以下两个方面:其一,对"翻转教学形态的变革"主要体现在改进教学形态上,实现了从"翻转教学形态"到"自觉教学形态"的跨越;其二,对"翻转教学形态的创新"主要体现在改进学习的形态上,实现了从"教学观念"到"学习方式转型"的"降维性深入",成功立项了江苏省教育科学"十四五"规划课题"促进自觉性学习有效发生的行动研究"(立项编号:D/2020/02/15)。

四、自觉教学形态概述

"自觉"是指唤醒学生的责任意识,实现自律和自主等,即内在自我发现、外在创新的自我解放意识,体现自我实现、自我完成和实现自我。自觉教学形态中的"自觉"表现为:①自主:在老师的帮扶下逐步学会自主性学习、能动性学习,走向自主性成功;②责任:无须他人鞭策便能主动地采取适当的行动达成学习目标;③自律:在无外界强压的情况下追求目标达成的能力;④自强:学生自己(向优秀的同伴学习)不断超越原来的自己;⑤自为:自我培养创新性动手能力;⑥觉①悟:不断觉察反思、理论与实践的双向检视感悟。

自觉教学形态旨在使数学教学过程成为学生的生命被激活、被发现、被欣赏、被丰富、被尊重的过程,成为学生生命的自我发展、自我生成、自我超越、自我升华的过程。

自觉教学形态是"以学习为中心"的一种教学理念,它严格遵循学生原有的数学知识背景、认知差异和数学发展需要,遵从学生数学知识、能力和情感所组成的逻辑链生长的规律,以"以学生发展为本"作为起点,着力培养学生数学思维的严密性、深刻性、求异性、创新性和批判性,从而凝成可贵的数学学习品质,进而学会自我观照、自我调整,并最终达成自觉自悟、自我超越的理想目标。自觉教学形态以学生发展为本,关注数学教育的全纳性(学生多向度潜能的开发)、全人性(学生本质力量的释放)和全面性(学生数学世界图景的建构),促进学生的自觉成长。

---

① 觉:觉势、觉人、觉事、觉智慧。

# 目 录

## 上篇 "翻转教学形态"的变革：构建新型教学形态

第一章 自觉教学理念 ……………………………………………（003）

　第一节 主导自觉 …………………………………………（004）

　第二节 主体自觉 …………………………………………（014）

　第三节 支持自觉 …………………………………………（022）

第二章 自觉教学主张 ……………………………………………（030）

　第一节 因材循导 …………………………………………（031）

　第二节 自觉体悟 …………………………………………（040）

　第三节 平等对话 …………………………………………（049）

第三章 自觉课堂建构 ……………………………………………（062）

　第一节 课堂十维标准 ……………………………………（063）

　第二节 主要策略元素 ……………………………………（075）

　第三节 课堂结构图谱 ……………………………………（087）

## 下篇 "翻转教学形态"的创新：构建新型学习形态

第四章 自觉学习观念 ……………………………………………（103）

　第一节 学习是学生的事 …………………………………（104）

　第二节 还学习过程于生 …………………………………（115）

　第三节 让学习真实发生 …………………………………（125）

第五章　自觉学习品质 …………………………………………………… (139)

　　第一节　自觉性学习概念 ……………………………………………… (140)
　　第二节　自觉性学习品质 ……………………………………………… (150)
　　第三节　自觉性学习培育 ……………………………………………… (160)
　　第四节　学习指标体系 ………………………………………………… (172)

第六章　教学现实案例选 ………………………………………………… (185)

　　第一节　我的"自觉数学"教学思想 …………………………………… (186)
　　第二节　在认知冲突中动态生成——例说对例题潜能的挖掘 ………… (192)
　　第三节　立足"发展本位"唤醒"自觉性学习"——苏科版数学教材八年级
　　　　　　上册"一次函数的图象(1)"教学实录与启示 ………………… (196)
　　第四节　自觉体悟,促进智慧生成——以"中心投影"之教学实践为例
　　　　　　……………………………………………………………………… (204)
　　第五节　把握模型本质　建立模型联系 ……………………………… (208)

参考文献 ……………………………………………………………………… (215)

后记:建构自觉的数学教学"意义世界" …………………………………… (216)

# 上篇

## "翻转教学形态"的变革：构建新型教学形态

翻转教学形态的本质是在充分掌握学情的基础上，精心组织适合的学习资源，将其推送给学生，学生进行自组织预学习，用进阶练习的反馈来分析学情，确定教学活动的起点和再组织的逻辑路径，在教师的引导下，通过混合学习、互助反思性学习等有效途径达成教学目标，以此来改进教学关系，提高课堂教学效能。翻转教学形态不仅需要对传统的固定教学环节进行调整，更需要对传统的教学理念和教学方式进行改造，实际上这是一场教学文化与学习文化的双重变革。

翻转教学，若只注重形式上的"翻"，不注重理念上的"转"，只会让翻转课堂的路越走越窄，直至无路可走。进行翻转教学形态的变革，对于教学理念、教学方式和教学结构进行转型性变革就显得更加重要。我们必须打破传统思维定式，充分发挥信息技术的优势，推动教学结构的整体变革。

"翻转教学形态"的变革就是构建新型教学形态。在新型教学形态的构建中，要基于核心素养的有效落实：①全面贯彻立德树人的教育方针，需要确立学科育人的教育学立场；②要将学生的发展性主体地位有效落实，需要凸显课堂教学中"人"的因素；③关注学情差异和发展需要，精准施教；④要践行有效的学教互动，建立新型的师生关系；⑤要在教学过程中体现教学目标，促进核心素养目标的达成。具体体现在以下几个方面。

(1) 观念变革：从知识性教学到以育化人——价值提升；
从部分性碎片到整体结构——开阔视域。
(2) 内容变革：从死教教材到灵活用教材——策略转换；
从散点教学到逻辑性关联——结构思想。
(3) 设计变革：从抽象的学生到具体的学生——聚焦问题；
从封闭教学到开放性教学——灵活多变。
(4) 过程变革：从机械执行到动态性生成——重心转移；
从单边互动到多维性促进——场域效应。
(5) 评价变革：从单向评价到双回路反馈——理念变化；
从评价结果到过程性评价——功能转换。

现代教育技术是推进教育教学深层次变革的引擎,我们进行翻转形态的变革与创新研究就要找到现代教育技术与学科教学融合的突破口,构建有效的现代数学教学形态,满足学生个性学习和发展的需要,促进教学形态的"良序转型"。

# 第一章　自觉教学理念

随着信息技术的不断发展与核心素养课程标准的落实,翻转教学等新型教学思潮让当下的教育教学发生了深刻的变化,冲击着传统的教学模式、教学观念,如从重知识传授走向重能力培养、从重记忆背诵走向重思考梳理、从重理论走向理论与实践结合、从重说教走向重体验、从重知识灌输走向重学生探究等,从而引发了教学策略、教学方法和手段的变革。由此可见,现代教育技术与翻转教学对推进教育教学的改革与发展起着一定的作用。

翻转教学形态的主要特点有以下几个方面:①关注个性化学习。翻转教学十分关注对学生的数字化学习能力的培养,并在"互联网+"的背景下提供了灵活多样的检索方式,较好地满足学生的个性化学习需要。②课程学习交互性。将课程内容以超文本方式呈现,提供良好的导航系统和功能,设计灵活多样的学生练习和训练内容,提高网络课程的交互性。③学教活动的开放性。提高课程和资源的开放性,提供相关的参考资料和相应的网址,对于同一知识内容,提供不同角度的解释和描述,让学生在对多样看法进行交叉思考的过程中,产生高阶思维的火花。④及时的反馈性。网络平台系统能帮助学生及时了解学习情况,以便改变自己的学习行为方式,并可以对学生学习失败的风险进行良好的干预。

翻转教学形态给了我们很多启迪,如教学要从传统的"离身学习"走向"具身学习",要真正使教育向"人本""自然中心""生活中心"回归等。对初中数学的教学,我们要向下列一些方向变革:①改进数学育人环境,营造具有浓厚气息的数学外显文化和软文化;②在现有数学校本课程的基础上,逐步修订和完善数学课程校本化实施方案,形成具有鲜明特色的数学课程体系;③通过改进数学教学来改变数学学习方式,通过数学学习环境建设促进教与学方式的改变;④要不断提升教师自身的数学教学素养,优化课堂教学策略;⑤课堂教学中要让不同层次的学习者在情感、知识、能力等各方面都能得到应有的提高;⑥重建符合学生心理特点的新型师生关系。

怎样在翻转教学形态的基础上进行新的教学形态的建构呢?我们认为重在体

现"三个自觉":主导自觉、主体自觉和支持自觉。

课堂有效,是否意味着学生学得有效?学生在多大的程度上领悟了"教"?有时,我们关注学生,可能只关注部分学生,而非全部学生。基础教育的根本是关注全体学生,教师所要做的是"引发作为一个合格公民的满足",满足每一个学生的个性化学习和发展的真正需求。

# 第一节　主导自觉

我们对数学素养教育的认识常常会受到我们所处时空的限制,稳固的思维范式没有摆脱先验性的价值判断和演绎性论断的束缚。"互联网+"、现代教育技术、知识经济等浪潮及多元价值观的思潮,正以惊人的速度与力度影响并改变着我们的生存方式和学习方式,它激起了我们对数学教育教学的反思,我们开始关注每个学生成才的不同潜能,开始相信"教学过程"其实就是学生"本质潜能"的开发和释放过程。

美国著名的哲学家、教育家杜威曾说:"如果我们以昨天的方式教育今天的孩子,无疑就是掠夺了孩子的明天。"这句话的含义是非常深刻的。现代社会正在从知识本位走向综合素养本位,数学素养教育要关注学生的关键能力和必备品格的形成,更要关注学生的可持续发展。毫无疑问,知识是重要的,但是在当今社会比知识更重要的是学生的思维能力;学生的思维能力是重要的,但是比思维能力更重要的是学生的态度情感与价值观。在教学中千万不能形成学生不愿意、不喜欢学习的"反教育""反教学"现象。如何才能避免这类不良教学现象的发生?唯有做到主导自觉。

主导自觉就是在教学中要充分体现以学生发展为本的教学理念,在尊重学生的差异和数学发展需要的基础上,整合优效课程资源,通过有效的载体和途径进行以教引学,能够以真学定真教,有效激发学生积极的学习动机和自我发展期望,在教学过程中践行有效的学教互动,在多维互动中释放学生本质潜能,促进学生自主生成和自觉建构。主导自觉具体体现在教学过程中的导学(导读、导思、导练和导悟等)、导行(习惯、责任、方法、策略等)和导向(人生观、价值观、世界观和哲学观)等中。

## 一、导学

"教"也是源于"学"的,意味着一种"督促"或"促进"学生"学"的活动。"教"以

"学"为中心,"学"以"教"为条件。而"学"则指"觉也,以反其质",即不断地"觉悟"以回归本性(善性)的过程。因此,"教""学"不仅仅是指"知识的传递和获得",而且是指"引起学生积极的思想活动",以便更好地理解和实践伦理原则的过程。

(1)导读。阅读能力是学生自组织学习能力的一个重要方面。从长远来看,培养这方面的能力是学生将来独立地获得知识、进行创造性工作所不能缺乏的。但是,长期以来,在教学中(特别是理科)对学生阅读能力的培养一直未受到重视,结果导致不少学生,只习惯于听课,而不习惯自己看书;习惯于上课记笔记,不习惯自己课外做笔记;习惯于被动地回答教师提出的问题,而不习惯自己提出有价值的问题。

(2)导思。"思"是"学"的基础和前提。无论我们让学生用何种先进的学习方式进行学习,都是以独立而又深入的思考为前提的。我们在教学过程中要特别注重创设问题情境,把学习内容以问题的形式呈现出来,把学习过程营造成发现问题、提出问题、研究问题、解决问题的过程。在教学中关注以下问题:①在问题情境中思考;②在动手实践中思考(做中学);③在自主探索中思考;④在合作交流中思考。我们要注意设置教学情境,如实验、演示、让学生亲自体验等,将不同的对象或现象进行对比,引导学生分析其异同,突出矛盾的特殊性,通过比较、想象、联想等思维活动,发现问题。在引导、点拨、启发下,使学生一直处于探索、思考、分析和解决问题的兴奋状态中,遵循学生多思促多疑、多疑促多问、多问促多知的认知规律,达到激发学生学习动机、提高学习效率的目的。

(3)导练。练习是数学教学过程中的一个重要组成部分,不仅能使学生对所学知识加深理解,而且能把知识转化为能力。课堂教学中要充分考虑学生的学习特点、学生的认知规律和心理特点,因此在设计练习环节时应该充分考虑这些因素,优化练习设计,更加有效地达到练习的目的。一方面,要熟悉教材,根据教学内容的重难点精心策划练习;另一方面,还要了解学生的知识水平,做到有的放矢,练习才能精准针对。在练习设计时必须把握住知识的重难点,注意到学生的原有水平。自觉教学形态中提倡"教师下题海,学生荡轻舟!",同时,在练习设计中要在重点、疑点、难点和易混点上发力,要关注"精讲巧练"。

(4)导悟。悟是一切学习的"慧根"。感悟,是指人们对特定事物或经历所产生的感想与体会,是一种心理上的"妙觉"。它的表现形式不一,或渐悟或顿悟,或隐藏或彰显。真正的感悟来源于人们的亲身经历与感受,有的是渐渐的领悟,有的则是瞬间的开悟。正是不断的感悟使人们对人生、对事物以及对世界的看法发生了改变。高层次的感悟与自身的心境和心力有直接关系。自觉教学形态中的感悟的真正意义是促进学习经验的提升,只有关注学生学习经验提升的课堂才是"现代的"课堂。

**案例:苏科版七年级下册第九章"整式乘法与因式分解"章头图教学(片段一)**

师:今天我们来研究第九章"整式乘法与因式分解",谁来对课题"整式乘法与因式分解"进行解读,谈谈你的理解?

生3:整式乘法与因式分解,反映的是一个过程,从图形的面积出发去学习乘法公式。

生4:在学习乘法公式前,还有一个知识点,就是乘法运算。

师:谁的乘法运算?有理数的乘法运算?整式的乘法运算?

生4:有理数的乘法运算我们研究过了!就该是整式的乘法运算,上学期,我们学习了整式的加减,现在我们应该学习整式的乘法。

师:很好!两位同学分析得有道理。请大家回忆一下当初学代数式时,我们说代数式中的字母可表示什么?

生5:数与式。

师:在目前我们所学的整式里,包含的式有哪些?

生5:单项式或多项式。

师:如果我们将两个整式$A$、$B$的乘法用$A \cdot B$来表示,大家能说出整式$A \cdot B$所出现的类型有哪些吗?

生5:有单项式乘以单项式。

生6:还有单项式乘以多项式。

生7:还有多项式乘以单项式,还有多项式乘以多项式。

师:由于乘法具有交换律,我们将"单项式乘以多项式"和"多项式乘以单项式"看成是同一类型的问题。现在,我们可以将其分为几种类型?

生8:有三种类型:单项式乘以单项式,单项式乘以多项式,多项式乘以多项式。

**启示**:在整式乘法的学习过程中,学生遇到的最大的难点是对相关运算法则的理解。这里突破难点的方法是对字母含义的本质理解和让学生自己来学会分类,奠定了分类探究乘法法则的基础。

(5)导规律。客观事物发展过程中的本质联系,具有普遍性的形式。本质是指事物的内部联系,由事物的内部矛盾所构成,而规律则是就事物的发展过程而言,指同一类现象的本质关系或本质之间的稳定联系,它是千变万化的现象世界的相对静止的内容。世界上的事物、现象千差万别,它们都有各自的互不相同的规律,从其根本内容来说可分为自然规律、社会规律和思维规律。自觉教学形态中要让学生在静止中看到变化,在变化中发现规律,并能尝试进行知识、能力、策略的结构化建构。如图1-1所示是苏科版七年级下册第九章"整式乘法与因式分解"章头图教学的板书设计,旨在让学生看到整章知识之间的结构性规律,便于促进学生对关系性的理解，使学生能牢固地掌握知识。

第九章 整式乘法与因式分解

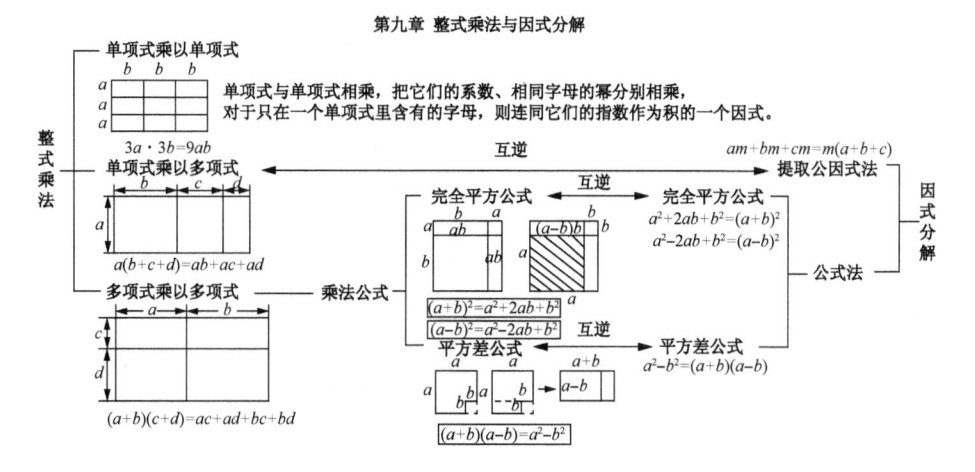

图 1-1 章头图教学的板书设计

（6）导课程。自觉教学形态中关注整合初中数学教材的单元结构，立体化"教材"，建立适合学生个性化学习的课程内容。关注知识可视化、问题层次化、层次梯次化、梯次渐进化。关注分层学习、分层目标、分层达标、分层训练。我们工作室全体人员相继开发了全国首个初中数学 MOOC 课程（青果在线学校）和配套苏科版初中数学教材的"学与教活动单"和"一学三单"等校本化课程。

教学过程本身是促进，也是束缚学生发展的最大力量。我们要从数学课堂的组织层面和教学策略运用水平上来关注对数学课堂中学生生活方式的改造，我们要还给学生理性的自由、人格的自由、心灵的自由和创新的自由，要让知识逻辑程序转化为学生的心理程序，要努力培养学生勇于自我超越的"积极精神"，打破学生数学学习中的僵化和自我封闭意识，把感悟、反省、质疑和批判作为一种生活方式，让学生学会自我否定和自我超越。

## 二、导行

我们的数学教学只有有了学生的"数学立场"，才能满足学生的数学发展需要。"以学生发展为本的数学"将重新赋予数学教学应有的魅力，它基于学生生活、顺应学生的天性，让学生从自我经验出发，在数学学习活动中自主建构，进而理解数学本质，同时达到学生"本质力量"的全面释放！数学素养教育的本质是促进学生的知、情、意、行相统一，并得到和谐的发展，"行"是教育教学的一个重要方面，我们要促进学生的学习行为不断地优化，不断地向好的学习行为转变。如何使学生的数学学习行为向好的方向转变呢？要重点关注习惯、责任、方法、策略和智慧等一些关键问题。

(1) 导习惯。习惯决定命运！教育家叶圣陶老先生曾经指出："简单地说，教育就是要养成习惯。"其实，一切教育都可归结为养成学生的良好习惯。习惯真正是一种顽强而巨大的力量，它可以主宰人的一生。我们曾经熟知这句话："播种一个行为，就会收获一个习惯；播种一个习惯，就会收获一个个性；播种一个个性，你就会收获一个命运。"然而，良好学习习惯的培养不是一蹴而就的，我们在教育过程中必须有足够的耐心和毅力，反复教、教反复，一丝不苟，持之以恒。自觉教育不仅要关注学生的生活习惯、学习习惯，更要关注其思维习惯的养成，特别是思维的有序性、严谨性、批判性和创新性等特质的形成。

(2) 导责任。责任是一个人不得不做的事或一个人必须承担的事情。责任按照其内在的属性可以分为：角色责任、能力责任、义务责任和原因责任。①责任体现了一个人的心态、态度、原则、作风、风格、习惯、思想等；②责任体现了一个人的心智、格局和胸怀；③责任体现着一个人的使命、生活空间和追求；④责任是一个人人生观、价值观和世界观的体现，是一个人对待人生和生命环境的态度。在教学过程中，要教育学生学会对自己负责，就要跳出老师、书本和同学的圈子，去看到别人看不到的风景，建构不同于别人的有价值的思考。

(3) 导方法。先辈们说过："没有正确的方法，即使是有眼睛的博学者也会像盲人一样盲目摸索。"科学的方法是通向成功的桥梁。自然科学和社会科学的快速发展，导致学科知识容量与学生知识需求量的空前扩大；与此同时，整个社会对学科教学也提出了前所未有的更高要求，特别是在"互联网＋"的背景下学生形成了新的求知趋向、新的心理特征、新的学习需求。世界变了，生存方式变了，学法变了，教法怎能不变？在自觉教育教学过程中，我们不仅要关注有意义接受学习和发现学习(自主、合作和探究)的指导，更要关注现代学习方式(混合学习、协作学习、深度学习和智慧学习)的指导。

(4) 导策略。这里的学习策略主要是指学生为了提高学习的效果和效率，有目的、有意识地制定有关学习过程的复杂方案，即学习策略是与元认知、认知策略、自我调节的学习等有关的学生的自我管理活动，诸如计划、领会、调节、监控等。在自觉教育中十分重视学生的自组织学习力的提升，和自主性、能动性学习品质的形成，同时也十分重视学生的学习策略与思维策略的培养和其运用水平的提升。

(5) 导智慧。智慧(狭义的)，它是生物所具有的基于神经器官(物质基础)的一种高级的综合能力，包含感知、记忆、理解、联想、情感、逻辑、辨别、计算、分析、判断、文化、包容、决定等多种能力。智慧是由智力系统、知识系统、方法与技能系统、非智力系统、观念与思想系统、审美与评价系统等多个子系统构成的复杂体系所孕育出的能力。它包括遗传智慧与获得智慧、生理机能与心理机能、直观与思维、意向与认识、情感与理性、道德与美感、智力与非智力、显意识与潜意识、已具有的智慧与智慧潜能等众多要素。自觉教育旨在激活智慧的本质要因,即让学生通过不断地"再自觉"的过程,能深刻地理解人、事、物、社会、宇宙、现状、过去、将来,拥有思考、分析、探求真理的能力。在其学习方式上,让学生进行学习与创造、创新并成的智慧性学习能力的提升。

(6)导互动。在课堂教学中,我们要适时注意挑起矛盾,围绕某个问题,通过多种形式的讨论,相互交流,各抒己见。互动是协作过程中最基本的方式或环节,比如,学习小组成员之间必须通过交流来商讨如何完成规定的学习任务,以达到意义建构的目标,以及怎样更多地获得教师或他人的指导和帮助等。其实,协作学习的过程就是交流的过程,在这个过程中,每个学习者的想法都为整个学习群体所共享。交流对于推进每个学习者的学习进程,是至关重要的手段,应该贯穿于整个学习活动过程中。教师与学生之间,学生与学生之间的协作,对学习资料的收集与分析、假设的提出与验证、学习进程的自我反馈和学习结果的评价以及意义的最终建构都有十分重要的作用。

(7)导运用。开展形式多样、生动有趣的数学知识运用活动,使学生把学到的理论知识运用于实践,可加深学生对已学知识的理解,亦可增强学生的记忆力,还可开拓学生的知识领域,进一步开阔眼界。学生不仅巩固和拓展了知识,获得新知识和分析解决实际问题的能力,拓宽知识视野,而且从中学会了分析问题、解决问题的方法,并提高了技能,真正达到了"学以致用"的目的。

(8)导建构。建构的意义是指事物的性质、规律以及事物之间的内在联系。强调学生是认知主体,是意义的主动建构者,所以把学生对知识的意义建构作为整个学习过程的最终目的。在学习过程中帮助学生建构的意义就是要帮助学生对当前学习的内容所反映事物的性质、规律以及该事物与其他事物之间的内在联系达到较深刻的理解。教学设计通常不是从分析教学目标开始,而是从如何创设有利于学生意义建构的情境开始的,整个教学设计过程紧紧围绕"意义建构"这个中心而展开,不论是学生独立探索、协作学习还是教师辅导,学习过程中的一切活动都要从属于这一中心,都要有利于完成和深化对所学知识的意义建构。

**案例:苏科版七年级下册第九章"整式乘法与因式分解"章头图教学(片段二)**

师:前面我们介绍了整式的乘法和乘法公式,我们现在回头看看它们的本质特征,等号表示一个运算过程,它的左边和右边分别代表的是什么?

生:等号的左边是两个整式的积的形式,右边是一个多项式(和的形式)。

师:大家还记得小学时怎样分解质因数吗?

生:把一个合数分解成几个质因数的积。

师:今后我们在很多时候会将一个多项式分解成几个整式的积的形式(板书:

把一个多项式分解成几个整式的积的形式叫作因式分解),因式分解是同学们必须掌握的学习工具,在今后的其他内容的学习中"用它没商量"。现在我们把刚才做的例 1 和例 2 的等号两边的式子反过来写,就有:$2x^3+x^2-5x-3=(2x+3)(x^2-x-1)$和$-4x^2-4xy-y^2+9=(-3+2x+y)(-3-2x-y)$,大家能看出因式分解与整式乘法是什么关系吗?

生:互为逆运算的关系。

师:从严格的意义上来讲,它们不是互为逆运算的关系,叫作"互为逆变形"较为妥当。大家看看老师从上课到现在的板书过程,如图 1-2 所示,你们对如何进行因式分解想说点什么?

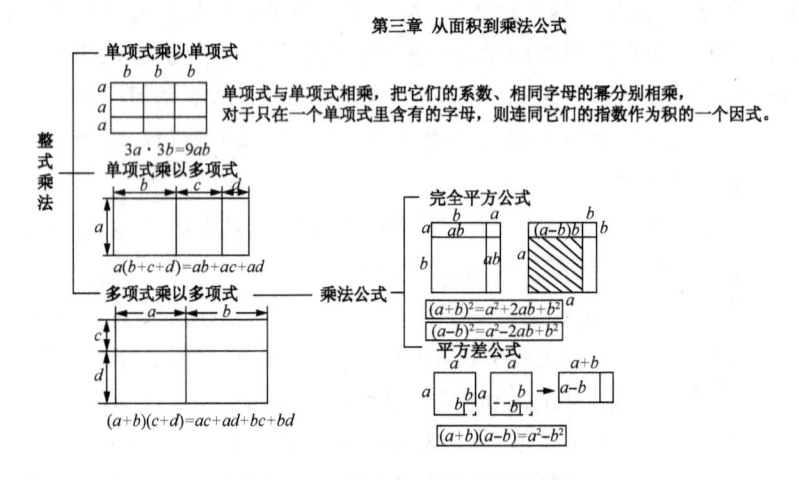

图 1-2　整式乘法部分结构图

生 9:老师,只要将单项式乘以多项式的法则反过来就是因式分解的方法:$ab+ac+ad=a(b+c+d)$。

师:好的,我们把这种方法叫作提取公因式法。

生 10:将完全平方公式反过来就是因式分解的方法:$a^2+b^2\pm 2ab=(a\pm b)^2$。

生 11:将平方差公式反过来就是因式分解的方法:$a^2-b^2=(a+b)(a-b)$。

师:我们把这种方法叫作公式法,但此时的这两个公式分别叫作因式分解的完全平方公式和平方差公式,和整式运算法则的公式刚好相反,这一点同学们一定要注意。

生 12:将多项式乘以多项式的法则反过来也是因式分解的方法:$ac+ad+bc+bd=(a+b)(c+d)$。

师:对,这是今后要学到的分组分解法。

生 13:老师,将单项式乘以单项式的法则反过来也应该是的。

师：同学们,你们有什么看法？

生14：不是的。因为单项式乘以单项式的结果是单项式,反过来是将一个单项式分解为两个单项式的乘积,因式分解是将一个多项式进行分解,所以它不是的。

生13：哦,我明白了。

师：本单元中主要让同学们学习提取公因式法和运用公式法。请同学们思考：将一个多项式进行因式分解是否只能用一种方法？

生：不是,应该几种方法可以同时用的。

师：先考虑用什么方法？

生：先考虑提取公因式。

师：为什么？

生：提取公因式后括号里的多项式就变得简单了。

师：对！在做因式分解题时,首先想到提取公因式,然后再用其他的方法,在本单元中提取公因式后,括号里若是二项式,会想到再用什么方法？

生：平方差公式。

师：若提取公因式后,括号里若是三项式,会想到再用什么方法？

生：完全平方公式。

师：本单元中因式分解的方法如图1-3所示。

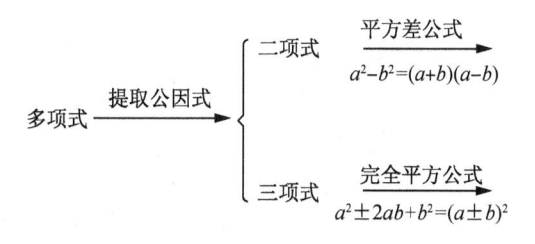

图1-3 因式分解方法导图

多项式 $\xrightarrow{\text{提取公因式}}$ 
- 二项式 $\xrightarrow{\text{平方差公式}}$ $a^2-b^2=(a+b)(a-b)$
- 三项式 $\xrightarrow{\text{完全平方公式}}$ $a^2\pm 2ab+b^2=(a\pm b)^2$

启示：①在本章起始课中,尽管是让学生对知识体系的初步感知,但其感知的线还是要遵循知识发生发展的逻辑线索,要让学生感到"顺理成章"；②因式分解这部分内容主要还是让学生有一个结构化"预想",教师对方法和注意点只是点到为止。

数学素养教育只是一时的外在行为,体验则是学生学习生命的全部。数学教学不应该是刻板的知识传授,而应该是通过丰富多彩的数学学习活动来激发兴趣,发展学生对数学的理解力和应用能力。导行并不是表面上的习惯、责任、方法等,而是要关注深层次的思维习惯、成长责任、深度参与、评价创建和高阶思维等能力的形态。因此,在教学中要给学生充分的时间和空间去尝试、探索问题,让他们在数学学习活动中学会观察、分析问题,丰富解决问题的策略。

## 三、导向

王梓坤先生在总结数学的作用时说:"对全体人民科学思维和文化素养的哺育。"他还进一步指出"数学文化具有比数学知识体系更为深邃的文化内涵,数学文化是对数学知识、技能、能力和素质的高度概括"。学生学习数学的最终目的绝非单纯为了获得相关的知识,更重要的是通过学习接受数学精神和思想方法,将其内化成自己的智慧,使思维能力得到提高,情操修养得到陶冶,并把它们迁移到工作、学习和生活的各个方面。自觉教学形态的导向体现在立德树人、以育化人,具体表现在引导正确的人生观、价值观、世界观和哲学观等。

(1) 导兴趣。兴趣是人们积极、主动地认识客观事物的一种心理倾向,学习兴趣是学习动机的重要心理成分,它是推动学生探求知识的动力,它会使学生产生学习需要,是学习活动中最现实、最活跃的因素,是一种强大的内趋力。学生一旦有了学习兴趣,就会自发地把心理活动指向学习对象,对学习充满热情,就能把学习的积极性调动起来,从而养成良好的学习习惯,提高学习效率。因此,我们在教学过程中要根据教材实际,千方百计地创设兴趣情景,来激发学生的学习兴趣,调动学生的学习积极性,引起学生更广泛的求知欲。

(2) 导反馈。人们对客观事物的认识与理解仅仅是掌握它、驾驭它的第一步,要真正做到熟练掌握,应用自如,就必须通过反复的实践。通过设计一些短小精悍且富有启发性、典型性、代表性、创造性的课堂教学平台检测练习,让学生将已有的知识运用于实际问题,迁移重组,以深化对知识的理解,从而使学生能举一反三、触类旁通。根据教学平台的及时反馈数据,针对学生对知识理解和掌握的情况,制定补偿教学方案,使学生形成完整的知识体系;要根据教学平台中学生学习行为的数据,指导和帮助学生修正学习行为,促进学习方式的转变。

(3) 导创新。社会的发展对人才提出了新的要求,培养学生的创新意识和能力已成为教育的重要任务。创新能力是在智力发展的基础上形成的一种综合能力,它是人的能力的重要组成部分,随着社会的发展,对人的创新能力要求越来越高,它已成为 21 世纪人才必备的素质之一。数学素养教育重在培养学生的创新能力,课堂是培养学生创新能力的主阵地。因此,在教学中更应该积极培养学生的创新能力。我们的数学教学要从知识本位转变为创新本位,使沉睡的创新潜能得到有效的开发,并使其升华成强烈的创新意识和无限的创造力。这才是教育对知识经济挑战的主动应答,也是教育价值的最高体现。

(4) 价值观。价值观是基于人的一定的思维感官之上而做出的认知、理解、判断或抉择,也就是人认定事物、辨别是非的一种思维或价值取向。价值观具有相对的稳定性和持久性。在特定的时间、地点、条件下,人们的价值观总是相对稳定和持久的。自觉教育的本质是让学生在学会真善美的同时,也要学会辨别假恶丑,特别是要提升学生明辨是非的能力,并提升参与社会活动和服务社会的意识和能力。

(5) 世界观。世界观是人们对世界的基本看法和观点。世界观是指处在什么样的位置、用什么样的眼光去看待与分析事物,它是人对事物的判断的反应。世界观具有实践性,人的世界观是不断更新、不断完善、不断优化的。世界观的基本问题是意识和物质、思维和存在的关系问题,根据对这两个问题的解答,可将它划分为两种根本对立的世界观类型,即唯心主义世界观和唯物主义世界观。

(6) 哲学观。哲学观是指人们对哲学和与哲学相关的基本问题的根本观点和看法,这样的根本观点和看法集中体现为一种哲学学说或哲学理论所具有的核心理念和基本观念。自觉教育倡导的是世界上任何问题都是相对的,没有绝对的问题,对人、事、物要用全面、公正、客观的眼光看待,要用发展、变化、运动的意识来思考问题。

**案例**:在教苏科版七年级上册第三章第一节"字母表示数"时给出了这样一个情境:小明星期天在家休息,妈妈让小明扫地,又让小明倒垃圾,小明做完后,想买足球,可手里没钱。小明灵机一动,写了一张纸条:扫地2元,倒垃圾3元,上次洗碗5元,拖地10元,共20元。小明将纸条放在桌子上,躲在一旁看妈妈的反应,妈妈看到纸条后,在上面写了:给小明做饭 $a$ 元,带小明去医院看病 $b$ 元。

**师**:同学们,你们知道小明妈妈这里写的 $a$、$b$ 表示的是什么吗?

**生1**:$a$ 是小明妈妈给小明做饭的工资,$b$ 是小明去医院看病用去的钱数。

**生2**:不!老师,我感觉到小明的妈妈并不是向小明要钱,而是在告诫小明,父母为了养育他,已付出了很多。

**生3**:对!老师,我感觉到这里的 $a$、$b$ 体现了小明妈妈对小明无限的爱。

**师**:同学们,他们说得对吗?

**生**:对!

**师**:你们感觉到父母对你们的爱了吗?

**生**:感觉到了!

**师**:你们将如何回报你们的父母?

**生**:好好学习,做一个对社会有用的人。

**师**:小明的做法对吗?

**生**:不对!

**师**:为什么不对?

**生3**:每一个学生帮父母做一点力所能及的家务是应该的,不应该向父母要钱!

**师**:那像小明一样,没钱买足球怎么办?

生3：可以向父母说明白。

……

**启示**：没有价值观的课堂是没有灵魂的课堂！德育是素质教育的核心，我们要关注学生数学学习与社会生活的联系，引导学生关注社会。重视开发课程的人文价值，关注身边的人和事，让学生从中自我感悟，自我教育。教师要因势利导，让数学课堂充满人文色彩。德育无处不在，我们可以因势利导挖掘许多道德因素，让学生自己感悟，而不需要刻意雕琢。

学生的学习过程同时包含两方面的意义建构：一方面是对新信息的意义建构，另一方面也是对原有经验的改造和重组。主导自觉体现的是作为教育教学负主导责任者——老师，要调动一切积极因素，立足学生原有的认知基础和最近发展区，关注差异，采用高效的知能呈现方式，进行因材循导，促进学生形成阳光品格、负责任的态度、较强的自组织学习力，使优效思维品质不断提升。

学生的素养和能力的培养是综合的、立体的、多元的，数学学习力的提升必须遵从"简单模仿—初步掌握—本质理解—自觉运用—素养形成"的递进过程。在学生学习的活动中，我们要给学生一个完整的、有效的学习过程，不应该为突出一个特色或模仿一所名校的做法，而武断地将应该给学生的完整的学习过程割裂或让学生没有完整的体验。主导自觉关注的是把学生培养成发现知识和创造智慧的人，关注的是学生数学综合的、立体的、多元的能力的提升和必备品格形成的"自觉"。

随着信息学和行为学研究的深入，人们逐渐认识到，教育真正的最高境界，是唤醒学生的自我责任意识，发掘学生自身原有的动力和天分，培养学生学习的自组织能力，只有这样我们的教学才有可能取得一定的效能。

## 第二节 主体自觉

自觉教学形态认为：数学认知结构的形成是一个复杂的系统工程，它是对数学知能主动地进行不断地组织和再组织的过程，学生思维能力的提升是不可以直接传授的，需要自我经过不断地体验、感悟、领悟、觉悟和顿悟后才能达成。事实证明，在教学过程中，我们只有唤醒学生的自我责任意识，让他们掌握多种与各学习内容相适应的学习方式，在学习活动中不断提升自觉体悟能力，丰富活动经验，不断提高学习策略和思维策略的运用水平，才可能取得较好的学习效果，这充分说明在教学过程中促进学生主体自觉才是人才培养的根本途径。

主体自觉反映的是在教育教学过程中去造就学生的自信意识(学习心向、学习自信、阳光品格等)、自组织策略(自主性、效能性、批判性和创新性等)和自为能力(操作实践、素养要求、策略运用、学以致用等)。自觉教育关注的是在教学过程中如何去激发学生的自我责任意识、刻苦钻研精神、恒心和毅力、自组织学习策略和能力、从感悟中获得新的智慧等。简言之,主体自觉就是要让学生明白:负责任的学习行为才能及时高效地达成学习目标,才能在收获新知能的同时,提升思维品质、学习力,促进人格的健全自觉发展。

## 一、导自我责任意识

初中学生正处于青春期,并向成年人过渡,自我意识和独立性逐步增强。在初中阶段帮助学生形成良好品德,树立责任意识和积极的生活态度,对学生的成长具有基础性的作用。责任心,是一个人日后能够立足于社会、获得事业成功与家庭幸福至关重要的人格品质。学生只有学会对自己负责、对他人和集体负责,对社会负责,他的个体发展才会是健康的、正确的,才有可能树立正确的人生观和世界观,才有可能学好各科知识。为了更好地培养学生的自我责任意识,要让学生学会"三个学会"。

(1) 学会自我识别。学生能对自己的知识技能水平、智力水平、学习能力、学习风格、个性特征、情感特征等与学习直接相关的诸因素有着客观的认识。学生通过自我识别,正确了解自己、诊断自己、鉴别自己、评价自己,从而根据自己的实际情况,准确找到学习的起点和个性化的学习策略等,因为自我识别是自觉学习和自主发展的基础。

(2) 学会自我选择。学生在对自己实际情况全面了解的前提下,能根据外部学习环境和资源以及自身的需要,自主选择学习的目标、内容、材料、工具以及个性化的方法、策略等。

(3) 学会自我监控。这是自主自觉学习的关键。学生能对自己的整个自主学习过程进行控制,学生在自主学习过程中不断自我评价、自我反馈、自我管理,并根据实际情况修正自己的学习动机和目标,合理分配与调节学习时间,调整和完善思维方法及学习方法等。

**案例:学生徐昀的数学周记摘抄《"直"和"曲"的统一》(节选)**

今天数学课上潘老师教了扇形面积的计算公式:$S=\frac{1}{360}n\pi R^2$ 和 $S=\frac{1}{2}lR$。在我看来扇形很像三角形,我就突发奇想:能否用三角形的面积公式来计算扇形的面积呢?我展开了研究,三角形面积等于二分之一的底乘高,现在我把扇形的弧长看成是底,半径看成是高就可以了。在此基础上我又发现了可以用梯形的面积公式来计算圆环的面积,就是将内圆的周长看成是梯形的上底,外圆的周长看成是梯形的下底,两半径之差是梯形的高,这样就可以了,即 $S=\frac{1}{2}(2\pi r+2\pi R)(R-r)=\pi(R^2-r^2)$,从以上的结论中可以看出"直"和"曲"是可以统一的。我的探究成果得到了潘老师的认可,他建议我再进行深入的研究,并将其写成论文。他的鼓励更进一步激发了我继续探究的信心,让我在探究中找到了快乐,也让我发现学好数学的前提是,自己要对自己的成长负有监控的责任。

学生的自我责任意识是一种担当的精神,是一种自律的品格,是一种认真的态度,是一种天赋的使命,是一种道德的承载,是一种内心的忠诚,是一种纯粹的坚守,是一种对人生、理想的完美追求,是一种无可推脱的义务。数学教学中对学生责任意识的培养同样有着不可忽视的作用,具体的培养策略有以下几个方面。

(1) 让学生明白学习是自己的事,别人不能替代自己思考,严谨的治学态度、仔细认真的习惯、学习品质和思维品质的形成,只有靠自己锤炼和自我养成。

(2) 要教育学生明白,和学习相关的一系列事情都是很重要的,都需要认真对待。学生难免会出现作业效果不好、书写不端正、不规范、作业少做或不做等不良现象,我们要引导学生针对错误进行自我分析,让学生明白出现上述不良的学习习惯是因为没有对学习负责,没有对自己负责,可抓住有利时机加强教育。

(3) 在数学教学中要采用形式多样的活动,让学生在具体行动中明白责任的价值,明白我们为什么需要责任,明白责任是一种义务。而且,这些最好是让学生在人际交往中、在具体生活实践中去理解,说和做,两者不可偏废,这样效果才好。

(4) 对学生责任意识的培养,要有长期坚持的毅力和韧性。任何教育,不要只做一次就算了,不能够急功近利,如果幻想一个教育内容,只要进行一次就能够解决"百病",那是不现实的。我们对学生进行责任教育,要把它贯穿到学生成长的整个过程中去,只有这样,才有可能有效。

**案例:学生于莹的数学周记摘抄《数学学习:对自己负责任是硬道理》**

在潘老师的课堂上总是洋溢着积极而又迫切的学习气氛,最成功的是潘老师对相关例题的教学。在讲例题之前,他总是让我们分析,并提出一些问题,然后让我们说已经知道了什么,再根据我们的回答,来启发我们进行经验提升性的思考,在思辨的基础上进行修正和变式引领,这加深了我们对所学例题的理解。下面就说说今天的一道例题。

**例1** 观察:①$9-1=2\times4$;②$25-1=4\times6$;③$49-1=6\times8$;④$81-1=8\times10$;…;按此规律写出第 $n$ 个等式是_____。

师:谁有解题思路?

生:(哑然)

**师**：(片刻后)谁有解题思路？

**生**：(哑然)

**师**：上课不仅要认真听课，更要积极思考,只有这样才是对自己的成长负责任！有谁发现了什么？

**张华**：有平方数，可以还原表示成某数的平方。

**李萍**：等号左边都有减1,等号右边是两个数的乘积。

**师**：对这个问题你们的解题策略是什么？

**王益明**：将题目中给出的等式从横式形式改写成竖式形式如下：

① $9-1=2\times4$；→ $3^2-1=2\times4$；→与序号1的关系

② $25-1=4\times6$；→ $5^2-1=4\times6$；→与序号2的关系

③ $49-1=6\times8$；→ $7^2-1=6\times8$；→与序号3的关系

④ $81-1=8\times10$；→ $9^2-1=8\times10$；→与序号4的关系

……

通过观察可得：第 $n$ 个等式是 $\underline{(2n+1)^2-1=2n\times(2n+2)}$。

**师**：好！这样的解题过程具有创造性！了不起！解完这道题你们有什么感悟？解题步骤有哪些？

**李军**：①改变已知等式的排列形式——利于观察分析；

②抓住变与不变——利于推理尝试；

③与序号关联——利于猜想归纳。

**张明**：归纳是否正确，一定要验证。

**我**：体现了数学中的转化思想。

**师**：大家还有什么话要说？

**我**：我们要学会分析和积极思考，我们每个人要对自己的成长负责任。

潘老师打乱了常规的知识呈现方式，把我们带到自身内部的认知冲突的旋涡中，旨在培养我们的观察能力和辨析能力，这个过程提升了我们的思维品质，也唤醒了我们的创造力。潘老师对例题的讲解不仅精细，而且易懂，便于记忆，对于文字描述的问题，他会突出其中的关键字和词，帮助我们加深理解。这使我深刻地认识到数学学习中对自己负责任是硬道理。

随着教育教学形势的发展和教育技术的不断进步,相对于灌输教育,新的学习方式不断推出：个性化学习、可视决策、自组织学习、协作学习、混合学习、移动学习等，它们都是以学生具备强烈的自我责任意识为前提的。对于学习来说，在信息技术飞速发展的今天，教化在撤退，支持在推进,对教师和学生的能力素养要求在提高。我们要充分调动学生的学习积极性，使学生愉快地去思考，愉快地去活动，主动去学习，而且还能使学生向"会学习、会创新、会开拓"的目标靠拢，使他们成为高素质的新型人才,使数学素养教育落到实处。

## 二、培养自组织策略

自组织理论是20世纪60年代末期开始建立并发展起来的一种系统理论。它的研究对象主要是复杂自组织系统(生命系统、社会系统)的形成和发展机制问题,即在一定条件下,系统是如何自动地由无序走向有序,由低级有序走向高级有序的。自组织现象无论在自然界还是在人类社会中都普遍存在。德国理论物理学家H. Haken认为,从组织的进化形式可以把它分为他组织和自组织。如果一个系统不存在外部指令,系统能够按照相互默契的某种规则,各尽其责而又协调地自动地形成有序结构,就是自组织。自组织现象无论在自然界还是在人类社会(包括学生的学习过程)中都普遍存在。一个系统自组织功能愈强,其保持和产生新功能的能力也就愈强。自觉教学形态十分关注学生自组织学习力的培育。培养学生的自组织策略,还要关注以下几个方面。

(1) 自主性。自主性学习是就学习的内在品质而言的,是相对于"被动性学习"、"机械性学习"和"他主性学习"而提出的。认知建构主义原理认为,自主性学习实际就是无认知监控的学习,是学习者能够根据自己的学习能力、学习任务的要求,积极主动地调整自己的学习策略和努力程度的过程。自觉教育要求学生对为什么学习、学习什么、如何学习等问题有"自觉的"意识和反应。例如,在学习活动前自己能够确定学习目标、制订学习计划、做好具体的学习准备,在学习活动中能够对学习进展和学习方法做出自我监控、自我反馈和自我调节,在学习活动后能够对学习结果进行自我检查、自我总结、自我评价和自我补救等。

(2) 效能性。对于相同的学习强度,不同的学生将会产生不同强度的行为驱动力:有些人情感反应很微弱但行为反应很强烈;有些人虽然情感反应很强烈,但往往只停留在情感的内心体验上,很少付诸行动。统一价值论认为,人的行为活动在本质上都是价值资源的投入产出过程,其规模或力度可以采用单位时间所投入的劳动价值量来衡量。自觉教育让学生在学习过程中学会关注学习的效率、效益和效能等。

(3) 批判性。批判性是指富于洞察力、辨别力、判断力,还有敏锐智慧的回顾性反思。批判性思维包括思维过程中洞察、分析和评估的过程。它包括为了得到肯定的判断所进行的可能为有形的或者无形的思维反应过程,并使科学的根据和日常的常识相一致。构成批判性思维的基本要素是断言、论题和论证。识别、分析和评价这些构成要素是批判性思维的关键。自觉教育旨在熏陶学生不人云亦云,善于建构自己有价值的思考,发现不同的观点,不唯"权威"是瞻,具有服从真理的意识和品质。

(4)创新性。思维是人类认知世界的一种复杂的精神活动。这种认知过程和感觉、知觉相比,具有很强的自动性和主观性,是基于客观事物和主观经验对事物进行认知的过程。创新性思维是指打破固有的思维模式,从新的角度、新的方式去思考,得出不一样的并且具有创造性结论的思维模式。创新思维,就是指人们在创造具有独创性成果的过程中,对事物的认识活动。自觉教育倡导学生用学科专业性的独到视角来审视学习中的问题,从新的角度(方式)建构有价值的思考(创造和再创造过程),提出有价值的问题,并有创意地去解决。特别要关注"学中做"的问题。

**常州田家炳初级中学九(1)班吴呈同学的周记中有这样一段话:**
**自组织学习的乐趣**

课堂是老师传授知识、学生吸取知识的载体,一堂课的丰富生动不仅取决于老师的妙语连珠,也取决于同学们的积极配合和学习的组织形式。课堂的效率越高,收获也就越大,为了提高课堂效率,激发同学兴趣,我们老师开展了一个别开生面的活动——自组织学习活动。

不得不说,自组织学习活动最大的优越性在于它能够加强我们对学习内容的选择性和激发同学们的兴趣。有一次潘老师在等腰三角形的性质和判定的新课上,他引领我们用折纸的方法归纳出"等腰三角形的两底角相等"后,在进行推理论证时有三种添辅助线的方法,分别是顶角的平分线或底边上的中线或底边上的高线。潘老师让我们自行选择一种方法进行证明,并将小组进行了调整,重新选举了教学助理,一种新颖的学习方式,改变了传统的教学方式,打破了格局,也能让同学们为之振奋。在后面的变式教学和任务资源包引领的探究活动中,效果也是空前的,因为小组竞争使小组更加团结,增强了同学们合作学习的能力,使难题能够被攻克。让同学们去讲,去学,比以往老师的独角戏要好得多。学生在小组中为了完成共同的任务,有明确的责任分工,互助性学习是一种有效的途径。

曾经有人说:"每个人都有自己的智慧和长处,将这些智慧和长处集中起来,我们能够更好地去认识世界和改造世界。"而自组织学习活动正是这样一个枢纽,它成为同学们之间沟通的渠道,比以往的个体学习效率要高,因为它有强大的互助性。

我们期望,在所有的课堂中能有一些让我们感到有趣又有效的学习活动,只有让我们积极融入的课堂,才能真正是一个有效的学习课堂,起到利益最大化的作用。

自组织理论是由耗散结构、协同论、分形理论、超循环理论、突变论和混沌理论所构成的"复杂理论"体系。它从各个不同角度阐明了自组织是自然界物质系统自行有序化、组织化和系统化的过程。一个远离平衡态的开放系统通过其与外部环境进行物质能量和信息的交换,能够形成有序的结构,或从低序向高序的方向演化。开放性、远离平衡态、非线性相互作用和涨落,是自然系统演化的自组织机制。

自然界的演化,既不是单调地走向有序和进化,也不是单调地走向无序和退化。有序与无序的不断转化,进化与退化的不断交替,使自然界处于永恒的物质循环之中。教育的真正目标不是技术方法的教化,而是支持与服务。人作为万物之灵,本身就有自然的逻辑和自组织的能力,发掘它,才是正路。

## 三、自为能力

数学课程标准指出:"有效的数学学习活动不能单纯地依赖模仿与记忆,动手实践、自主探索与合作交流是学生学习数学的重要方式。"数学课堂教学不仅要关注学生当前发展,还要关注学生未来的发展,要培养学生的创新意识、实践能力。学生的创新意识是在主动探索知识的过程中得到培养的,学生的实践能力是在运用知识解决问题的实践活动中得到发展的。学生要具有动手实践、自主探索和合作交流的能力,首先要有自为能力。自觉教学形态中的"自为能力"主要是指:①教育学生自己的事自己做,特别是要学会自己治理和管理自己;②学会了解和掌握事物运动规律,有按规律办事的意识;③学会自己动手,不做"语言的巨人,行动的矮子"。具体表现在以下四个方面。

(1) **操作实践**。实践能力是保证学生个体顺利运用已有知识、技能去解决实际问题所必须具备的那些生理和心理特征,是对学生个体解决问题的进程及方式上直接起稳定的调节控制作用的个体生理和心理特征的总和。实践能力的三个层次:简单的操作能力,带有较大的被动成分;在主观意志驱使下的操作能力,带有极大的主动因素;理性支配下的实践能力,具有完整的实践目标、实践步骤、实践反思和实践成果。自觉教育中的实践能力主要有:用专业的眼光去观察世界和收集信息的能力,用专业的方法去处理和加工信息的能力,用专业的语言表达和建构的能力,以及获取新知能的能力;具有协作学习的能力、交流与沟通能力、参与社会活动的能力;同时具有感悟(感知)能力、归纳(整合)能力、反思(理论和实践)的协调发展能力。

(2) **素养要求**。学科核心素养是指学生个体在信息化、全球化、学习型社会,面对复杂的不确定情境时,综合运用学科知识、观念、方法解决实际问题所表现出来的关键能力与必备品格。具体体现在:①学科育人价值的集中体现,三维目标的整合与提升;②真实情境中的问题解决能力,是通过系统的学习之后而获得的;③它兼具个人价值和社会价值;④具有发展的连续性和阶段性。自觉教学形态中数学素养的发展路径是简单模仿—初步掌握—本质理解—自觉运用—素养形成。简单模仿和初步掌握通过题海战术等可以达成,但本质理解、自觉运用和素养形成则是学生必须通过自身的深入探究、优化思辨和深度学习才能达成。

(3) **策略运用**。元认知是对认知的认知,其属于自我意识的范畴。学生的元认知发展水平对于学习策略的掌握和运用有很大的影响。几乎任何策略的掌握和运用都与学生元认知发展水平有着密切的关系。任何策略的应用若达到元认知水平,则这一策略的运用也达到较高水平。自觉教育中十分重视学生元认知发展水平的提升,强调要将教学策略转化为学生的认知策略,并关注对具体的学习策略如类比、迁移等的应用。

(4) 学以致用。学以致用最根本的是要把理论的知识和实际的应用联合起来,由浅入深地达到熟能生巧的目的。学到的东西要经常揣摩,真正地理解其含义(包括使用的方法、注意的事项),然后按照理论的要求将其应用到实际生活中,面对生活中遇到的问题,不断学习新的知识去解决,就这样相互促进学习,逐步加深自己的理论知识与实践应用的融合。自觉教育十分重视学以致用、以用促学、学用相长。

**案例:学生张颖异数学周记摘抄《会做比会说更重要》**

昨天数学课快下课的时候,潘老师对我们说:"明天上午的数学课,将你们分成六个小组,让你们到操场上去测量旗杆、操场边上的大树和科技楼等建筑物的高度,你们有什么测量策略?"我代表我们组陈述的方案:在阳光下,先量小竹竿的影长和实际高度,计算出比值,紧接着再测量出具体建筑物的影长,利用计算出的比值算出旗杆的实际高度。

今天数学课的时候,我们小组无比兴奋地来到了操场上,大家选择好场地,又分好了工,谁做什么都清楚了,就准备开始测量小竹竿的影长。就在这时天公不作美,太阳钻到了云层里,我们不由自主地看了看厚密的云层,面面相觑,就在我们一筹莫展的时候,潘老师来到我们身边,说:"没有了太阳,能不能想想其他办法?"说完他就走了,潘老师的意图很明白:让我们自己动脑筋解决。我们从潘老师的话中看到了希望:因为他没让我们回教室,说明有解决问题的途径!

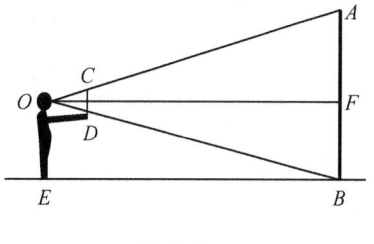

图 1-4

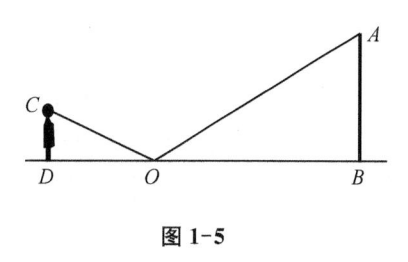

于是大家开始动脑筋:解决问题的策略是通过构建相似三角形来解决问题。不久,王子悦同学从美术课写生中得到启发:伸直自己的手臂,垂直地握住笔,然后调整距离,使笔的上下端与旗杆的上下端重合(如图 1-4 所示),通过测量手臂、笔、王子悦与旗杆的距离,求出了旗杆的高度。杨靓同学受到了物理课中平面镜将光线反射的启发:从操场边上体育组老师办公室借来了平面镜,放在地上不断地调整距离,使杨靓同学刚好在平面镜中看到旗杆的顶端

图 1-5

(如图1-5所示),这时我测量了杨靓同学的眼睛到地面的距离、杨靓到平面镜的距离、平面镜与旗杆的距离,从而求出了旗杆的高度。

由于我们组同学之间密切地配合、仔细地测量,终于出色地完成了这次任务。特别是两种测量方案求得旗杆高度的数据十分接近,我们非常高兴,我也充分认识到"会做"比"会说"更重要。

**启示**:每次组织数学活动前,要传授哪些知识,培养哪些能力,渗透哪些数学思想和方法这是首先考虑的;其次要考虑在"以什么为线索来组织活动""怎么进行组织"之前,先弄清"为什么要这样组织数学活动""这样组织的效能是什么",使数学学习活动"有备而动"。

培养学生自为能力,要充分地相信"学习是学生自己的事""学生自己的事让学生自己做"。在这节数学探究课上,学生面临的问题就不应该是一个具体知识点的直接探究,也不应该是一种数学方法的直接套用,而应该是一个学生必须综合运用以前学过的知识、方法,才能解决的数学内部或生活实际中的问题,这才是培养自为能力的本质所在。

数学学习需要学生在学习的过程中不断地体验、领悟、感悟,直至"自觉"。因此,数学教学应由"知识给出"转向"引起活动",一切教学活动都要围绕"学生学习"这一中心来组织,让数学学习变得生动有趣、有活力、有挑战性,不是杂乱无章,而应是缜密"有道"。学生在缜密"有道"的基础上,才能逐步实现自主建构知识、提高能力,从而在多维互动中释放出"本质力量",实现"自觉成长",这样才能实现主体自觉。

决定教育教学成败的是人而不是物!现代教育技术只是营造良好教学环境、优化呈现方式和学教反馈等的平台与载体,需要一支掌握现代教育技术理论、知识和技能的高素质教师队伍,能够娴熟地进行现代教育技术的应用和发展,才能在深化教育教学改革的进程中发挥一些作用。

## 第三节 支持自觉

翻转教学形态告诉我们,在对学生学习的服务与支持中,特别要关注现代教育技术改变了以往的信息加工、获取、传递方面的落后局面,要充分利用现代教育技术手段,直观地把传统方式难以表述的现象和过程形象地显现出来,引导学生去认识事物的本质,使教学方法多样化、手段多样化、信息技术传递立体化,符合认知理论模型。数学教学不是知识的传递而是知识的处理和转换,应该由向学生传递知识转变为发展学生的学习能力,培养学生的主体意识、主体性、个性、创造性和实践能力,在组织学生学习的过程中应关注动机的激发与维持,为学生多种形态的学习提供载体、资源、平台、策略和工具等的支持,此所谓支持自觉。支持自觉是根据教材内容和学情状况,将有效的工具、载体、手段、方法、技术等与教学内容紧密整合,综合运用技术手段,提供多元的学习载体和资源,增强对学生学习的支持服务能力。支持自觉具体体现在教育教学过程中重在对学生学习的服务与支持,一般有高效呈现方式、适切资源推送、适合教法选择、利学环境营造、学习方法指导和平台工具使用等。

## 一、现代教育技术

教育技术本身不是陌生的事物,一切教育活动中都涉及教育技术的内容。实际上教育技术早已普遍存在于各种教育教学活动中,无论是采用学校的班级授课、个别化教学,还是小组合作学习的教学形式,都或多或少,或部分或全部涉及一些使用媒体的教学技术内容和不包含实在媒体的相关方法、策略等教学技术内容。例如,传统的教育教学媒体有教科书、黑板、粉笔、实验室、教具、挂图及相关配备;现代的教育媒体有幻灯机、投影仪、电视录像教学、计算机辅助教学、卫星教育系统等。与此同时,我们根据不同的教学内容和学生特点选择使用相应的教学程序和方法,了解教学效果、学生学习情况等,相关教学方法、策略等教育技术,都存在于日常的教学活动中,对改善教育效果、对教育教学发展都发挥了强大的促进作用。

现代教育技术的定义有多种,目前我国普遍认可的一种是,现代教育技术是关于学习资源和学习过程的设计、开发、利用、管理和评价的理论和实践。该定义将现代教育技术的研究对象表述为关于"学习过程"与"学习资源"的一系列理论与实践问题,改变了以往"教学过程"的提法,体现了现代教学观念从以教师的教为中心转向以学生的学为中心,从传授知识转向发展学生学习能力的重大转变。

"技术"包括两大方面:①"物质设备""物质手段",即有形的物化形态方面;②"方法""过程""智能手段""信息手段",即无形的智能形态方面。"技术"的有形物化形态是客观存在的,其作用不言自明;"技术"的无形智能形态也是客观存在的,它看不见、摸不着,但在我们的教育教学实践中却起到了实实在在的作用。"无形技术"的作用并不亚于"有形技术",有形的物化形态也要靠无形的智能形态才能发挥作用。因此,"教育技术"就是人类在教育活动中所采用的物化形态的技术与智能形态的技术的总和(如图1-6所示)。

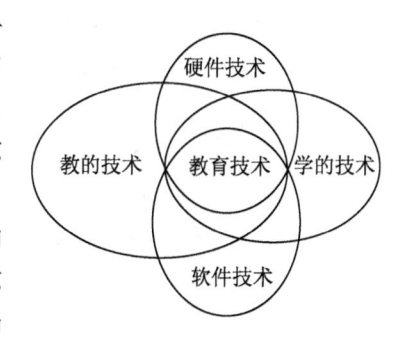

图1-6 教育技术示意图

现代教育技术突破了"黑板加粉笔"传统教学模式和信息贫乏、形式单一的框架,拓宽了时空的概念,以其鲜明的画面、逼真的色彩、生动的形象及声音效果激发学生的主观能动性和积极性;充分调动学生的视、听、说等感官;发挥师生交互的优势,达到寓教于乐、事半功倍的效果。教育技术将文字、图片、声音、动画、影片、程序以及互联网等多种资源引进了学生的学习过程,任何与教学内容有关的资源,都可以成为课堂学习的一部分,为教师与学生提供了多样的选择,人机交互有利于激发学生的学习兴趣和充分体现学习主体作用;另外,利用信息技术,可以实现一个教师与多个学生的交互,也可以针对个别学生进行辅导,更可以实现远程的师生交互,将教育教学延伸到了学校之外。同时,信息技术强大的管理功能也提高了师生之间评价与反馈的质量与效率。

我们要关注信息技术与教学活动序列的融合技术。一是在学科教学中广泛应用信息技术手段,二是把信息技术融合在学习过程中,达到提高学生信息素养的目标。从学习方式上看,信息技术打破了班级授课制的组织形式,学生可以通过资料检索、调查、实验、讨论等多样化的方式获得知识。从教学组织上看,信息技术强调灵活运用多种教学组织形式,改变单一的班级授课制,辅之以分组教学、小组合作学习、个别辅导、开放式教学等多样化的教学组织形式,如图1-7所示。

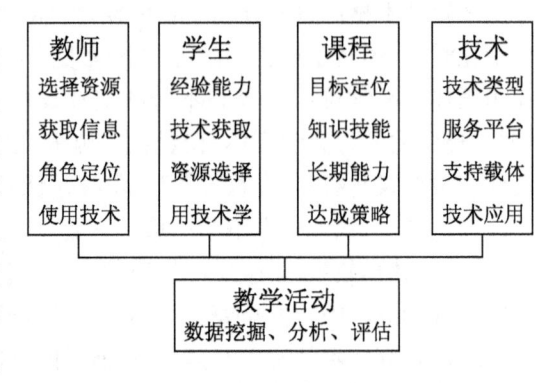

图1-7 教育技术与学科教学融合示意图

现代教育技术重视所有学习资源(或称为人类的学习媒体)的开发、应用、管理,强调用科学的系统方法来分析和整合教与学的过程。例如,利用系统方法对教学活动进行设计,经过需求分析、内容分析、学习者分析,制订出可以操作的逐次递进的学习目标,并根据这些学习目标选择适当的策略(过程、方式、媒体),以形成一个完整的教与学的设计方案,并在方案的试行中,进行评价总结,依据需要做出必要的调整和修改。这样的系统过程为实现优化教与学的活动提供了经验和途径。

## 二、学生的"技术素养"

对于我们21世纪的学生来说,掌握必备的"技术素养"是在未来社会生存的基础,也是成为未来创新人才的基础。必备的"技术素养"应包括:①信息获取技术。能够根据自己的学习要求,主动地、有目的地去发现信息,并能通过各种媒体,如互联网、书籍、报纸、电视等,或者自己亲自调查、参观等,收集到所需要的信息。②信息分析技术。能够将获取到的丰富的信息进行筛选,鉴别自己所需要的信息,判断它的可信度,然后对认为真实有用的信息进行分类。③信息加工技术。将不同渠道获取的同一类信息进行综合,结合自己原有的知识,重新整理组织、存储,并能够简洁明了地传递给他人。④信息创新的技术。在信息加工的时候,通过归纳、综合、抽象、联想的思维活动,找出相关性、规律性的线索,或者能从表面现象分析出事物的根源,得出创新的信息。⑤信息利用技术。利用所掌握的信息,使用信息技术或其他手段,分析、解决生活和学习中的各种实际问题。⑥信息交流技术。能够通过互联网等平台拓展自己的交流范围,面向世界,开阔视野,并能利用信息技术加强与他人的联系、协作等。

**常州市田家炳初级中学林瑶同学的数学周记选摘:《学好数学的五要素》**

从小,我们便要学习数学,数学是一门伴我们终生的学科,也是一门非常重要的学科,那么学好数学有哪些要素呢?

第一个要素是,一定要对数学感兴趣,兴趣是最好的老师。伟大的数学家高斯正因为对数学有兴趣,才有如今家喻户晓的名声;华罗庚正因为他对数学的兴趣,才能扬名海外。作为一个学生应把学数学看作一种乐趣,在青果在线学校和日常课堂中,我们和老师一起做数学课件、学具等,能在学中玩,在玩中学,你做到了吗?

第二个因素是,一定要对自己学好数学有信心。自信是成功的前提,如果没有自信,那么这个人无前途可言,古往今来,一切成名的数学家都拥有足够的自信,他们才足以打败曾经被人奉为"真理"的假命题。

第三个因素是,一定要刻苦努力。无论在课内还是在课外,认真听讲是很有必要的,同时,课后的巩固、课外的勤学苦练也是一个重要因素。青果在线上有很多的数学微视频课程,可以帮助我们预习也可以帮助我们复习,笨鸟先飞还是十分有用的,毕竟熟能生巧。

第四个因素是,一定要肯动脑,多动脑。数学是一门锻炼学生思维能力的学科,只有多动脑、爱动脑、能融会贯通,坚信万变不离其宗,才能解开更多的难题。你有这个多动脑的好习惯吗?

最后是,一定要懂"技术"。青果在线交流平台、学习社区、课程在线等功能很多,资源推送、拍照上传、下载等一些技术要娴熟,才能更好地在课外获取数学学习的资源和信息,才能为你的个性化数学学习提供优质服务。

学好数学=兴趣+自信+刻苦+动脑+技术。

如果你正在为学好数学而苦恼,那么不妨按我说的去做一做吧!

相信,上天不负有心人,只要你能为了数学而付出足够的心血,再配上好方法,你就会有丰厚的回报!

## 从"翻转教学形态"走向"自觉教学形态"
——以初中数学教学现实为例

现代教育技术为学生的个性化学习提供了非常广阔的空间和丰富的信息资源,有足够的信息支持他们的探索和设想,任学生自由地遨游在知识的海洋中,给他们的想象力插上翅膀。这样不仅培养了学生对资源信息的识别、采集、存储、加工和创新能力,而且更能促使学生在观察中、在整理中、在协作中、在建构中探索研究新事物,激发学生发现新现象、探索新规律的创新精神。

### 三、支持自觉

教育技术系统对学生学习的支持与服务是指坚持以学生为主体,努力为学生自主学习和个别化学习提供完善的资源支持和辅导、答疑、咨询、沟通、管理等各项帮助和服务,建立一种学生可选择、个性化学习的环境。健全的学习支持服务体系是数学教育成功的基础,能否构建起功能完善的学习支持服务体系,直接影响数学教育教学的质量。因此,深入理解服务的真正含义,强化服务意识,向学生提供切实有效的支持服务,是我们必须深入研究的课题。对学习的支持服务,是以学生为中心的重要工作,通常分为学术性支持服务和非学术性支持服务。

学术性的支持服务由课程教师提供,主要是向专业学习过程中遇到认知方面问题或困难的学生提供各类帮助,它贯穿于教、学、辅导及评价等各个教学环节之中。它包括课程串讲与答疑、课程安排、课程导学、组织学习活动、考核学习内容与评价学习效果等,以及在课程辅导过程中提供的学习方法指导、学习解惑等内容。非学术性的支持服务是学习支持服务系统的重要组成部分,主要是为远程学习者在学习过程中遇到除专业知识之外的问题或困难时提供帮助,贯穿于学习者整个学习过程。它包括咨询服务、个性化与人性化的日常管理服务、学习过程监控与质量管理、资源服务、技术支持及设施服务、学习策略培训与培养、心理健康咨询与帮助等,如图1-8所示。无论是学术性的还是非学术性的支持服务都是以学生为中心,围绕学习中存在的主要问题而展开的一系列工作。具体表现为以下几个方面。

(1)呈现方式优效。课堂教学主要行为为:呈现、对话和指导。教学中常用的呈现方式有:①语言呈现;②文字呈现;③声像呈现;④动作呈现;⑤实物呈现等。各种呈现方式都各有优缺点,因此,很多时候是多呈现方式并用的。自觉教育中呈现方式优效的总原则是,方便"学"胜于方便"教"!强调多种优效的呈现方式并用,特别是关注"互联网+"背景下现代教育技术与学科教学的深度融合。

(2)资源推送适切。教学资源是为教学的有效开展提供的素材(各种可被利用的条件),通常包括教材、案例、影视、图片、课件等,也包括教师资源、教具、基础设施等,也涉及教育政策等内容。从广义上来讲,教学资源可以指在教学过程中被教学者利用的一切要素,包括支撑教学的、为教学服务的人、财、物、信息等。从狭义上来讲,教学资源(学习资源)主要包括教学材料、教学环境及教学后援系统。自

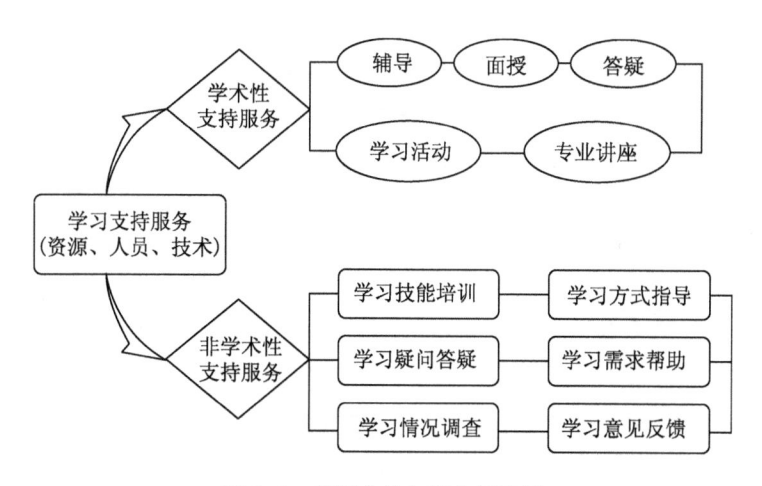

图 1-8　学习支持与服务示意图

觉教育提倡为学生提供适合的学习资源,与学生的认知基础、认知方式、认知能力、最近发展区相匹配,特别是在教学中要十分重视学生建构的教学资源的利用。

(3) 教法选择适合。教学方法是教学过程中教师与学生为实现教学目的和教学任务要求,在教学活动中所采取的行为方式的总称。教学方法由指导思想、基本方法、具体方法、教学方式四个层面组成。教法选择必须依据学习方法,否则便会因缺乏针对性和可行性而不能有效地达到预期的目的。自觉教育强调教法与学法并重,教要为学服务,从以教为中心走向以学为中心,在处理"教路"和"学路"的过程中关注"学路优先"。

(4) 环境营造恰当。分布式认知是指认知分布于个体内、个体间、媒介、环境、文化、社会和时间等之中。学习环境中的情境必须有利于学习者对所学内容的意义建构。在教学设计中,把所有的学习任务都置于为了能够更有效地适应世界的学习中,创设有利于学习者建构意义的情境是最重要的环节或方面。设计支持和激发学生思维的学习环境,支持学生对所学内容与学习过程的反思,发展学生的自我控制的技能,成为独立的学习者。自觉教学形态关注课堂中班级、小组(组内异质、组间同质)、同位间的相互促进作用,特别关注让学生进行"良性差异互动",在鼓励竞争的同时,还要加强学习小组内的合作交流,集思广益,相互帮助,共同提高。自觉教育十分重视课堂教学环境(氛围)的营造,实现环境促进。一方面,让学生在适宜的情景中,对所学新知能有积极的感同身受;另一方面,关注认知生成节点中的独学、对学、群学、展学和创学等手段的综合运用。

(5) 学法指导有效。学习方法对路才会有好的学习效果,但学习方法主要是后天习得的,只有让学生掌握好的学习方法,才有成功的保证。学习方法是通过学习实践总结出的快速掌握知识的方法,因其与学习掌握知识的效率有关,越来越受到人们的重视。只有积极主动地学习,才能感受到其中的乐趣,才能对学习越发有兴趣。有了兴趣,效率就会在不知不觉中得到提高。自觉教育十分重视对学习方法的指导,特别是在现代学习方式(混合学习、个性学习、移动学习、协作学习、深度学习、智慧学习)中对学习方法的指导。自觉教学思想的核心是让学生从浅层学习(知识接受、技能掌握、知识应用等),通过多维促进后进入深度学习(本质理解、质性分析、互动评价、创建性运用等),对学习活动的梯度策划是自觉教学形态形成的关键。

(6) 技术使用合理。教育技术本身不是陌生的事物,一切教育活动中都涉及教育技术的内容。实际上,教育技术早已普遍存在于各种教育教学活动中,无论是采用学校的班级授课、个别化教学,还是小组合作学习的教学形式,都或多或少,或部分或全部涉及一些使用媒体的教学技术内容和不包含实在媒体的相关方法、策略等教学技术内容。自觉教育关注教与学工具的改革,根据不同的教学内容和学情选择使用相应的教育技术,同时也关注平台与工具使用的合理性。

**案例:苏科版八年级上册第三章"勾股定理"教学片段**

**现象观察**:在首次学习"勾股定理"时,我们在教学中最常采用的方法是借助网格来对"勾股定理"结论进行探究,教学时让学生在网格中画不同形状的直角三角形并向外作正方形,再借助网格通过"割补法"计算正方形的面积,从而验证"勾股定理"的正确性。不少教师会组织学生通过小组合作学习等方式,让学生有更多的机会在网格中运用不同的直角三角形来验证勾股定理;有些教师则会采用"几何画板"等技术手段,通过动态演示度量结果验证"勾股定理"的正确性,让同学们有进一步的直观感受。在此基础上教师讲解了"勾股定理",学生开始运用这个定理解决简单的问题,然后再花一到两节课的时间进一步验证"勾股定理"。仔细一分析,就会发现这样的设计将一个完整的部分分割成了两个部分,久而久之学生在数学学习中的合理性与严密性上就出现了问题。

**归因分析**:在数学中要学习并应用一个新定理,我们一般要经历"猜想—特殊情况验证—一般情况验证(证明)—应用"这样的一系列过程,特别是一个真命题要作为定理来使用就必须经过这个过程。但在上述的课堂教学中,无论是应用网格纸进行验证,还是利用"几何画板"制作课件或利用教具进行演示,只是完成了从猜想到特殊情况验证的环节,最多只是验证的手段更多更直观而已。许多教师也意识到了这个问题,只是一直没有想到打通"这最后一公里"既有效又快捷的方法,再加上教材后面还有安排进一步验证的课时,因此往往在网格验证的基础上就给出了"勾股定理"并直接应用了。

**支持途径**:其实在我们利用网格来验证勾股定理时就已经找到在更一般的情况下验证"勾股定理"的方法——通过"割补法"计算正方形的面积,其关键点是如何能水到渠成地将网格背景去掉。解决这个问题只需要加一张薄薄的透明纸,我们可以制作一个小小的实验工具——在一个底板上固定一张透明的塑料纸,中间可以插入并固定网格纸。开始时可以将网格纸放到透明塑料纸下(如图1-9所示),此时可以用水性油笔依照网格进行画图并借助网格应用"割补"的方法进行面积计算,从而初步验证"勾股定理"。在塑料纸上画图还有一个好处是可以擦除,同学们可以进行多次的尝试。在前面验证的基础上,可以把塑料纸下面的网格纸移除(如图1-10所示),此时自然而然地同学们就会思考如何在没有网格的情况下来验证勾股定理,教师再引导同学们从整数边长的直角三角形扩展到任意的直角三角形,从而进一步验证"勾股定理"的正确性,其验证方法大家都很熟悉了,此处不再赘述。要进一步关注的是,即使这样我们还是停留在"验证阶段",此时可以介绍欧几里得在《几何原本》中证明勾股定理的方法(如图1-11所示),这样就能真正完整地得出勾股定理并加以应用。

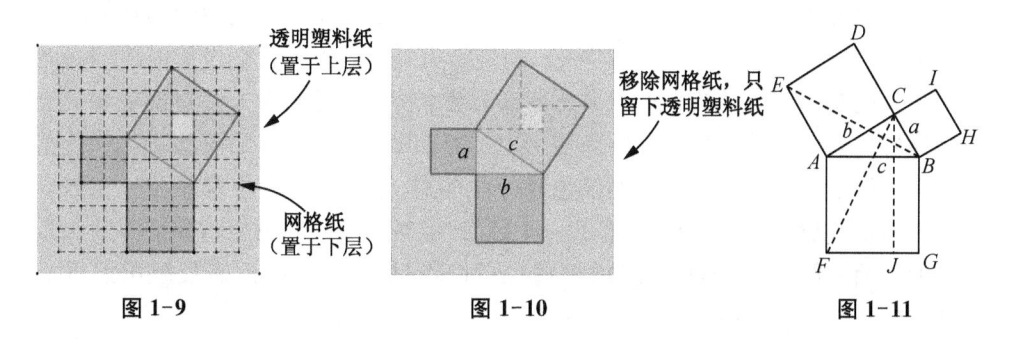

图1-9　　　　　图1-10　　　　　图1-11

应用这种方法验证勾股定理还有两个方面的好处:一是,透明塑料纸与网格纸可以重复使用,出现了错误也可以方便地修改;二是,这样可以将相关的内容串联起来,既打通了学生的思维障碍又可以增加课堂容量。

教育现代化的核心是"培养人的策略"的现代化。要培养适应未来社会发展需要的人才,就需要我们更多地从教育、技术、人本的角度来思考和设计。我们不仅要从课程理念、环境营造和活动设计等宏观和微观角度来重新对我们的课堂进行设计、整合和重构,更要重新认知和重构我们的教学关系。自觉教育中强调学生对知能的掌握,不能只关注听、说、读、写、练的教学方式,还应该关注师生对学科知能的"共同建设"和"共同发展"。要重塑教育教学的"生产关系",关注学习过程中学生"本质力量"的释放、多向度潜能的开发和学科世界图景的建构。

教育现代化的核心是培养人的策略、方式和途径的现代化。其最显要的特征是教学行为要从"以教为中心"向"以学为中心"转移，要从"以数学学科体系"为中心转向"以学生发展为本"，从"一刀切"向"满足个性化发展需要"转移，关注从"教得完整"向学生"学得完整"和"发展得完整"的变革。

# 第二章　自觉教学主张

新课标指出："通过义务教育阶段的数学学习，学生能够获得适应未来社会生活和进一步发展所必需的重要数学知识（包括数学事实、数学活动经验）以及基本的数学思想方法、必要的应用技能。""数学核心素养是学生在接受数学学科的教育过程中，逐步形成的具有数学基本特征、适应个人终身发展和社会发展需要的必备品格与关键能力。数学核心素养是具有数学基本特征的适应个人终身发展和社会发展需要的人的关键能力与思维品质，是数学知识、技能、能力及情感、态度、价值观的综合体现。数学核心素养不仅包含外显能力，还包含内在思维品质。在数学学科方面，可以解决一个问题或解答一个题目，但对解决问题思想的理解深度是有差别的。前者体现出能力，记忆或模仿也可以帮助解决问题，后者反映出思维品质，内在地、持续地发挥作用"。

从翻转教学形态走向自觉教学形态的特征之一，就是要由远及近、由浅入深、由表及里、由具体到抽象，优化了教学过程，运用现代教育技术把远方的东西放到学生眼前、把复杂的东西变得简单、把抽象的事物化为具体，可以把时间和空间放大，也可以把时间和空间缩小，活化了学习形式，可以把过去许多不容易理解的新科技内容增加到教学内容中，增强了教材的艺术感染力，使教学内容现代化。同时，利用教育技术的平台、载体和技术手段，构建满足学生个性化学习和发展的教学生态环境，提供可选择的课程资源，以学生发展为本，强调尊重学生差异，加强对学生数学学习的支持服务。在平等对话的基础上进行因材循导和自觉体悟，做到学、教、做相统一，讲、探、练相结合，关注"少教多学"，唤醒、激励学生释放出本质潜能。

自觉教学行为主张在学生进行深入思考的基础上分析学生学科发展需要，针对学生差异，精心设计和组织学习活动，做到因材循导；用变易原理（变式教学）突破学生认识上的封闭性，在多维互动和平等对话中，促进学生自觉体悟；在习惯培养（学习习惯和思维习惯）和方法引领（学习方法和学科思想方法）中，提升策略（发现问题、提出问题、分析问题和解决问题）运用水平和学习的自组织能力。

自觉教学形态强调,在教学过程中突出重点和突破难点要有法有序有效,才有利于在限定的时间内顺利完成教学计划。教师要明白每个知识点的教育价值,即找出课堂教学的切入点、关键点、着力点和生成点,通过各节点的有效教学,培养学生的学习能力、思维品质和数学学科化水平。

# 第一节　因材循导

从翻转教学形态走向自觉教学形态就是要研透"重点、难点、知识点、能力点"。教学重点、难点的确定,是根据教学目的、教学内容及学生学习情况,通过分析、思考及教学经验得出的,重点除知识重点外,还有技能、方法重点,教师要做到心中有数。自觉教学形态关注"因材施教—因需施教—因材循导"。因材施教是指教师要从学生的实际情况、个别差异出发,有的放矢地进行有差别的教学,使每个学生都能扬长避短,获得最佳发展。因:根据;材:资质;施:施加;教:教育。因材施教就是指针对学习的人的志趣、能力等具体情况进行不同的教育。因材施教是教学中一项重要的教学方法和教学原则,在教学中根据不同学生的认知水平、学习能力以及自身素质,教师选择适合每个学生特点的学习方法来进行有针对性的教学,发挥学生的长处,弥补学生的不足,激发学生学习的兴趣,树立学生学习的信心,从而促进学生全面发展。但因材施教重心还是在教上,要以学为中心,必须变"教"为"导"。因材循导是在组织和实施学科教学活动过程中,充分发挥教师的主导性主体的作用,通过科学策划和适合的帮扶引领,践行有效的学教互动,充分发挥学生的主观能动性,让学生学会科学地思考,最大限度地释放出他们的"创造潜能",促进学生自主自觉生成。因材是基于学生差异、学生的学科发展需要和教学内容的背景,遵循学生知识、能力、认知水平和情感成长逻辑链的规律,抓住核心知识发生发展的根本,由浅入深、层层递进地精心组织凸显学科本质的学习活动。循导是运用科学合理有效的策略,做到变"教"为"导",让学生变"听"为"学",激励全体学生积极有效地参与,引导观察,指导操作,诱导思考,启发探究等。"导"要导在关键处,在节点发力。

## 一、从好奇心到数学自信心

自觉教学形态中最重要的事是激发好奇心—培养兴趣—获得效能感—产生自我发展期望—具有数学学科自信。新课标提倡让学生在学习活动中自学、自悟、自省、自得,其中好奇心和想象力是很重要的,它们对学生形成优良的思维品质有着一定的促进作用。学生优良的数学思维品质具体表现在:学生在参与中思维活跃,有很强的好奇心和丰富的想象力,每个结论都经过独立思考且表现出一定的创新意识与能力;学生是否围绕讨论的问题积极思考、踊跃发言,学生回答问题的语言是否流畅、有条理,是否善于用自己的语言阐述自己的观点;学生是否敢于质疑,提出有价值的问题并展开争论;学生的回答或见解是否有自己的思考或创意。可以看出,学生优良思维品质的形成离不开好奇心和想象力。

学习效能感是自我效能感在学习领域内的表现,是指学生对自己学习能力的信念,即对自己能否利用所拥有的知识、技能、能力去完成学习任务的自信程度的评价,是学生对控制自己学习行为和取得学业成就的一种主观判断。"认知工具在帮助和促进认知过程,在培养学生批判性思维、创造性思维过程中起着重要作用,它可作为个人认知能力的脚手架发挥作用。"因此,在自主学习过程中,为帮助学生获得成功,青果在线学校和智慧教学平台系统为学生提供认知工具,学生可以利用它们进行信息与资源的获取、分析、处理、编辑、制作等,帮助自己更好地表述问题,明确自己的思维过程,自动解决一些自主探究任务和一些简单的认知活动,获得一定的数学学习效能感。

自我发展期望是建立在学生的自主自觉学习的基础上的,需要学生对自己的学习进行组织规划,制订长期、中期、短期的学习计划,并按照计划表完成各项学习任务;同时自我规划也不能完全脱离整体课程内容的教学计划。学生的自我动机激发、自我识别、自我选择、自我规划、自我培养和自我监控等都需要来自学习过程中的学习信息数据的支持,青果在线学校和智慧教室的支持系统具备对学生学习信息进行跟踪、记录、统计分析的功能。因此,学生的学习行为分析系统会提供基于这两方面的服务和支持。系统在学生元认知策略应用能力欠缺时可以帮助学生监控管理学习,同时提供元认知策略使用的示范、建议和指导等。当然,在学习的过程中,学生也可以在一定范围内,修改调整计划和进度。我们要通过一切方法和手段激发起全体学生的自我发展期望,在不断强化自我效能感的基础上产生数学学科自信。

**案例:苏科版数学教材七年级上册"2.5 有理数加减法(1)"教学片段**

师:现在我们将铅笔的笔尖在数轴上进行左右方向的运动,规定向右为正。如:向左运动5个单位记作-5。请同学们拿出课前准备好的数轴,先独立探究,再小组交流(对有问题的同学给予帮助)。先请完成探究活动一。(学生探究、交流、巡学指导)

问题①:先向右运动5个单位,再向右运动3个单位,能否用算式表示?总结果是什么?

问题②:先向左运动5个单位,再向左运动3个单位,能否用算式表示?总结果是什么?

学生总结问题、归纳(教师板书):(+5)+(+3)=8,(−5)+(−3)=−8。

师:再请完成探究活动二。(学生探究、交流、巡学指导)

问题③:向左运动3个单位,再向右运动5个单位,能否用算式表示?总结果是什么?

问题④:向右运动3个单位,再向左运动5个单位,能否用算式表示?总结果是什么?

问题⑤:向左运动5个单位,再向右运动5个单位,能否用算式表示?总结果是什么?

学生总结问题、归纳(教师板书):(−3)+5=2;3+(−5)=−2;(−5)+5=0。

师:最后请完成探究活动三。(学生探究、交流、巡学指导)

问题⑥:如果笔尖第1秒向右(或左)运动5个单位,第2秒原地不动,能否用算式表示?

学生总结问题、归纳(教师板书):5+0=5,或(−5)+0=−5。

**启示**:教学明线是学生进行探究活动,增强感性体悟。若探究活动放在一起探究,学生会觉得很乱,也不易理出头绪,分阶段进行会让学生很清晰地看到问题的实质,使获得的感性体验也在不断地得到强化。教学暗线是分类探究,与前面学生归纳的"同号两数相加、异号两数相加、一个数与零相加"相吻合,利于学生在归纳法则时进行分类思考。

……

探究导学

师:大家喜欢足球吗?

生:喜欢!

师:实际上足球比赛中赢球数与输球数是相反意义的量,若我们规定赢球为"正",输球为"负",比如,赢3球记为+3,输2球记为−2。在足球比赛中规定:进球数记为正数,失球数记为负数,它们的和叫作净胜球。那么学校足球队在一场比赛中的净胜球可能有以下各种不同的情形:①上半场赢了3球,下半场赢了2球,全场共赢了5球,也就是(+3)+(+2)=+5;②上半场输了2球,下半场输了1球,全场共输了3球,也就是(−2)+(−1)=−3。你们还能说出其他情形吗?

生1:上半场赢了3球,下半场输了2球,全场赢了1球,也就是:(+3)+(−2)=+1。

生2:上半场输了3球,下半场赢了2球,全场输了1球,也就是:(−3)+(+2)=−1。

生3：上半场赢了3球，下半场不输不赢，全场仍赢3球，也就是：(+3)+0=+3。

生4：上半场输了2球，下半场两队都没有进球，全场仍输2球，也就是：(-2)+0=-2。

生5：上半场打平，下半场也打平，全场仍是平局，也就是：0+0=0。

（教师将所列出的算式进行板书。）

师：看看这些算式，你们认为有理数的加法法则和小学里学的加法法则一样吗？

生7：不一样。要分类来说。

师：分几类来说？

生7：分三类，分别是同号两数相加、异号两数相加、一个数与零相加。

师：请同学们分三类来归纳出有理数加法法则，先自己说给自己听（独学），再说给同桌听（对学），然后再小组交流（群学）。（学生表述、交流，教师巡学指导）

教师在学生全班展示的过程中，板书有理数加法法则：

①同号两数相加，取相同的符号，并把绝对值相加；

②绝对值不相等的异号两数相加，取绝对值较大的加数符号，并用较大的绝对值减去较小的绝对值；互为相反数的两个数相加得0；

③一个数同0相加，仍得这个数。

师：哪一类法则最难归纳？

生8：异号两数相加，它也要分两种情况：绝对值不相等的异号两数相加和绝对值相等的异号两数相加。

**启示**：从学生喜欢的足球入手，以净胜球数让学生列出相应的算式，从多个算式中让学生进行分类，并进行启发，加强了学生对"分三类"的分类思想的认知。分三类分步进行归纳减轻了学生归纳的"工作量"，也降低了归纳和理解的难度，使中等生和学困生能跟上"节奏"；最后一句"哪一类法则最难归纳？"加深了学生对异号相加法则要"分类"的记忆。

……

师：通过这节课的学习，在进行有理数相加时，要注意"先根据两个加数的符号，根据法则确定和的符号；再考虑两个加数的绝对值，根据法则确定和的绝对值"，这是和做小学加法明显不同的地方，从今天起一定要注意这样的"代数运算思维：先定性，再定量"，以后的所有计算也都要这样。做有理数加法运算的具体步骤是什么？

生9：步骤有：①归类型；②定符号；③定数值。

师：下面请同学们将今天学习的有理数加法法则用"结构化图式"表示出来，现在进行小组合作（学生合作，教师巡学），哪一组来展示？

生10：我们这组的结构化图式是这样的：

有理数加法法则
- 同号两数相加：取相同的符号，并把绝对值相加；
- 异号两数相加
  - 绝对值不相等的异号两数相加：取绝对值较大的加数符号，并用较大的绝对值减去较小的绝对值；
  - 绝对值相等的异号两数相加：互为相反数的两个数相加得0；
- 一个数与0相加：一个数同0相加，仍得这个数。

……

师：时间关系，我们就只能展示三个小组的学习成果，下面请完成达标检测。
（达标检测，略）
（学生独立完成后，教师公布答案，相互批阅，反馈交流总结）

**启示**：①在学生充分感悟的基础上，再经过教师的强调，使学生的"代数算法思维"得到强化；②通过小组合作，将有理数加法法则进行"结构化图式"处理，使学生较清晰地理解、掌握和运用有理数加法法则；③通过达标检测的反馈，可以看到大部分学生都获得了满分，只有少部分学生在最后一题上失分了，主要的原因是他们的知识综合运用能力还要加强，这些学生如果在这里的基础打不牢固，可能会失去后续学习的自我效能感，更谈不上自我发展期望。

数学就是由许多彼此联系的概念、法则、定理等经过逻辑推论构成的理论体系。我们应对学生加强学习数学的使命感教育，引导学生磨炼自己的意志，坚定学生学习数学的信念，增强其自我效能感。学业成就好的学生，他们的自我效能感也高，也往往具有较好的学习策略运用水平。学习策略运用水平越高，学生自信心越强，学习效能感也就越有效，学业成就也越好。学生亲身经历的成功和失败对他们自我效能感的影响最大，成功的经验越丰富越会提高学生的自我效能感，多次失败会降低学生的自我效能感。因此，我们要指导学生逐渐获得较高学习策略运用水平，架起学生学习行为和发展期望之间的桥梁，把学生带向成功的彼岸，增强他们的数学学科自信。

## 二、把核心学习过程还给学生

现代教育技术背景下的自觉数学课堂充满着教师与学生、课程资源包与学生、学生与学生、学生与信息终端之间的"思维碰撞"。传统的数学教学过程是引导学生寻找现成的答案、现成的说明、现成的结论，只要死记硬背，把知识吞进肚子后再反复训练，即可获得好的数学学习成绩，强调的是结果。目前越来越多的学生对数学学习的动力不是来自数学本身，而主要是来自考试的压力，这样的学生被动的数学学习观念不仅阻碍了他们的主动性与探索性，更扼杀了数学的魅力，也"消费"了学生终身学习的能力和品质。教育技术背景下的自觉数学教学，需要我们教师去

## 从"翻转教学形态"走向"自觉教学形态"
——以初中数学教学现实为例

引导学生自主参与知识发生和发展过程,要从对新知能的操作性理解发展到概念理解,再发展到关系性理解,并在此基础上形成良好的情感态度和价值观。在教学活动中,我们要把核心学习的过程还给学生,既重视结果更要重视过程。

"学习任何知识的最佳途径是由自己去发现。"新课程强调:教学是教与学的交往、互动,师生双方相互交流,相互沟通,相互启发,相互补充。在教学过程中教师与学生分享彼此的思考、经验和知识,交流彼此的情感、体验与观念,丰富教学内容,求得新的发现,从而达成共识、共享、共进,实现教学相长和共同发展。传统的数学课堂教学通常以例题、示范、讲解为主要方式,它的主要特征是,学生被动接受猜想、实验、观察、推断等,缺乏学生亲身体验的实践探究活动。我们要转变教学观念,改变学生被动接受的学习方式,提倡将核心学习过程还给学生的自主探究性学习,唤起学生的主体意识,激起学习兴趣,以学生为中心,创造一个有利于学生主动发展的时间和空间,使学生调动自身的学习潜能,进行自主学习,成为课堂学习的主人,自主地获得信息,积累知识,解决问题,培养能力。

在教学过程中,教师只有以学生发展为本,处处为学生着想,通过激发学生的学习兴趣,让学生热情高涨地自己动手、动脑、动口,学习知识,巩固知识,拓展知识,学生才能不断独立,不断自主地学习新知。也只有让学生积极参与,才能不断提高课堂效率。只要教师充分相信学生、尊重学生,以充分调动学生学习的积极性为前提,以教给学生学习方法为重点,以促进学生智能提高为核心,把学生作为课堂的主人、学习的主人,让学生有足够的时间操作、观察、思考、质疑、讨论、练习、评价等,就能使学生逐步形成较强的自主学习素质,从而更加主动地学习,主动地发展。实践证明,学生真正懂了、学透了,这种"费时""费力"是很有价值的。

**案例**:苏科版数学教材七年级下册"8.2 幂的乘方与积乘方"的教学情境设计(片段)

**问题1**:尝试计算$(7×3)^4$

师:请将计算结果推送到平台上。

学生点击提交或拍照上传,老师和学生一起浏览学习成果。

师:总体上看有三种结果。结果一是$(7×3)^4=21^4$,请得到这样结果的同学说说你们的解题思路。

生1:解题思路是先计算括号里7与3的积,再将积乘方。

师:计算结果二是$(7×3)^4=194\,481$,请得到这样结果的同学说说你们的解题思路。

生2:直接用iPad的计算器求的结果。

师:计算结果三是$(7×3)^4=(7×3)(7×3)(7×3)(7×3)=(7×7×7×7)(3×3×3×3)=7^4×3^4$,请得到这样结果的同学说说你们的解题思路。

生3：解题思路是受前两节课乘方运算的启发得到。

教师对上述解法给予肯定，但不指出哪种解法好，让学生接着完成问题2。

**问题2**：尝试计算$(ab)^4$

学生思考片刻，很快选择了学生3的解法。

$(ab)^4=(a\times b)(a\times b)(a\times b)(a\times b)=(a\times a\times a\times a)(b\times b\times b\times b)=a^4b^4$

**问题3**：通过上面的计算你有什么发现？

……

学生很快主动地探究出$(ab)^n=a^nb^n$（$n$为正整数），并感悟到要找的是一般的规律，不应该只是一个计算结果。

**启示**：教师创设有助于学生学习的问题情境，不是直接以教材为出发点而是将教材中的知识点改编成学生易于探究的问题情境。通过问题串情境的创设和教师合理的引导，激发学生的探究兴趣，让学生在尝试中体验创新；学生通过自主探索领悟出积的乘方法则，同时也自觉应用了由特殊到一般的探究方法和类比思想；使传统意义的教学过程变为引发探究、解决问题的过程，将核心学习过程还给了学生，让学生形成一种动态的、富有个性的学习过程，激发探究热情，达到自觉、有效探究的目的。

自觉教学形态的真正奥秘在于唤醒学生的"学习自觉"。我们要让学生从学会知识、基础学习能力、终身发展能力到增长智慧；要解放学生的头脑、眼睛、双手、时间和空间，解放他们的思想，放飞他们的心灵；要让学生的数学学习变得有趣味、有活力、有情境、有挑战性。因此，数学教学的一切出发点都必须是"教服务于学"，要引领学生走向数学学习的核心，更要把核心学习过程还给学生，不能让学生仅在形式上进行自主、表面化合作和"没有价值的"探究。我们要重塑课堂教学的"生产关系"，关注学习过程中学生本质力量的释放、多向度潜能的开发和学生数学世界图景的意义建构。

## 三、解放学习力：创造和再创造

荷兰教育家弗赖登塔尔提出的"再创造"教学理论认为，"学习数学的唯一方法是实行'再创造'"，"首先，通过自身的活动所得到的知识与能力比由旁人硬塞的理解得透彻，善于应用。其次，通过再创造能够培养学生的数学兴趣，激发学习动机。最后，通过再创造，可以帮助人们（学生）形成数学是一种人类活动的观念。"再创造是相对首次创造而言的，在没有任何帮助的情况下，依靠自己的能力，完成创造。学生在数学学习中表现出来的创造过程，很多是"再创造"过程，总之，我们要保护和培养好学生的创造性。

（1）保护和培养创造性思维。所谓创造性思维就是大脑皮层区域不断地恢复联系和形成联系的过程,它是以感知、记忆、思考、理解、联想等能力为基础,以综合性、探索性和求新性为特征的心智活动。创造性思维乃是多种思维形式,特别是形象性思维与辩证性思维的高度结合的结果。其培养关键是激发、保护学生的好奇心,引起探讨的欲望,使学生能够有机会、有勇气创造,并且要善于培养学生的好奇心,引导他们提出各种各样新奇的问题。

(2)培养批判性质疑。我们要激励学生打破自己的思维定式,从独特的角度提出疑问,鼓励学生提出批判性质疑。批判性质疑是创造性思维的集中体现,科学的发明和创造正是通过批判性质疑开始的,让学生敢于对教师的讲解提出质疑,敢于对答案提出质疑,敢于对同学的观点提出质疑,能够打破常规,并且敢于实践和验证,寻求解决问题的途径,它是具有创造意识的学生必备的素质。让学生大胆猜想,不仅培养了敢想敢问的习惯,而且培养了思维的深刻性、独立性、挑战性及创造性。

(3)培养求异思维。求异思维是创造性思维发展的基础,它具有流畅性、变通性和创造性的特征。求异思维是指从不同的角度、不同的方向,去想别人没想到的,去找别人没有找到的方法和窍门,要求必须富有联想,善于假设、怀疑、幻想,追求尽可能新、尽可能独特、与众不同的新路。课堂教学要鼓励学生大胆尝试,勇于求异,激发学生的创新欲望,例如,平时教学过程中的一题多解、一题多变本身就是一种创造性思维的体现。通过对一个较简单问题的逐步展开和探究,把学生的思维进一步推向更深更广的境界,使学生的积极性高涨,极大地调动了学生参与创新活动的兴趣,培养了学生的创新意识和创新精神。

(4)培养直觉思维。传统教育强调对逻辑思维能力的培养,这正是传统教育的一个误区,现代教育则逐步转向培养学生的创造性思维能力、直觉思维能力上来。直觉是一种在知识材料不充分的情况下得出的具有一定偶然性的一种突发性的思维活动,是一种自由创造的思维。新的发现多是通过直觉思维来实现的,但是直觉的认识成果却需要逻辑的栽培,因此培养直觉思维能力从而促进创新思维能力的发展,其意义是重大的。

(5)开展有创意的活动。创造性作为一种心理品质的整体性只有在创造活动中才能表现出来,并得到发展。创造性离不开有创意的实践活动,如以讨论、辩论等形式,使学生各抒己见,想人之所不想,见人之所不见,做人之所不做,从而优化学生的创造心理环境,激发他们想象的冲动、联想的新颖、思路的开阔,有效调动学生的潜意智能,使之成为创造意识的策源地。通过以上形式多样的实践活动,学生动脑动口、动手能力增强,提高了他们的创造水平。

## 常州市田家炳初级中学八(1)班王峰同学的数学论文：
### 学好概率当经理

摸球探究活动后,老师在学校的虚拟数学学习社区平台上,又给我们布置了一个探究任务,模拟招聘某高新电脑城销售部经理,以小组为单位进行面试,通过关卡者入选。

请我们设计一个让商家让利少,顾客又喜欢参加的促销方案。基本要求是:购物满500元,可以赠送礼券,每次抽奖都必须有奖,一次最少送礼券20元,最多送礼券120元。你可以用骰子、乒乓球或彩色球、扑克牌、多色转盘、计算机模拟器等作为促销道具。

设计要求:

(1) 如果你是商场的老总,你对促销方案有什么要求?

(2) 如何做到"赠送的金额比较诱人,但顾客拿走的机会又比较小"?

(3) 如何分析中奖事件出现的可能性(概率)的大小,请写出具体情况。

我们小组反复琢磨,认真分析,通过大家的努力终于出炉了本方案。

方案定位:

商场老总对促销方案的要求是盈利多、公平、刺激。抓住促销方案的关键"赠送的金额比较诱人,但顾客拿走的机会又比较小",把高额礼券放在出现可能性较小的地方,出现可能性较大的地方送的礼券金额要少一些。

方案内容:

购物满500元,可以掷两次骰子,根据两次骰子的总数决定赠送礼券的总额,总点数为2和12时的礼券最多,都为120元;点数从2到7递增或从12到7递减时礼券都依次减少20元。

方案评价:

| 总点数 | 2 | 3 | 4 | 5 | 6 | 7 | 8 | 9 | 10 | 11 | 12 |
|---|---|---|---|---|---|---|---|---|---|---|---|
| 概率 | $\frac{1}{36}$ | $\frac{2}{36}$ | $\frac{3}{36}$ | $\frac{4}{36}$ | $\frac{5}{36}$ | $\frac{6}{36}$ | $\frac{5}{36}$ | $\frac{4}{36}$ | $\frac{3}{36}$ | $\frac{2}{36}$ | $\frac{1}{36}$ |
| 中奖 | 120 | 100 | 80 | 60 | 40 | 20 | 40 | 60 | 80 | 100 | 120 |

总点数是2和12时出现的概率最小,此时金额应放最大数额,总点数是7时出现的概率最大,此时金额应放最小数额,总点数是3~6和11~8时出现的概率依次增大,此时金额应依次减小地放入。

在全班众多方案中,我们的方案操作上比较简单可行,并且满足设计要求,被评为最优方案,我们是优胜组,销售经理从我们小组产生,大伙都推举我,"我当上销售经理啦!"

现代心理学研究表明,只有使学生参与教与学,使他们体验到自己是学习的主人,才能调动他们的积极性。常态教学中显著特点是人人都学着毫无差别的数学,把课堂变成一个封闭的狭小世界,天天以教师和书本为中心,上演着毫无趣味可言的教案剧,学生变成一群毫无个性的演员,教师牢牢控制着自己预设的课堂。从翻转教学形态走向自觉教学形态就是要改革课堂教学,提倡凸现学生个性的多样多元的研究性学习。围绕教学或学习中常见、典型、有代表性的重点、难点、疑点等,加以有效解决。在教学过程中不断激发学生对数学学习的渴望,让学生的数学学习变得更加有趣,激励学生对知识的探究,而不是注重训练,要重塑数学学习的形象。让学生感觉到数学是"有温度的",不再是"冰冷的美丽"。在内容组织和编排上,符合学生的认知规律,且主线清晰、重点突出、逻辑性强、明了易懂,能引导学生积极思考、深入学习,从浅层学习走向深度学习。

数学素养教育是以培养学生的关键能力、必备品格为核心的,它承载着学生对数学知识、经验、能力和品格的多元建构。然而,智慧并不能像知识一样直接传授,它需要在获取知识、经验和感悟的过程中,通过我们的精心呵护才能得到开启、丰富和发展,因此智慧形成是一个长期而又复杂的内生过程。

## 第二节　自觉体悟

对今天的数学课堂教学而言,我们并不缺少新的理论、新的观念和改革的热情,也不缺少新的方法和技术手段,但我们往往缺少的是"等待"。我们提出问题后很快就会以暗示性的语言迅速把学生的思路、解决问题的方法引到设计好的标准化的路线上来,然后在我们的"牵引"下迅速指向标准答案。这对知识的传授也许是高效的,但是"知识传授高效"的背后失去的却是学生的独立思考能力和解决问题能力发展的空间和权利。

认知结构的形成是一个复杂的系统工程,它是对学科知能主动地进行不断地组织和再组织的过程。学生思维能力的提升是不可以直接传授的,需要经过不断的体验、感悟、领悟、觉悟和顿悟后才能达成。另外,教育只是一时的外在行为,体验则是学生学习生命的全部。学科教学不应该是刻板的知识传授,而是应该通过丰富多彩的系列学习活动来激发兴趣,发展学生对新知的理解力和应用能力。我们要重视学生在活动中的学习,要给他们充分的时间和空间去尝试、探索问题,让他们在学习活动中学会观察、分析问题,丰富解决问题的策略。自觉体悟重在突出学生的发展性主体地位,是让学生在学习过程中获得深刻的体验和感悟,领悟学科思想方法,不断提升活动经验和元认知水平,促进学生的"自觉生成"和"自觉发展"。

## 一、做中学,学中思,思中悟

美国教育家苏纳丹戴克说:"告诉我,我会忘记;做给我看,我会记住;让我参加,我就会完全理解。"研究表明,我们所掌握的知识有10%是通过"阅读"得来的,有15%是"听"来的,有80%是亲身经历获得的!对数学知识的传授我们是"给"还是"导"?我认为"给"会造就思维上的懒汉;"导"能帮助学生燃起自信,培养学生独立思考、善于发现自身存在问题的习惯。现代研究表明,学生作为学习的主体,在学习过程中的智力因素主要是指对信息的加工和内化,即对接收的信息进行感知、识记、保持、应用。而在整个非智力因素活动中,情感因素担负着对信息进行选择的任务,对有趣的、有价值的信息进行筛选、分类,加以吸收,进行知识的积累,动手动脑的实践体验活动能使学生获得的知识、技能、经验等得到持久的保持。学生的认知策略与情感、实践体验有密切的关系,直接影响着学习效果。因此,我们要让学生亲自去操作、体验,领悟数学的本质。陶行知先生的"教学做合一"理论十分重视"做"在教学中的作用,认为"要想教得好,学得好,就须做得好"。这一理论给予我们深刻的启示:"要在做上教,在做上学,还要关注学中做。"我们要让学生参与做的全过程,让学生采用操作实践、自主探索、大胆猜测、合作交流、积极思考等活动方式学习数学。在学生的数学学习活动中必须充分发挥学生的独立性、探索性和创造性,要变知识为智能。

著名教育家陈鹤琴先生的教育方法论是"做中教,做中学,做中求进步"。常言道:"懂得还不等于已知,理解还不等于知识。为了取得巩固的知识,还必须进行深入体验、探究和思考。""做中学"就是"从经验中学""从活动中学",这是美国教育家约翰·杜威最早提出并倡导的教育教学方法。所谓"做中学"就是让学生有机会以符合他们年龄特点,符合其认知规律需要,符合科学探究规律的方式,亲历探究的过程。"做中学"要求教师引导学生在"观察、提问、设想、动手实践、表达、交流的探究活动中,体验科学探究的乐趣,建构基础性的科学知识,获得初步科学探究的能力,从而培养他们的数学素质"。"做中学"在本质上是学生再创造的过程,不局限于单纯的操作层面的"做",在课堂教学中,我们要充分让学生去实践,动口说、动手画、动脑想,从大量的感性认识中逐步抽象出数学知识,并掌握知识的实质。但学生的"做中学"活动已经不局限于单纯的操作层面的狭窄范畴,它是一个师生、生生交往互动与共同发展的过程,学生外显的活动性过程和内隐的活动性过程得到和谐的发展。

**案例:北师大版数学教材七年级上册"1.3 截一个几何体"教学片段**

**师**:同学们,你们先猜想一下:用一个平面截正方体,所得的截面可能是什么形状?

**生1**:正方形。

生2：长方形。

生3：三角形。

师：还有吗？

生：没有了！

师：用一个平面截正方体，所得的截面可能是什么形状？现在请同学们认真动手操作，把你们带来的洋芋、红薯、萝卜等实物先削成一个正方体，再用平面去截这个正方体，看一看是不是以上几位同学所说的结果。

师：（学生动手操作，教师巡视，几分钟后）用一个平面截正方体，所得的截面可能是什么形状？你们得到了什么结果？

生4：截出的截面可能是三角形、正方形、长方形（四边形）、五边形、六边形。

师：他说得对吗？

生：对！

师：通过这次"做中学"，你们有什么感悟？

生5：对于一些可实验操作的问题的研究，我们最好先动手操作实验一下，不要想当然！

生6：通过这次"做中学"，我对截正方体得到的截面形状有了深刻的了解，并知道应该怎样去截，截面的边在正方体的面上，截面的顶点在正方体的棱上。

生7：我们不仅要会解决老师给的问题，还要学会自己提出问题和解决问题，要有自己独立的思考。

师：你们知道CT吗？

生：不知道！

师：CT在医学诊断中是一种与"截几何体"类似的仪器，"CT"的工作原理与几何体的切面相类似。

**启示**：老师在教学中没有将结论直接告诉学生，而是让学生在做中体验、做中感悟、做中思考与归纳；介绍CT使学生体会到数学与现代科技的密切联系，激发学习兴趣。

"做中学"的意义在于通过动手、动眼、动口，最大限度地使学生参与学习过程当中。没有参与就没有教学，教学中必须充分调动学生学习的积极性、主动性和创造性，只有这样才能促进学生发展。但在"做中学"中，对学生的思维活动效果要先定好位，一节课让学生了解和掌握哪些知识，渗透哪些数学思想和方法，学生的哪些能力得到提高，这是首先要考虑的。在"做中学"的过程中，我们切忌简单地把探究学习理解为"动手"活动，而应该真正促进学生的思想发展和知识建构；要抓住"做"背后的学习文化实质，让学生能够有机会参与共同体的文化情境，要在更大程度上采用知识建构共同体这种"做中学"的思路，让学生集中进行知识（思想）的生成和持续改进活动,同时也辅之以实践共同体的"做中学"思路,培养学生的实践能力和实际问题解决能力。

## 二、悟中获、获中用、用中创

当今社会越来越需要高能力的人才,其最鲜明的特征就是善于做事,具有较高的鉴别力、协调力、敢于承担风险的能力,特别是善于"做"的能力。因此,我们在强调在"做中学"的同时还要强调在"学中做","做中学"和"学中做"是现代学习的一个根本性的思想,也是智者的选择。"学中做"就是要自己动手,在实践中观察和思考,以悟得新知。同时将习得的知识与具体的生活实践相联系,学以致用,活学活用。"学中做"的精髓一方面在于把间接的经验和知识还原为活的、有实用价值的知识。这个还原的过程造就了学生一双敏锐的眼睛和始终思考的心灵。"学中做"重在培养学生的动手能力,理论上行得通的东西,在实践中做起来可能远远比想象的复杂得多,动手做一做,比单纯的"纸上谈兵"要来得更具体、更全面,也更直观。

在"学中做"中,我们要引导学生根据所学的知识去实践,动口说、动手量、动手画、动脑想,知识的实质是关注所学知识在实践中的运用,在知识运用的过程中激发学生的乐趣,对所学的知识进行深度的理解,变枯燥被动学习为主动学习。"学中做"是让学生动手操作,一方面是多感官协同活动对客观事物的动态感知;另一方面又是脑与手密切沟通,把内化了的内部言语形态的智力转化为外部活动。因此,在数学教学中,我们不仅要关注学生接受信息过程中的认知因素,更要关注学生接受信息过程中的情感、实践的体验,这样才能使知识通过情感、实践这个媒介更好地被学生接纳和内化,再进行输出。但学生"学中做"的活动已经不局限于单纯的操作层面的狭窄范畴,它是一个师生、生生交往互动与共同发展的过程,学生外显的活动性过程和内隐的活动性过程得到和谐的发展。

**案例:九年级中考第一轮复习"尺规作图"教学片段**

......

2. 变式应用

(1)(2012·德州)有公路 $l_1$ 同侧、$l_2$ 异侧的两个城镇 $A,B$,如图 2-1。电信部门要修建一座信号发射塔,按照设计要求,发射塔到两个城镇 $A,B$ 的距离必须相等,到两条公路 $l_1,l_2$ 的距离也必须相等,发射塔 $C$ 应修建在什么位置?请用尺规作图找出所有符合条件的点,注明点 $C$ 的位置。(保留作图痕迹,不要求写出画法)

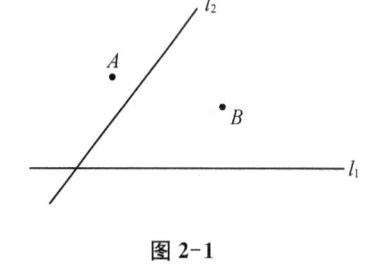

图 2-1

**师**:对这个问题,你们是怎么思考的?

**生13**：根据题意知道，点$C$应满足两个条件，一是在线段$AB$的垂直平分线上，二是在两条公路夹角的平分线上，所以点$C$应是它们的交点。因此，如图2-2所示，①作两条公路夹角的平分线$OD$或$OE$；②作线段$AB$的垂直平分线$FG$；则射线$OD$、$OE$与直线$FG$的交点$C_1$，$C_2$就是所求的位置。

**师**：做完这道中考题，大家有什么感悟？

**生14**：中考题也都是以基本作图为基础的，我们要打好基础。

**生15**：要认真分析题意，如题中的两条公路夹角的平分线有两条。

**师**：对！本题主要考查了对角平分线、线段垂直平分线作法的运用和对题意的正确理解。

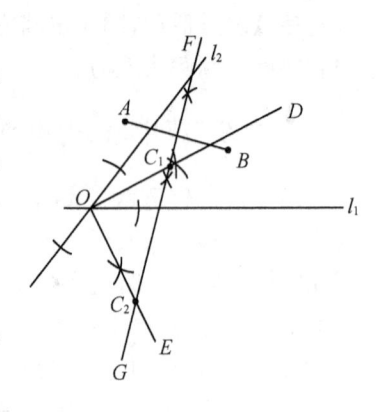

图 2-2

（2）（2012·鞍山）如图 2-3，某社区有一矩形广场$ABCD$，在边$AB$上的$M$点和边$BC$上的$N$点分别有一棵景观树，为了进一步美化环境，社区欲在$BD$上（点$B$除外）选一点$P$再种一棵景观树，使得$\angle MPN=90°$，请在图中利用尺规作图画出点$P$的位置（要求：不写已知、求证、作法和结论，保留作图痕迹）。

**师**：对这个问题，你们又是怎么思考的？

**生16**：因为在矩形$ABCD$中，在边$AB$上的$M$点和边$BC$上的$N$点是两个定点，使得$\angle MPN=90°$，所以点$P$要在以$MN$为直径的圆上，点$P$又在$BD$上（点$B$除外），所以只要以$MN$为直径作圆，这个圆与$BD$的交点就是$P$点。作法如下：如图2-4，①连接$MN$，②作$MN$的垂直平分线交$MN$于$O$，③以$O$为圆心，$ON$长为半径画圆，交$BD$于点$P$，所以点$P$即为所求。

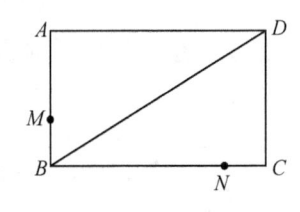

图 2-3

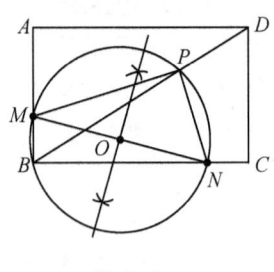

图 2-4

**师**：做完这道中考题，大家有什么感悟？

**生14**：中考题也没什么可怕的，只要我们认真踏实地学习，中考一定能过关。

**生15**：要注意观察和分析，要将所学到的知识进行灵活运用。

**师**：本题主要考查了作图与应用作图，关键是理解题意，弄清问题中对所作图形的要求，结合对应几何图形的性质和基本作图的方法作图。

(3) 问题:如图 2-5,在平行四边形 ABCD 中,$AB=3$ cm,$BC=5$ cm,$\angle BAC=\angle DCA=\text{Rt}\angle$,$E$ 为边 $AB$ 上一点,且 $AE=1$ cm,点 $P$ 以 1 cm/s 的速度从点 $B$ 出发,经 $B \to C \to D \to A$,设 $BP=t$,试求当 $t$ 为何值时,$\triangle BEP$ 为等腰三角形?

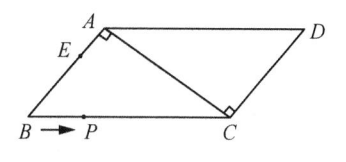

图 2-5

**师**:这是我市去年的中考模拟题,请大家来挑战一下,请大家独立探究,再小组交流。

**师**:(学生独立探究,小组交流之后)刚才第三小组讨论得很热烈,请组长来说说。

**生 16**:在开始的独立探究过程中,我进行了分类讨论:①$BE=BP$;②$BE=EP$;③$BP=EP$。求出了三个解,我又做了进一步的验算,我以为求得的结果是没有问题的。但在小组交流的过程中,才知道我少了一解,我们这组六个同学中三个人做出四解,两个人做出三解,一个人只做出两解;但我百思不得其解,我这一解少在哪里呢?为什么有的同学他们一下子就求得四解呢?他们也是通过分类讨论来做的,为什么能够做到不重复和不遗漏呢?小组协作就有这样的好处:基础薄弱的人可以即时向基础好的同学请教。我们小组的陈无极同学的思路很独特,还是请他来说说。

**陈无极**:在解决这个问题的过程中,我的解决策略和你们的不一样。(1) 找点 $P$ 的位置用了画图工具——圆规!(2) 不是简单地分三类:①$BE=BP$;②$BE=EP$;③$BP=EP$。而是分两类:①以 $BE$ 为底边;②以 $BE$ 为腰。其中又分两种情况:a. 以 $B$ 为顶角顶点;b. 以 $E$ 为顶角顶点。下面就是我找点 $P$ 的思路:①以 $BE$ 为底边,如图 2-6(a),作线段 $BE$ 的垂直平分线交 $BC$ 于 $P_1$,便可求得 $t_1=\dfrac{5}{3}$;②以 $BE$ 为腰,当以 $B$ 为顶角顶点时,如图 2-6(b),以点 $B$ 为圆心,$BE$ 长为半径画弧交 $BC$ 于 $P_2$,便得到 $t_2=2$;③以 $BE$ 为腰,当以 $E$ 为顶角顶点时,如图 2-6(c),以点 $E$ 为圆心,$BE$ 长为半径画弧交 $BC$ 于 $P_3$,交 $AD$ 于 $P_4$,由于点 $P$ 以 1 cm/s 的速度从点 $B$ 出发,经 $B \to C \to D \to A$,所以点 $P_4$ 是有效的,你没找到的就是点 $P_4$,求得 $t_3=\dfrac{12}{5}$,$t_4=\dfrac{68-2\sqrt{21}}{5}$。

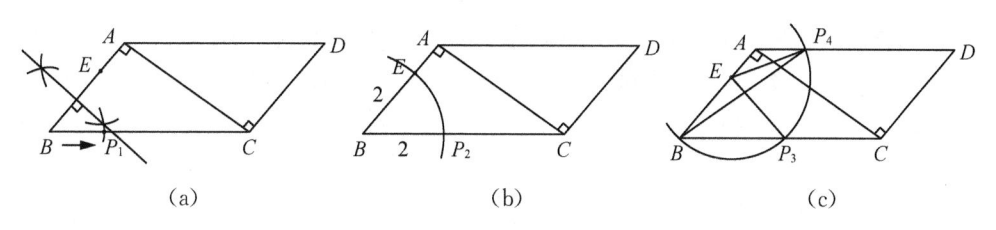

(a)　　　　　　(b)　　　　　　(c)

图 2-6

师：听了他的解决问题的过程，你们有什么想法？

生16：我分三类少了一解，他分两类却能做到不重复、不遗漏，其关键并不在于分类的多少，而在于要针对解决问题的需要，特别是他用圆规来找 $P$ 点，让我耳目一新，原来尺规作图的工具可以这样使用。

**启示**：①让学生直面中考原题，可以让学生发现自己的不足，同时提高他们的适应性，通过中考题的解决提高他们的自信心；②在问题(3)的解决中，虽然题目不是尺规作图题，但利用尺规工具来参与探究，让学生发现其便利性，这也是在提升他们的学习能力。

苏霍姆林斯基说了这样一句话，"当知识与积极的活动紧密联系在一起的时候，学习才能成为孩子精神生活的一部分"。数学学习过程是一个再创造的过程，造成学生数学学习困难的原因是多方面的，数学材料、学习动机、自身的数学认知结构、数学语言理解能力、自我监控能力、数学建模能力等制约着学生的数学学习。"知识是血肉，能力和方法才是灵魂""知识和方法相比，方法更容易成为能力""能力与方法携手，便是潜在的创造力"。学习是一种认识活动，在这个活动中，教师起着指导、帮助和组织的作用，而学生是这个活动的主体，是学习的主人。数学学习并不简单是先获得一套知识技能，然后在有关的实践情境中拿出来应用。相反，学习者需要通过"学中做"，学会如何在学习中做出合理有效的行动，并在行动之中不断进行反思，丰富自己的知识，也改进自己的动手实践能力。

## 三、自觉体悟

分布式认知理论是一个考虑到参与认知活动全部因素的分析单元，包括参与者全体、人工制品和他们在其所处特定环境中的相互关系。分布式认知认为，认知分布于个体内、个体间、媒介、环境、文化、社会和时间等之中，提出了一种考虑认知活动全貌的新观点，注重环境、个体、表征、媒体以及人工制品间的交互，认为分布式的要素必须相互依赖才能完成任务。因此，在数学学习过程中，学生的自觉体悟就显得特别重要。主体自觉具体表现在以下五个方面。

(1) 在独立探究中自悟。独立探究是当今新课程理念所提倡的一种学习方式，它要求学生要做自己的主人，要在老师的引导下发挥自己的主观能动性，调动自己的各种感觉器官，通过动手、动眼、动嘴、动脑，主动地去获取知识。美国心理学家布鲁纳说："学习最好的刺激乃是对所学学科的爱好。"学生是信息加工的主体，是知识意义的主动建构者。要让他们获得"真知"，应通过体验性环节让学生进行大胆尝试和体验"真知"的发生发展过程，在体验过程中，促进学生自悟，丰富数学活动经验。学生是信息加工与情感体验的主体，是知识意义的主动建构者，在讲新知以前，我们给学生独立思考、独立尝试、独立探究的时空，要引导学生用探索法、发现法去建构知识的意义。我们在教学中最重要的是放手,让学生亲身感受、体验、分析、总结,加强"知识纵横联系"与"学生独立思考"的学习活动设计,让学生在独立思考中进行自悟,提升思维品质。

(2) 在多维互动中领悟。数学课堂教学是离不开师生、生生和生本间的语言交流和思维碰撞的。学生的数学学习心理大致要经历"混沌、模糊、清晰"这一过程,数学学习状态应该是从模糊的、不自觉的、被动的状态,在老师和同伴的帮扶下,逐步走向清晰的、自觉的和主动的发展状态。这个转变过程的长短,关键在于数学学习活动中多维互动和有效促进的效度。每个学生又都以自己的方式理解数学知识,若在学习过程中有同伴之间的良性差异互动,使他们看到了同伴与自己不一样的思考,听到了与自己不同的观点,便能多角度和多途径地完善对数学新知的理解,会激发学生多向度、本质性地认识问题,扩大学生的"认知半径"。我们要加强师生、生生、组生、组组、优弱生之间合作,互补共赢,相互点评、指正、借鉴、补充、心灵碰撞、人格感染、智慧启迪,促进学生在多维互动中领悟。在师生、生生的思想交流中能释放出师生同构双赢"正能量",激活师生的创新意识和创造能力,也让教师受到了"被教育"的"洗礼",拓展"教学视野"。

(3) 在反思辨析中感悟。感悟,是指人们对特定事物或经历所产生的感想与体会,是一种心理上的"妙觉"。它的表现形式不一,或渐悟或顿悟,或隐藏或彰显。反思辨析活动是一种得以产生思维活动的怀疑、犹豫、困惑、困难的状态和一种为解决这种怀疑,消除这种困惑而进行的探索、搜集和探究的行为。由于困惑、怀疑,就可以让人去探究,从而得以解释或引起更大的疑惑。反思能引起学生内心的心理冲突,动摇学生已有认知结构的平衡,使学生从学习者转变为研究者。反思辨析能力有利于提高学生的主动性、创造性,学生对学习反思辨析的过程是以自己的学习过程为思考对象,会对自己作出的决策及由此产生的结果进行审视和分析,是一种依靠自我感悟来促进能力发展的手段。它能促进学生自主自觉地进行学习,使学生能恰当地评价自我,有效地进行自我教育,不断修正前进的方向,取得进步。在反思辨析中,感悟能力对学生的全面发展、终身发展具有非常重要的作用。

(4) 在创新活动中顿悟。在学生的数学学习过程中,学生用自己的方法去发现、探索、思考并解决问题,他们所得到的知识才能真正为自己所掌握。然而,在当下的一些数学课堂教学中,学生的学习方式是单一的、被动的,往往缺少自主的研究、探索,更缺少创新的学习活动;学生学习时合作、独立获取知识的机会不多,缺少对学生学习的情感、态度以及个体差异的关注,忽视对学生创新精神和实践能力的培养;学生在学习活动中应该表现出来的高度的主动性、自主性和创造性受到压抑。事实上,学生的数学学习不应只是简单的概念、公式、法则的掌握和熟练的运算过程,而应该更具有发现性、探索性、创造性。创新学习活动过程表现为学生不仅听教师讲解、看教师操作,还要自己动手,在动手的过程中描述操作过程,发现问题,解决问题,获得知识。在教学中,我们要通过变式教学、开放的课程资源包、线上线下的数学创新活动,鼓励学生用自己的方法去发现问题、探索问题和思考问题,培养学生的自主探索精神,尊重他们的奇特思维,引发他们的求变、求异、求新、求奇的内驱力,营造一种标新立异、创新超凡的竞争氛围,让他们在创新活动中获得灵感和顿悟,为学生的创新思维的发展奠定厚实的基础。

(5) 在评价反馈中觉悟。过去我们常常把评价反馈看作是对学习结果的检查,学习与评价是对立的,评价的内容也是局限于对知识的了解和理解,忽视了对学习能力与方法的考评;评价反馈基本上是由学校、老师来实施,没有注意调动学习主体即学生的积极性和能动性,这种评价方式方法单一,既不能全面检查学生的学习效能,更没有顾及学生学习过程中的学习行为的表现,这样的评估方式不能充分发挥考评对学习的促进作用。自觉教学形态的评价方式是多维、主体多元、方法多样、既重视结果又重视过程的学业评价体系,以评促学,促进学生的全面发展。通过数据挖掘,及时反馈,这种反馈更深入、更有针对性,将学生学习和训练的信息及时反馈和校正,以适当的方式对学生的问题进行归因,分析问题的根源,提出克服存在问题的途径。通过评价反馈让学生自己觉悟,不断修正自己的学习行为,促进学习方式的根本转变。

认知结构的形成是一个复杂的系统工程,它是对学科知能主动地进行不断组织和再组织的过程。学生思维能力的提升是不可以直接传授的,需要经过不断的体验、感悟、领悟、觉悟和顿悟后才能达成。另外,教育只是一时的外在行为,体验则是学生生命的全部。学科教学不应该是刻板的知识传授,而是应该通过丰富多彩的系列学习活动来激发兴趣,发展学生对新知的理解力和应用能力。我们要重视学生在活动中学习,要给他们充分的时间和空间去尝试、探索问题,让他们在学习活动中学会观察、分析问题,丰富解决问题的策略。

数学教学的本质是交往,是以教师为主导性主体、学生为发展性主体、以教学内容为载体的学教互动性交往,只有发扬教学民主,进行平等对话,让学生说出他们真实的想法,有师生、生生、学生与自我的多维互动性对话,让碰撞出的思维的火花不断闪现,这样的教学才可能有效。

## 第三节 平等对话

著名特级教师于漪说过:"课的第一锤要敲在学生的心灵上,激起学生思想的浪花,或者像磁石一样,把学生牢牢地吸引住。"自觉教学形态是要培养学生的创新意识和创新能力,培养集中的注意力、敏锐的观察力、高效持久的记忆力、创造性的思维能力、操作能力、顽强的毅力和丰富的想象力,达到提升学习品质的目的。由此可见,数学教学不仅要传授数学知识,更重要的是要传授获取数学知识的科学思维方法,发展学生的思维,形成数学能力,使学生从"学会"转变为"会学"。而实现这一目标的一条重要途径就是在课堂教学活动中,应采取"含金量"较高的"教学智慧",使数学学习真正成为促进学生智能发展的智慧活动,而不应采用那种不讲思维过程,只讲结论,忽视数学思想方法,抑制学生观察、联想、探索、发现、创新,阻碍学生思维发展和能力提高的做法。常言道:学起于思,思起于疑,疑解于问。问题是学生学习的灵魂,没有高质量的问题就不会有高质量的思考。提问是组织学习活动的中心环节,精彩的提问是诱发学生思维的发动机,然而在"教师问学生答"的方式下我们问得再精彩,学生也只是被动的"受教育者"。因此,我们要关注与学生的对话,通过师生、生生、生本之间的多维对话来培养学生的问题意识,这是培养创新精神的起点,我们要使学生养成敢问、想问、会问、善问的可贵品质,因为这是促进学生自觉成长的关键。平等对话就是构建民主开放的课堂生态环境,激发学生多向度、本质性地认识问题,扩大学生的"认知半径";在师生、生生的思想交流中能释放出师生同构双赢"正能量",激活师生的创新意识和创造能力,也让教师受到了"被教育"的"洗礼",拓展"教学视野"。

## 一、关注民主性对话

随着新课程的深入实施,教师要及时调整自己的角色定位,转变传统的教育教学方式。教师由教学权威向教学平等参与者转变,教师是学生发展的主动参与者,师生在人格上是平等的,师生关系是和谐的。新课程把教学过程看成是师生交往,积极互动,共同发展的过程。新课程强调,教学是教师与学生的交往互动,师生双方相互交流、相互沟通、相互启发、相互理解、相互补充。在这个过程中教师与学生分享彼此的思考、经验和知识,交流彼此的情感、体验与观念,丰富教学内容,求得新的发现,从而达成共识、共享、共进,实现教学相长和共同发展。师生将互教互学,彼此将形成一个真正的"学习共同体"。我们倡导民主的课堂,并不是尊重学生了、课堂氛围宽松了,就是教学民主了。这的确是教学民主的一部分,但只是浅层次的。深层次的教学民主,应该是诚心诚意地把学生作为与教师一起共建课堂的主人,双方是平等且互相促进的学习共同体。如果更多的教师能够意识到教学是师生共建的过程,是师生心与心、智慧与智慧碰撞的过程,那么教学民主就会慢慢地植入师生心中。课堂上,师生的对话要注重启发学生思维的发展,尤其值得关注的是"生生、生与自我和生与环境的对话"。学生自己能解决的问题让学生自己去解决,教师应尊重学生的创造、尊重学生的思想、尊重学生的体验,让学生慢慢变得有自己的想法,会独立思考,这正是我们的课堂追求。

平等对话需要营造一个民主和谐的课堂教学氛围,这就要求教师努力做到:①相信学生:他们有能力,有潜力掌握教学内容;②依靠学生:只有师生配合,才能完成教学任务;③尊重学生:学生与教师一样,有独立的尊严、价值及丰富独特的内心世界;④热爱学生:学生是我们教育的对象,是未来社会的接班人和建设者;⑤理解学生:学生在其自身发展和生活中充满着各种各样的矛盾冲突⑥帮助学生:学生在学习活动中存在着各种问题和疑难。在教学中必须鼓励学生大胆发表不同的意见,虚心接受意见,宽容学生的幼稚及错误,耐心回答提问,提倡使用鼓励和激励学生的语言。

**案例:苏科版数学教材八年级上册"2.5 实数"教学片段**

师:$\sqrt{2}$是有理数还是无理数?

生:无理数!

师:$\sqrt{2}+\sqrt{2}$等于多少?

生1:$2\sqrt{2}$!

师:$2\sqrt{2}$是有理数还是无理数?

生1:无理数!

师:那么两个无理数的和一定是无理数!

生2:不一定,$\pi$与$-\pi$,它们的和等于零,零是有理数。

师:通过这件事情,你们有什么感悟?

生3:对这类是非问题的判断,一定要思考全面,不可轻易地下结论!

师:请同学们仿照刚才老师与同学们的对话,你们相互之间进行互动对话。

生4:两个无理数的积是否一定是无理数?并请举例说明。

生5:不一定,$\sqrt{2}$与$\sqrt{2}$,它们的积是2,2是有理数。

生6:两个无理数的差是否一定是无理数?

生7:不一定!就例如$\sqrt{2}$与$\sqrt{2}$,它们的差是0,0是有理数。

生8:一个无理数与一个有理数的和是否一定是无理数?

生9:一定!

生10：一个无理数与一个有理数的积是否一定是无理数？

生11：不一定，$\sqrt{2}$与0相乘得0，0是有理数。

……

**启示**：通过师生之间和生生之间的民主性对话，学生自觉地学会质疑和利用构造反例的方法做了正确的回答，这不仅可以培养学生思维的发散性，还可以加深对有理数、无理数概念的理解。这一事例说明我们在日常教学中，可经常选择一些典型的数学知识或问题，引导学生自觉质疑和构建反例，让学生敢于和善于发现问题或提出问题，我们要爱护、支持和鼓励学生中的一切含有创造因素的思想和活动，从而提高学生的思维能力。

古希腊大哲学家、教育家苏格拉底说过："没有一种方式，比师生之间的对话更能提高沟通能力，更能启发思维技能。"弗莱雷认为："只有通过交流，人的生活才具有意义。没有对话，就没有交流；没有交流，也就没有真正的教育。"教育学意义上的对话是一种直接指向发展和新的理解的行动，充分体现了教学民主，充分体现了学生的发展性主体地位。通过对话实现了对学生真正有效的引导，师生之间、生生之间、生本之间和学生自我的对话过程，就是思维逐步展开和深入的过程，能够增长知识、增进理解、提高师生的敏感度和思辨能力。它代表着一种持续的、发展的相互交流，通过对话让学生获得对数学知识和原理更充分的理解。因此，我们必须改变传统的教学方式，在关注知识、技能和能力的同时，要凸现学习过程中学生的发现、探究和研究等认知活动，使学习过程成为发现问题、分析问题和解决问题的过程，形成以培养学生合作交流、探究学习、创新能力和实践能力为主要特征的现代数学教学方式。

## 二、关注民主性教学

教学中信息的交流是多元的、多向的和立体的，每个人都是信息的发出者。民主性教学在自学的基础上又进行互学，引导学生讨论，鼓励学生争论，促使学生思考，让学生全身心投入，形成生动活泼的主动学习的氛围，培养民主、平等、实事求是的态度和自主创新的能力。民主式教学注重的是学生思维的开发、能力的培养和习惯的养成。民主性教学注重培养学生独立思考、自主学习能力，通过教与学方式的改变，师生建立起民主平等、教学相长的良好教学氛围，提高学生分析问题、解决问题的能力，使教与学的重心不仅放在获取知识上，而且放在学会学习上、掌握学习方法上。它的主要功能有以下几个方面：①让教学引入由浅入深、循序渐进；②让教师学会化繁为简、化难为易；③从学生原有知识中生长新知识；④引导学生主动地建构对信息的解释；⑤重视对知识产生过程的学习；⑥提高学生分析问题、解决问题的能力等。

## 从"翻转教学形态"走向"自觉教学形态"
——以初中数学教学现实为例

**案例:苏科版数学教材九年级上册第三章第一节"平均数"教学片段**

师:我县的"畜牧业"发展突出,以"八达畜禽、三德利牧业和永康牧业"为代表的企业产值占全市同行业的半壁江山,带动了我们地方经济的飞速发展,富裕了我们广大老百姓。我们要感谢党的政策,更要赞美我县勤劳、智慧的劳动人民。其中,蒋大爷(养猪专业户)便是其中勤劳致富的缩影。这不,又有一批生猪马上要出售(蒋大爷这批养了100头),他想估测一下自家的这批猪大概的总收入。通常,我们需要了解和这批生猪相关的哪些量?

| 从蒋大爷家随机抽查10头(单位:kg) |
| --- |
| 104,106,98,98,100,104,104,100,104,97 |

生6:需要了解生猪的单价和质量。

师:我们首先了解这批猪有多重。同学们,如果蒋大爷请你来帮忙,你会选择什么调查方式来调查这100头生猪的质量呢?

生7:我认为应采用抽样调查的方式。

生8:我们可以从100头猪中抽取一部分称其质量来研究,否则工作量太大,不切实际,也会干扰猪的正常"生活"(同学们笑了),所以我也认为是用抽样调查。

师:好的,同学们思考得非常细致,现一学习小组从中随机抽取了10头生猪,称得质量如下,如何计算这抽取的10头生猪的平均质量呢?请同学们小组内协作尝试。(学生组内协作,教师巡视指导)

生9:我们组先求出10头生猪的总质量,再除以10,从而算得这10头生猪的平均质量,即:平均质量 $=\dfrac{104+106+98+98+100+104+104+100+104+97}{10}=101.5(kg)$。

(实物投影展示算式,并统计发现大部分同学都是这么列式计算的,有个别学生在求和时出现计算的错误)

师:请你描述一下,你认为什么是"平均数"?如何求?

生10:平均数就是求一组数据的平均水平。

生11:计算时先求出这组数据的总和,再除以总个数即可。

师:我们常用平均数来表示一组数据的平均水平,它是反映数据集中趋势的一项指标,用平均数表示一组数据的情况,有直观、简明的特点,所以在日常生活中经常用到,如平均速度、平均身高、平均产量、平均成绩等。一般地,对于 $n$ 个数 $x_1$, $x_2,\cdots,x_n$,我们把 $\bar{x}=\dfrac{x_1+x_2+\cdots+x_n}{n}$ 叫作这 $n$ 个数的算术平均数,简称平均数,记作 $\bar{x}$,读作"$x$ 拔"。

**启示**:情境因需而创,但不能脱离实际,远离学生,否则适得其反或无功而返,而创设出学生熟知的、身边"真实"的情境往往事半功倍。该县以其"畜牧业"的发展在本地区远近闻名,这里以"生猪"为背景铺开,学生熟悉,通过民主性对话,让学生很快进入了情境,于是才有了"生8"的巧妙回答,学生的思维被打开了,在不知不觉中进入了自觉学习的状态。于是概念的得出顺其自然,生讲师辅,这是"真学习"的开始。

**生12**:(举手示意有话要说)老师,刚才有同学在求和时出现了计算错误,我们小组发现,其实求和可以简化一些。

**师**:是吗?请你代表你们组讲讲看。(其他同学在教师的追问下投出了期待或质疑的目光)

**生12**:我们组观察这组数据发现,其中一些数据是重复的,所以先进行了一个简单的统计,如表所示(在投影上展示草稿)。

| 质量/kg | 97 | 98 | 100 | 104 | 106 |
|---|---|---|---|---|---|
| 画记 | 一 | T | T | 正 | 一 |
| 频数 | 1 | 2 | 2 | 4 | 1 |

从而发现,97有1个,98有2个,100有2个,104有4个,106有1个,根据乘法的意义,求和时可以列式成:$97\times1+98\times2+100\times2+104\times4+106\times1=1015$,再除以10即可得平均质量,即平均质量$=\dfrac{97\times1+98\times2+100\times2+104\times4+106\times1}{1+2+2+4+1}=101.5(\text{kg})$。

**师**:你们的想法非常精彩,用你们的智慧简化了运算,并说出了这样做的依据。事实上(投影给出)当一组数据中的若干个数据多次重复出现时,可以考虑你们的做法。

一般地,如果在$n$个数中,$x_1$出现$f_1$次,$x_2$出现$f_2$次,…,$x_k$出现$f_k$次(这里的$f_1+f_2+\cdots+f_k=n$),那么$\bar{x}=\dfrac{x_1f_1+x_2f_2+\cdots+x_kf_k}{n}$。

**生13**:我们小组也想了一个简化计算的办法,我们观察这组数据发现,它们都在100左右波动,故可以先将各个数据同时减去100,得到一组新数据:4,6,-2,-2,0,4,4,0,4,-3,再计算这组新数据的平均数,得$\bar{x}'=\dfrac{1}{10}(4+6-2-2+0+4+4+0+4-3)=1.5$,于是,这批生猪的平均质量$\bar{x}=\bar{x}'+100=101.5(\text{kg})$。

(大部分同学都投出了疑惑的眼光)

**师**:这组的想法有没有道理呢?我们一起来探究一下。(在黑板上演算)

$\bar{x}=\dfrac{(100+4)+(100+6)+(100-2)+(100-2)+100+(100+4)+(100+4)+100+(100+4)+(100-3)}{10}$

$$= \frac{100 \times 10 + (4+6-2-2+0+4+4+0+4-3)}{10}$$

$$= \frac{100 \times 10}{10} + \frac{4+6-2-2+0+4+4+0+4-3}{10}$$

$$= 100 + \frac{4+6-2-2+0+4+4+0+4-3}{10}$$

$$= 100 + 1.5$$

$$= 101.5 \text{(kg)}$$

**师**：看来，这组同学的想法是有道理的。（多媒体展示）一般地，当一组数据 $x_1, x_2, \cdots, x_n$ 的各个数值较大时，且都围绕某一常数 $c$ 波动时，可以把各个数值同时减去这个常数 $c$，得到 $x'_1 = x_1 - c, x'_2 = x_2 - c, \cdots, x'_n = x_n - c$。

于是 $x_1 = x'_1 + c, x_2 = x'_2 + c, \cdots, x_n = x'_n + c$。

所以 $\bar{x} = \frac{1}{n}(x_1 + x_2 + \cdots + x_n) = \frac{1}{n}[(x'_1 + c) + (x'_2 + c) + \cdots + (x'_n + c)]$

$= \frac{1}{n}[(x'_1 + x'_2 + \cdots + x'_n) + nc] = \frac{1}{n}(x'_1 + x'_2 + \cdots + x'_n) + c = \bar{x}' + c$

**师**：合理使用平均数的简化计算方法，可以简化运算、节省时间。数学学习贵在数学发现，而发现源于思考，通过刚才的探究和讨论，我发现我们班的同学有着善于思考的良好习惯，这必将成为你们将来成功的坚实基础。

**启示**：学生的潜能是无穷的，关键是如何激发。这一环节在预设中是在老师的引导下总结方法、得出结论。事实上，在学生们熟悉问题的背景中，通过民主性教学，在小组的有效合作下，学生得出了求平均数的三个计算公式，虽然表述不够完善，但学生的潜能得到开发，增强其自我学习数学的自信，激发了继续探究的热情。这种超越"预设"的学习成果呈现，才是有效的"真学习"。因此，要相信学生、敢于放手、善于引导、促进生成，这是"自觉教学"的基础。

陶行知在《创造的儿童教育》里说："在民主生活中学会民主。专制生活中可以培养奴才和奴隶，但不能培养人民做主人。""使每一个人勇于负责和积极行动，并帮助他们保持自己的自由意志，作出可靠的个人选择。""吾爱吾师，吾更爱真理"，亚里士多德早就给我们指出了学生应怎样处理与老师的关系。我们应该给予学生更多的理解和宽容，而理解和宽容的基础，是对学生人格的尊重。真正的教育教学公平是体现在课堂里的，让每个学生享有平等的学习机会和权利。

## 三、关注开放性教学

如果我们给学生创设的数学学习过程过于简单化，结果学生只会套用教科书上和我们给定的方法表面化、公式化地去解决问题或发展较低层次的技能，而无法融合所学知识去解决复杂的实际问题,一旦形成这种思维范式定式,将来很难适应社会发展的需要。事实上,数学学习是非常复杂的过程,如何提高学生数学化地观察问题、分析问题和解决问题的能力,是不能仅靠我们单方面提供信息就能完成的,我们必须重视并引导学生要具有开放意识,激活学生的经验储蓄和知识储蓄,让学生对自己的学习有所反省、有所总结,对学习产生"元认知",进行自我构建。数学开放题有利于学生根据自己的认知结构对问题做出解释,实现对知识的主动建构,获得认知结构的改造和重组。通过开放题、开放问题的探究、教学开放、课堂开放的数学学习活动,让学生感受新知、主动探究新知、自主解决新知,在共同讨论、质疑、评价的立体开放系统之中,使生生之间、师生之间、生本之间相互对话,让学生自主探究、解答、讨论、争论、答疑,使学生的数学学习过程充满创造性的活力。

(1) 呈现开放型问题,提升思维广阔性。

数学开放题是近几年中考的热点之一。什么是数学开放题,现在还没有统一的认识,主要有如下的论述:①答案不固定或者条件不完备的问题;②开放题是条件多余需选择、条件不足需补充或答案不固定的问题;③有多个正确答案的问题等。数学开放题的类型:数学开放题的常见题型,按命题要素的发散倾向分为条件开放型、方法开放型、结论开放型、综合开放型;按解题目标的操作模式分为规律探索型、量化设计型、分类讨论型、数学建模型、问题探求型、情景研究型;按信息过程的训练价值分为信息迁移型、知识巩固型、知识发散型;按问题答案的结构类型分为有限可列型、有限混沌型、无限离散型、无限连续型。由于开放题具有层次性和探索性,所以教学时自由度比较大,我们在教学过程中不必把答案和盘托出,而应该把思考的机会让给学生。从探索开放题的解法来说,很多开放题的答案之间存在一定的关系或者隐藏着一定的规律,这时我们的角色应该是引导者,引导学生分析各种答案之间的关系,进行适当的转换或概括,使学生的思维得到发展。

**案例:苏科版数学教材八年级上册"1.2 全等三角形(5)"教学片段**

例1:如图 2-7,△ABC 与 △BAD 中,∠1=∠2,请你添加一个条件(不再添加其他线段,不再标注或使用其他字母),使△CAB≌△DBA。你添加的条件是_____。

生1:可以添加 AD=BC,利用 SAS 可以证明 △CAB≌△DBA。

师:很好,你能简述一下证明过程吗?

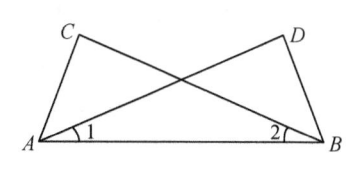

生1:在△ABC 和△BAD 中,AD=BC,∠1=∠2,AB=BA,所以△CAB≌△DBA。

图 2-7

师：还有其他方法吗？

生2：可以添加$\angle D=\angle C$，利用 AAS 可以证明$\triangle CAB\cong\triangle DBA$。在$\triangle ABC$和$\triangle BAD$中，$\angle D=\angle C$，$\angle 1=\angle 2$，$AB=BA$，所以$\triangle CAB\cong\triangle DBA$。

师：真棒，还有其他方法吗？

生3：可以添加$\angle CAB=\angle DBA$，利用 ASA 可以证明$\triangle CAB\cong\triangle DBA$，在$\triangle ABC$和$\triangle BAD$中，$\angle CAB=\angle DBA$，$\angle 2=\angle 1$，$AB=BA$，所以$\triangle CAB\cong\triangle DBA$。

师：除此以外我们还学过哪些判断三角形全等的方法呢？

生4：还有 SSS，对于直角三角形的全等还可以用 HL。

例2：如图 2-8，在$\triangle ABD$和$\triangle ACE$中有下列四个等式：①$AB=AC$，②$AD=AE$，③$\angle 1=\angle 2$，④$BD=CE$。请你以其中三个等式作为已知条件，余下的一个等式作为结论，编一道正确的题目。

师：你是如何选择的？

生5：我将①②③选作条件，④作为结论。

生6：我选①②④作为条件，③作为结论。

生7：我选②③④为条件，①作为结论。

生8：①③④为条件，②为结论。

师：这些答案都对吗？

生9：只有第一个和第二个是正确的题目。

师：我们判断结论的依据是什么？

生10：全等三角形的性质。

师：很好，那么全等三角形有哪些重要的性质呢？

生11：全等三角形的对应边、对应角相等。

例3：如图 2-9，$\triangle ABD$中，$AB=AD$，将$\triangle ABD$绕点$A$逆时针旋转到$\triangle ACE$，设$AC$交$BD$于$F$，$CE$分别交$AD$、$BD$于$G$、$H$。不再添加其他线段的情况下，请你找出图中所有全等的三角形。并选择其中一对全等三角形说明理由（$\triangle ABD$和$\triangle ACE$除外）。

生12：$\triangle CAG\cong\triangle DAF$

生13：$\triangle FCH\cong\triangle GDH$

生14：$\triangle ABF\cong\triangle AEG$

师：哪一对三角形全等最容易证明？

生15：$\triangle CAG\cong\triangle DAF$

师：其他的你会证明吗？

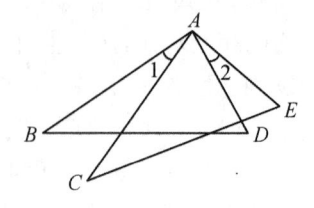

图 2-8

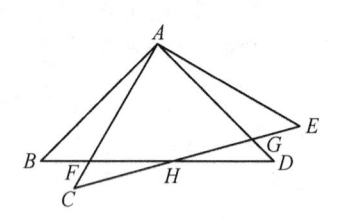

图 2-9

**生 16**：另外两对三角形的全等都要通过证明 △CAG≌△DAF 之后才能得到，要利用两次全等来证明。

**师**：这个同学归纳得很好，看来全等三角形确实值得我们好好研究，请大家课后完成证明过程。

**例 4**：如图 2-10，两个不全等的等腰直角三角形 OAB 和 OCD 叠放在一起，并且有公共的直角顶点 O。

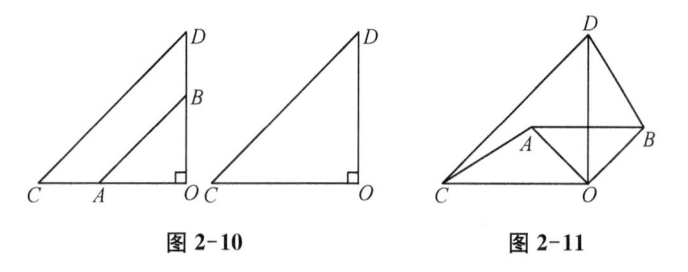

图 2-10    图 2-11

（1）在图 2-10 中，你发现线段 AC、BD 的数量关系是 _____；直线 AC、BD 相交成角的度数是 _____；

（2）将图 2-10 的 △OAB 绕点 O 顺时针旋转 90°角，在图中画出旋转后的 △OAB，这时（1）中的两个结论是否成立？作出判断并说明理由。

（3）将图 2-10 中的 △OAB 绕点 O 顺时针旋转一个锐角，连接 AC、BD 得到图 2-11，这时（1）中的两个结论是否成立？作出判断并说明理由。若 △OAB 绕点 O 继续旋转更大的角时，结论仍然成立吗？作出判断，不必说明理由。

**生 17**：AC=BD，直线 AC、BD 相交的角是 90°。

**生 18**：图 2-11 中 AC=BD 仍然成立。应先画出绕点 O 顺时针旋转一个锐角后的 △OAB，然后连接线段 AC、BD。

因为 △OCD 和 △OAB 是等腰直角三角形，所以 CO=DO，AO=BO，∠COD=∠AOB=90°，所以 ∠COD−∠AOD=∠AOB−∠AOD，即 ∠COA=∠DOB，所以 △COA≌△DOB。因此 AC=BD。

**师**：很好，第二个结论是否依然成立呢？如图 2-12(a)

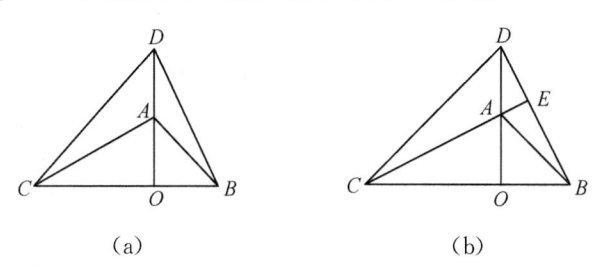

(a)    (b)

图 2-12

**生 19**：仍然成立。如图 2-12(b)，延长线段 $CA$ 交线段 $DB$ 于点 $E$，

由 $\triangle COA \cong \triangle DOB$ 可得 $\angle ACO = \angle BDO$，

而 $\angle DCA + \angle ACO + \angle CDO = 90°$，

所以 $\angle DCA + \angle BDO + \angle CDO = 90°$，

即 $\angle DCA + \angle CDE = 90°$，

所以 $\angle CED = 90°$

直线 $AC$、$BD$ 相交成 $90°$ 角。

**师**：刚才大家大胆猜想，并进行了正确的论证，非常精彩。由此，我们可以得到第三小问的答案是？

**生 20**：结论依然成立。

**师**：这位同学领悟得很快啊！！通过这道例题可以提示我们今后在处理类似问题的时候应如何处理？

**生 21**：要证明线段相等或角相等，可以先在图形中寻找看是否有全等三角形，而后利用全等三角形的性质得到结论。

**师**：总结得非常好！

**启示**：通过以上这一系列的数学开放题的训练，积极地调动了学生的参与数学探究的热情，使学生对全等三角形的概念、判定和性质有了更加深刻的理解，特别是提升了学生的元认知水平，升华了学生的数学学习经验，提升了数学学习品质。

由于数学开放问题的非完备性、答案的不确定性等特点，在开放题的解答过程中，没有固定的、现成的模式可循，靠死记硬背、机械模仿很难得到问题的解答，学生必须充分调动自己的知识储备，打破原有的思维模式，用多种思维方法（如联想、猜测、直觉、类比等）进行思考和探索。因此，数学开放题有利于培养学生发散思维能力，从而为创造能力的培养提供了可能。问题是思维的起点，是探究学习的载体，而探究又是创新的源泉。在开放型问题的探究中要注意立意新颖、构思巧妙、形式多样，没有固定的形式和方法，要求我们要认真收集和处理学生生成的问题中的信息，引领学生通过观察、分析、综合、归纳、概括、猜想和论证等深层次的探索活动，发展他们的创新能力。

(2) 倚重开放型教学，提升创新性能力。

数学教学开放的关键是重视提高学生的思维品质，引导学生的思维向未知多元发散，在不同思维层次上探寻不同答案。它有利于学生想象、发散、概括、隐喻等思维能力水平的提升，培养流畅变通、独创精进的思维品质，主动探究问题的精神，自主解决问题的能力。教学开放价值分析：① 给思维发展留空间。传统的封闭数学教学对思考方向会做出具体定向，结论僵化，解法呆板，往往有一定的模式可套用；而开放型数学教学对于同一个问题，可以有不同的结果，在分析问题时学生可

以从不同的思维角度去探索;在解决问题时有不同的方法和技巧,没有固定的解题模式或程序,这就为学生的思维发展留下了空间。②培养思维灵活性。数学开放教学的问题形式,有的追溯多种条件,有的探求多种结论,有的找寻多种解法,有的由变求变,有的以动带动,很能体现现代数学气息。开放教学具有足够的灵活性,使其能根据学生的兴趣和能力进行变化,当学生试图用数学语言表达问题的解答时,他们会对数学问题的本质产生一种新的领悟。③发展创新性思维。学生常常需要联合运用观察、想象、分析、综合、类比、分类、演绎、归纳、概括等思维方法,同时探索多个解决方向、创造新思想和新方法,获得多种结果并加以整理和论证。④提高创新能力。由于问题解决的发散性,开放教学将给学生提供发挥创新力的广阔天空,为学生创新能力的培养提供了良好机遇,为学生的创新素质的提高提供了动力。

**案例:苏科版数学教材七年级下册"10.3 解二元一次方程组(3)"教学片段**

……

师:现在我们来看下面的一个例子,要求尽量用多种方法独立求解,得出解答后先在学习小组内交流:

例1:解方程组: $\begin{cases} \dfrac{x+y}{2} + \dfrac{x-y}{3} = 7, \\ \dfrac{x+y}{2} - \dfrac{x-y}{3} = 3; \end{cases}$

(学生解题,小组内交流、讨论,教师巡视、指导)

师:各小组的答案都是 $\begin{cases} x=8 \\ y=2 \end{cases}$,我们要的不仅是答案,现在请各组来说一说解题方法。

生1(一组):我们是先用去分母法把方程组化简整理后用加减消元法求得解答的。

生2(三组):我们化简整理后用的是代入消元法求得解答的。

生3(四组):我们用的是换元法。令 $x+y=m, x-y=n$,然后求解。

生4(二组):我们把 $\dfrac{x+y}{2}$ 和 $\dfrac{x-y}{3}$ 看成一个整体,通过心算就可得到 $\dfrac{x+y}{2}=5$,$\dfrac{x-y}{3}=2$,由此得 $\begin{cases} x+y=10 \\ x-y=6 \end{cases}$,再通过心算即得方程组的解为 $\begin{cases} x=8 \\ y=2 \end{cases}$。

师:四组都有代表进行了发言,解题方法也不一样,你们认为哪个组的解法较好?

生5:我认为,一组和三组的解法很好,因为,这是解二元一次方程组的常用方法。

生6：我认为，二组的解法更好。在解该题时，根据该题的特点，把$\frac{x+y}{2}$和$\frac{x-y}{3}$看成一个整体进行求解。

师：老师很高兴看到同学们都有自己的"学习主张"，四组同学的"换元法"大家会感到"有点烦"，但在你们的后续学习中是常常会用到的。

启示：学生之间的相互交流、讨论，思维的相互碰撞，可进一步激发思维的灵感和创造的火花，不断产生"好念头"。把评价纳入学生的学习过程，用评价来激发学生的学习兴趣，从而使评价成为促进学生主动学习的一部分。同时通过对几种不同解法优劣的比较和鉴别，可培养学生思维的批判性和养成解题后反思的良好习惯。

师：刚才我们在给出了方程组的情况下获得方程组的解为$\begin{cases}x=8\\y=2\end{cases}$。现在我们反过来思考一个问题：已知解为$\begin{cases}x=8\\y=2\end{cases}$的方程组除例1外还有哪些？你们能否自己编一道用到例1的方程组来解的数学问题？看谁编的问题新颖、独特、形式多样。

（学生进行积极的思考、探究，教师在学生之间巡回指导。学生提出问题时教师给予必要的指导，参与学生的讨论、交流。）

生7：老师，我认为解为$\begin{cases}x=8\\y=2\end{cases}$的方程组除例1外还有：(1) $\begin{cases}x+y=10\\x-y=6\end{cases}$；(2) $\begin{cases}2x+y=18\\x-3y=2\end{cases}$。

师：是否只有这两个方程组？

生8：不是，还有很多个。

生9：我编的题是：已知$|x-4y|+\sqrt{x+y-10}=0$，求$x=$ _____ ，$y=$ _____ 。

师：她是利用非负数的性质以填空题的形式编制的习题，很好！

生10：我编了一道解答题：

已知：$-3a^xb^y$与$7a^4b^{x-6}$是同类项，求代数式$2x^2-3y+1$的值。

师：很好！这位同学是把同类项的概念与解方程组融为一体编制的，很有创意。

生11：我编制了一道选择题：

下列方程组中，解为$\begin{cases}x=8\\y=2\end{cases}$的方程组是 （　　）

A. $\begin{cases} x+y=10 \\ x-2y=4 \end{cases}$　　　　B. $\begin{cases} x+y=1 \\ x-y=2 \end{cases}$

C. $\begin{cases} x+2y=11 \\ 3x-2y=18 \end{cases}$　　　　D. $\begin{cases} x-2y=5 \\ 3x-2y=8 \end{cases}$

师:很好!与众不同。

生12:我还有一道题:

是否存在整数 $m$、$n$ 同时使关于 $x$、$y$ 的方程组 $\begin{cases} \dfrac{x+m}{2}+\dfrac{y+n}{2}=8 \\ (5x-7y)^m=36 \end{cases}$ 和

$\begin{cases} mx-2y=4 \\ 2x+ny=26 \end{cases}$ 的解都为 $\begin{cases} x=8 \\ y=2 \end{cases}$。如果有,请求出 $m$、$n$ 的值,如果没有请说明理由。

师:他出的是一道探索题,很有新意。这种题型是近几年中考试题中经常遇到的一种题型,这道题你们会解吗?

生13:我的解题思路是这样的(解答略)……

**点评:数学"高效课堂"离不开"高效的"数学问题呈现方式!教师是学生学习、探究活动的组织者和引导者,此处教师从培养学生探索创新能力和促进学生发展的角度出发,从反面提出问题,引导学生积极地投入探索、研究之中,调动了学生的探究积极性和创造性。以往的复习课都是老师选题学生做,现在学生自己编题,这样促进了学生对知识本质的理解和自觉运用。**

按照皮亚杰认识论的观点,封闭性问题主要引起同化,开放性问题则引起顺应。这两种心理过程结合在一起,进行多次循环,乃是智慧的适应和解决问题能力发展的重要源泉。在目前的教学条件下,封闭性问题仍占主流,开放性问题起到补充、活化的作用。因此,在学生的数学学习过程中最好把两者有机地结合起来,做到优势互补、取长补短,结合教学内容,关注数学教学开放性,一方面可以巩固、加深对教学内容的理解,另一方面可以开阔学生的视野,发展学生的思维,增加教学的趣味性,提高学生的数学学习品质。自觉教学形态倡导:"学生先思,教师后导""学生先学,教师后教""学生先做,教师后讲""学生先展,教师后评",其灵魂是在教师教学之前,必须保证学生有充足的独立思考的时间和空间,引导学生对教学内容或相关问题先进行适当的分析和思辨,亲身经历问题的探究过程,促使学生在自身已有知识经验的基础上进行主动建构。

随着我们对翻转教学形态的研究走向不断深入，常态教育教学方式面临全新的机遇和挑战，教育教学从目的、内容、形式、方法到过程组织将都会发生深刻的变化，更会引发教学思想、理念、手段、策略、途径、体系等发生重大的结构性的变革，自觉教学形态下的课堂创构策略已浮出水面。

# 第三章 自觉课堂建构

近年来，慕课、微课程、翻转课堂等在我国悄然兴起，特别是"翻转课堂"的教学理念被广泛认同，并很快得到教育界广大同行的一致追捧。全国各地开展了多样化的"翻转课堂"本土化实践，这是很可贵的，这有利于促进教师的教学方式的转变和学生的学习方式的转变，但在实施的过程中，很多专家有异议，很多学校和教师存在一定的困惑。这是我们为什么要深入研究翻转教学形态的深层次原因之一。

为什么"翻转教学"会"叫好"不"叫座"？在与全国多地学校的交流过程中，我们不难发现，新课程改革已经进行了十多年，广大教师的教学行为已发生了很大的变化，但在高考和中考的指挥棒下，绝大多数学校（尤其名校）仍然是"素质教育轰轰烈烈，应试教育扎扎实实"，要让学生短期内考到高分，传统的教学方式是"稳定而有效的"。再者众多的老师们，几十年都采用传统教学模式，突然改变成翻转课堂一定会面临很多困惑、问题和担心。例如对自己的定位，原来自己可以是一个演员，但在翻转教学中就要变成一个导演，这挑战会很大，角色要发生很大变化，老师要从知识"传授圣人"变成一个学习设计者、组织者和协助者，这特别难。此外翻转教学形态还受到环境、氛围、资源等限制，对老师和学生的要求都很高，教学的形态会发生很大的变化等。

通过翻转教学形态的研究，我们认识到完全有必要对教学过程进行重新认识。在现代教育技术的支持下，数学教学的内容会由抽象走向直观，教学模式由共性走向个性，教学目标由维持走向创新，教学空间由封闭走向开放，师生关系由传统走向现代，教学形态应从服从走向自觉。我们要运用自觉教学形态的理念对教学活动进行创造性设计，发挥教育技术的特有功能，把信息技术和数学教学的学科特点结合起来，可以使教学的表现形式更加形象化、多样化、视觉化，有利于充分揭示数学概念的形成与发展、数学思维的过程与实质，展示数学思维的形成过程，使数学课堂教学收到事半功倍的效果。

从翻转教学形态走向自觉教学形态,旨在满足对未来创新人才培养的需求。我们的教学要符合数学知能逻辑展开的规律和学生数学学习的认知规律,在这个过程中要创设生态和谐、个性发展的教与学的环境与活动,并充分发挥学生的主体性、自觉性、思辨性和创造性。

## 第一节 课堂十维标准

传统的数学课堂教学以"授哺式""告诉式"为主,教学视野狭窄,信息传递单一,师生关系沉闷,教学环境杂乱。当前,数学课堂教学中存在诸多束缚学生个性、创造性发展的因素,在教学过程中缺乏学生主动学习的环节,无视学生原有认知水平,学滞后于教,无视学生认知规律,未导先教,无视学生的直觉思维,学中无创见。在教学方法上也揽得太多,统得太死,不重视思维过程、思维品质的培养。滥用电教媒体,替代学生的理解、思维过程;以部分优生的回答代替其余学生的探究过程和结果;以教材和老师的思维逻辑形式代替学生的思维逻辑形式;以教路代替学路等。

自觉教学形态的背景下,我们把"平等、自由、民主、尊重、信任、友善、理解、宽容、关爱"这些人文因素注入课堂时,获得了这样的体验:学生"动"起来了,生命活力焕发出来了;焕发出生命活力的课堂才是理想的课堂。我们要变学生被动接受为学生自主学习,变统一模式为发展个性,也正是把核心学习过程还给学生的最终目标体现。

近五年来,我们十分关注翻转教学形态背景下的教育教学前沿的发展与变革,认真学习慕课开发、制作的理论与技术,网络教学平台的使用技术等,认真研究翻转教学形态背景下的新型课型,注重在行动中研究,在研究中提升,在提升中反思,在反思中推进,研创出了"自觉数学课堂"。

### 一、自觉数学课堂内涵

数学教育的立足点和归宿是学生的终生发展,数学教育教学要有学生立场,因而数学教育教学应该要遵照学生知识、能力和情感所组成的逻辑链生长的规律,要让学生经历尝试和探索过程,在做中感悟,增强实践能力,积累活动经验;通过高效的知识呈现方式打破认识上的封闭性,养成思维的严谨性、深刻性、求异性、创新性和批判性;提高学生学习策略运用水平,激发学生的数学学习的自我发展期望。我们要以学生发展为本,尊重学生差异,关注因材循导、自觉体悟,唤醒、激励学生释放出本质潜能,提升学生的学习品质、思维品质,造就阳光品质,促进学生全人成长。

自觉数学课堂的内涵是在教育技术背景下通过多途径和多载体,在充分尊重差异和了解学生数学发展需要的基础上,发挥教师主导性主体作用,精心策划数学学习活动序列,进行因材循导;通过帮扶式的引领和学习方式指导,促进成长性主体的学生进行自觉体悟;再通过变式引领和自主创新等环节,使学生达到对认识对象的本质理解和自觉运用,促进学生的数学素养、学习品质和学习策略运用水平的全面提升;在平等对话的基础上,构建和谐民主的教学生态,促进学生尊重、自信、热情、互爱等阳光品质的形成和人格健全成长。具体表现形态为:"五个突出""五个转变"。

(1)体现五个突出。

①突出自我责任:教学中始终凸现学生的主体地位,唤醒学生的自我责任意识,课堂中的"被动"心态变为"主动"心态;②突出自觉体悟:关注把核心学习过程还给学生,充分利用现场情境等体验活动,让学生在互动中领悟、在反思中感悟、在变式教学中体悟;③突出思维素养:以问题为先导,促进学生深入思考,学会分析、思辨、批判;④突出学习品质养成:有较强的独立学习能力;在合作学习中,关注同质互动和异质交流,每位学生都必须在小组内充分发挥其应有的作用;⑤突出自组织能力:有较强的信息技术的课内外线上线下的学习自组织能力。

(2)体现五个转变。

①变面向全体的"一刀切"为"满足个性发展和学习的需要";②变"教"为"育",通过学习活动序列,使学生的活动经验丰富,情感态度价值观不断提升,学习能力和思维品质不断提高,促进教师教学方式的转变;③变"关注课堂"为"全天候服务",充分利用在线平台和课程为学生的学习进行全天候的服务和支持,促进学生学习方式的转变;④变"教师教"为"人人教,人人学",充分利用多元载体,让学生进行资源推送,使学生的学习资源不断地丰富,提升学生整合资源的能力;⑤变"调动学生"为"解放学生",通过变式、创新、综合实践等活动,解放学生的思想和心灵,并使学生获得自信、自尊,激发内在的学习潜能,使学习的意义不断增值。

**案例:苏科版数学教材九年级上册"2.1 圆(1)"教学片段一**

学生在小学阶段对圆的相关知识已有了一定的认知,在新知教学中,我们必须首先弄清他们已经对圆的知识了解了多少,已掌握了哪些,有哪些知识是正确的,哪些知识是模糊的,哪些知识是错误的,认知结构的状况如何,最近发展区在哪里,我们的教学起点在哪里,带学生走向哪里……这些都是以"真学"定"真教"的本质性问题。

## （一）关注前经验唤醒，以"真学"定"真教"

**"自觉体悟"环节教学片段**

师：同学们，如图3-1，我国古代哲学家墨子曾说过：圆，一中同长。古希腊数学家毕达哥拉斯也曾说过：在所有的平面图形中，圆是最美的。今天我们就来研究圆，请同学们举一些生活中有关圆的例子，好吗？

生1：车轮、转盘。

生2：帽子、硬币。

师：这两位同学举的例子中的图形都是圆吗？

生（众）：是！

师：老师再给出下列图形（如图3-2所示），请你判定哪些图形是圆？

生3：就第一个篮球不是圆，其他都是圆！

师：为什么篮球不是圆？

生3：圆是平面图形，篮球是立体图形。

师：你们还有不同的看法吗？

生：没有了。

师：看来同学们在对"圆"的"正确认识"上还有一定的误区！到底什么样的平面图形才是圆呢？等我们探究完圆的定义，再来讨论这个问题。

图3-1

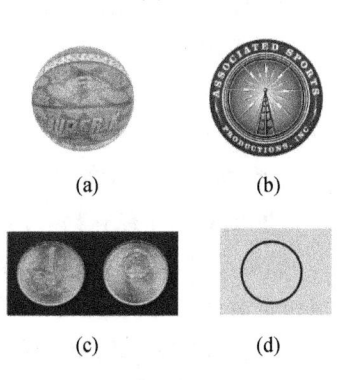

图3-2

启示：学生在接受新知前，我们要让他们从精神上、心理上、智力上、经验上都做好学习新知识的准备，特别是在学生小学已学过的相关内容上，要找到切入口将新知能自觉地同化（或顺应）到旧知中。这类活动的设计切入口要小，但要平中见奇、引人入胜，且是具体的、现实的、有意义的和富有挑战性的，通过他们的感知、分析、判断、想象和归纳等心智活动，丰富基本活动经验，激发对新知的兴趣和好奇心。只有学生获得了实际的感观，才有探究和接受新知的"思维新基点"。让学生在自觉体悟中形成认知冲突，才能激发学生进一步探究的热情，这是学生认知的基础。

## （二）运用做中学，自觉认知圆的本质

在小学学生已经学习过如何用圆规画圆，他们对圆的认识若只停留在这个水平上，是很不够的，我们要精心设计递进性学习活动，让学生在做中学，引导学生发现圆的形成过程，给出圆的"运动定义"。让学生"用圆规画圆"，这是做中学的起点，也是学生进行做中学、思、探的基础，我们的数学教学活动起点要低，但立意要高。

## 从"翻转教学形态"走向"自觉教学形态"
——以初中数学教学现实为例

**"探究导学"环节教学片段**

**师**:请同学们用圆规在学案纸上画一个圆。

(学生画圆,如图3-3所示)

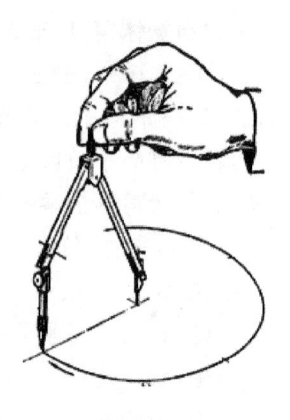

**师**:请同学比较小组内各位同学所画的圆,你有什么发现或感悟?(小组交流后)

**生4**:画一个圆需要两个要素:圆心和半径。

**师**:这两个要素对作出的圆的形状与大小有什么影响?

**生4**:圆心决定圆的位置,半径决定圆的大小。

**师**:请同学们思考:如何在运动场上画一个半径为20 m的圆?小组交流。(小组交流后)

**生5**:让一个同学拉住20 m长的绳子的一端固定在一点,另一个同学拉直20 m长的绳子在运动场上绕着固定的一点旋转一周,他画出来的圆即为所求作。

图3-3

**师**:其他小组有不同的意见吗?

**生6**:我们小组认为,可在运动场上取一点作为圆心,将运动场上所有到这个点的距离等于20 m的点用一条曲线连起来,就可以得到要画的圆。

**师**:还有不同的想法吗?

**生**:没有了。

**师**:现在我们回顾用圆规画圆和用绳子画圆的过程,请看视频(如图3-3、图3-4所示)。

图3-4

**师**:(小组交流)用圆规画圆和用绳子画圆,它们有什么共同点和不同点?(小组交流后)

**生7**:它们的共同点是一个点固定,另一个点绕着它旋转一周;不同点是画小圆用圆规,画大圆用绳子。

**生8**:他说得不对!它们的共同点是一个点固定,另一个点绕着它旋转一周,还要加上"运动点到固定点的长度(距离)要保持不变"。

**师**:好的!请同学们再探究:用圆规画圆和用绳子画圆,它们能画出圆的本质是什么?(小组交流后)

**生9**:将一条线段的一个端点固定,另一个端点绕着它旋转一周,所画出的图形就是圆。

**生10**:还要加上"在同一平面内"和"画出的是封闭的图形"。

**师**:这两位同学基本上说出了用圆规画圆和用绳子画圆的本质。现在老师用几何画板来演示一下(如图3-5所示)。

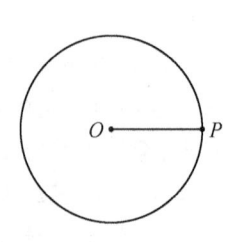

图3-5

师：看完老师的动画演示，你有什么感悟？怎样给圆下定义？同位互动交流后小组整理。

（学生交流互动后）

生 11：在平面内，把线段 $OP$ 绕着端点 $O$ 旋转一周，端点 $P$ 运动所形成的封闭图形叫作圆。

师：这位同学说得很好！这就是圆的"运动定义"（板书）。定点 $O$ 叫作圆心。线段 $OP$（定长）叫作圆的半径。记为"$\odot O$"，读作"圆 $O$"。现在再请同学们思考：圆是一条线，还是一个面？

生 12：一条线，不是一个面！

师：为什么？

生 12：圆是"在平面内，把线段 $OP$ 绕着端点 $O$ 旋转一周，端点 $P$ 运动所形成的封闭图形"，而不是"线段 $OP$ 运动所形成的图形"。

师：现在我们再回头看一下刚才的问题判断（如图 3-2 所示），下列图形哪些是圆？

生 13：只有(d)是圆。

师：为什么硬币不是圆？

生 13：硬币是圆面！圆是一条封闭的曲线。

启示："自觉数学课堂"教学的本质并不是只关注活动经验的简单积累，而应更加重视如何能够帮助学生在经验的积累中实现相应的思维发展，并不断地向更高层次提升，只有这样才能让学生学会用知识生成智慧。为了帮助学生形成智慧，我们就应更加重视数学学习活动的学程设计，要更加重视学生对于学习活动的直接参与。这里从用学生熟悉的圆规在纸上画"小圆"开始，再让学生解决在运动场上画半径为 20 m 的"大圆"，探究用圆规画圆和用绳子画圆的本质上的异同性，让圆的"运动定义""自觉生成"。因此，我们要通过递进性的学习活动，运用做中学、思、探，让学生自觉认知圆的本质，促进学生对圆的"运动定义"的"同化"和"顺应"。

数学教学的意义在于让学生在学习过程中学会科学地思考，通过教师有效的引导使教学主体间产生积极互动，进而实现学生"本质力量"最大限度的释放。学生的数学素养是综合的、立体的，也是多元的。因此我们要关注数学教育的全纳性（学生多向度潜能的开发）、全人性（学生本质力量的释放）和全面性（学生数学世界图景的建构）。

## 二、自觉课堂构建维度

教育的核心是"人的发展与成长"，教育的主阵地是课堂，只有赢在课堂才能赢得未来。新课程改革已走向内涵发展期，关注的是课堂教学行为的变化，如"学案教学、问题导学、自主学习、小组合作、体验探究、展示交流"。这场变革的实质是从如何"教"走向如何"学"。关注学习组织、学习起点、学习过程、课堂形态、教育角色、教育评价等,是让课堂教学从空间结构和时间秩序及活动流程都发生了变化。我们对课堂变化的认知是这样的:"知识课堂—能力课堂—生本课堂—学本课堂—自觉课堂"。自觉课堂是在凸现学科教学本质的基础上,关注学生的发展和成长的心智规律,把握学科内部知识发生发展的逻辑主线,实行以"真学"定"真教"的朴素教学行为。自觉课堂创建总原则是"以教引学,以学促教"。

课堂教学承载着学生对知识和能力的双重建构,它更承载着培养学生思维能力、形成良好的思维习惯、提升思维品质的艰巨任务。然而,智慧并不能像知识一样直接传授,它需要在获取知识、经验和感悟的过程中经过我们精心的呵护而得以开启、丰富和发展。

(1) 自觉课堂的考量维度:效度、广度、密度、深度、自觉度和适切度等。

①效度,就是教学目标的达成度;

②广度,就是教学内容和组织面向全体的程度;

③密度,就是教学内容的量度是否适当;

④深度,就是学生的思维有效参与的深入程度;

⑤自觉度,就是学生积极主动参与的程度;

⑥适切度,就是教师采用的教学策略的适合程度。

(2) 自觉课堂结构维度的具体表现

①效率优先。以最快的速度、最高的效益和效率促进学生在"素养目标"达成上获得整合、协调、可持续的进步和发展。

②发展本位。"自觉课堂"的真正奥秘在于"高效学习",我们要让学生从学会知识、基础学习能力、终身发展能力到成长智慧。

③和谐集约。发扬教学民主,在分析问题、讨论问题中积极鼓励学生大胆质疑,提看法,使学生在协作学习中有"解放感""轻松感"。

④学习中心。以学生发展为本,课堂教学的一切活动都要围绕学生学习这一中心来组织。

⑤灵活开放。解放学生的头脑、眼睛、双手、时间和空间,解放他们的思想,放飞他们的心灵;让学生的数学学习变成有趣味、有活力、有情境、有挑战性的过程。

⑥动态生成。师生之间、生生之间和生本之间知识的汇聚、思维的碰撞、思想的交锋、情感的融合,将我们的有效教学转化为学生的有效学习。

数学素质教育主阵地是课堂,课堂的"灵魂"是学生的"学习过程"。为了每一个学生能更好地掌握数学知能,在数学学习过程中获得提出问题、分析问题和解决问题的智慧,要关注数学教学本质的回归——关注学习组织、学习起点、学习过程、课堂形态、教育角色、教育评价等一系列的变革,即让数学课堂教学在空间结构和时间秩序及活动流程等方面都发生变化。让课堂从教师如何"教"转变为学生如何"学",关注创造新知、激发创新潜能、促进深度学习的发生、提升学生高阶思维品质。

## 三、自觉课堂的"十维标准"

翻转教学形态是颠覆了传统课堂的新模式,为我们构建自觉教学形态带来了很多新的启发。①教学要"按需施教"。要关注学情差异和学生的学科发展需要,从先教后学转变为先学后教,更要"以真学定真教"。②要关注"个性化学习"。从学的角度来说,传统学习是有时空限制的,翻转教学在互联网支持下会"全天候服务",打破了学习的时空界限,让学生在自主学习的过程中,选择适合自己的最佳学习方式,以提高自己的学习效率,更关注学生个性化的学习。③要发挥学生的"主体作用"。从课堂组织形式来说,翻转教学改变了传统课堂的组织形式,学生成为学习的主角,课前自主预习,课后自我复习,课堂成为查漏补缺、自我巩固的环节,教师则成为学习活动的组织者、答疑者、引导者、评价者。在学习的过程中,要发挥学生的主体作用,要学路优先,特别要提升学生学习的"自组织水平"等。在研究过程中我们才逐渐认识到,教育真正的最高境界,是唤醒学生的自我责任意识,发掘学生自身原有的动力和天分,培养学生学习的自组织能力。翻转教学形态的本质是重在"人性的翻转"和教育"良心的翻转"。

自觉数学课堂的建构策略,重在关注以下几点。①重构教学理念和行为。信息技术使得人们随时可以在"云端"调取自己需要的知识,储存知识已经不是学习的主要目的。自觉数学课堂不仅是预设的过程,而且更是生成的过程。让学生掌握获取知识的方法,具有发现问题、积极探究、寻求解决问题途径的创新精神和创新能力,这是最重要的"教学目标"和自觉课堂的"灵魂"。自觉数学课堂的功能要发生改变:它主要不是用来获取知识,而是促进知识的内化、应用、评价和创建的。②重构学习支持系统。对学生学习的支持服务是否完善、高效和到位,直接影响到课堂教学的质量。学生的学习过程是通过与学习资源、支持载体、学习环境的相互作用去获取知能的认知过程。我们要指导和帮助学生进行个性化、可选择的自主学习,实现学习目标,通过各种形式和途径提供各种类型的学习服务。③重构学习策略指导。知能的学习过程是主动建构的过程,而不是被动接受外界刺激的过程。我们在引领学生走向核心学习的同时,更要关注把知识发生发展的核心学习过程还给学生。我们要先学后导、以真学定真教,强调在学生自主学习和合作学习的基础上,教师有针对性地进行指导,特别要关注对现代学习方式的指导,借助教材、导学案、微视频等学习资料对教学内容或相关问题进行适当的分析和思辨,亲身经历问题的探究过程,促使学生在自身已有知识经验的基础上进行主动的知识建构。

从翻转教学形态走向自觉教学形态的课堂转型,可把它们的主要观点归结为以下几个方面:①学习是学生自己的事,学生是学习和发展的主体,只有他们对自身的终生成长负起责任,教育教学才会有效果;②教学中最有价值的问题是激发起学生的高效学习,因而学习活动要促进学生的主动学习和自主的意义建构;③学生获取信息的过程是感知、注意、记忆、理解、问题解决的信息交换过程,教学过程不仅要关注教的行为和学的组织方式,更要增强对学生学习的支持服务;④学生对外界信息的感知、注意、理解是有选择性的,学习的质量取决于对信息加工的效果;⑤学生的数学学习是有个性差异的,学生对问题、知能往往有不同的理解和认知,教学中要关注这样的差异,使其成为良好的教学资源。

在研究过程中,我们提出了自觉课堂的"十维标准":

(1) 目标——目的性(方向感);

(2) 真实——存在性(生活感);

(3) 亲切——亲情性(安全感);

(4) 渐进——台阶性(自然感);

(5) 激趣——生动性(兴奋感);

(6) 良序——科学性(渐进感);

(7) 扎实——充实性(厚重感);

(8) 变化——思辨性(启迪感);

(9) 开放——多元性(开阔感);

(10) 智慧——策略性(成就感)。

这个十维标准,是作为我们构建自觉数学课堂的一种自我检视的标准,便于老师在建构自觉数学课堂的过程中能做到"心里有数",使老师们在数学教学中用科学的策略激发学生对知识和学习的渴望,让学生的数学学习变得更加有趣,激励学生对知识的引发和探究,重塑数学学习的形象。初中数学是学生感到困难的学科,当前的数学教学形态是很难满足他们的个人发展需求的,因而,我们要为学生提供自主学习数学的平台,为他们提供可选择、个性化和多维促进的数学学习环境,要从学生视角,让数学学习变得有趣、有挑战性、富有创造性和个性化,这是我们自觉教学形态所追求的一种境界。

**案例:苏科版数学教材八年级下册"9.5　三角形的中位线"教学片段**

数学核心素养的培育重在提升学生的关键能力和必备品格,这些能力和品格的培育离不开学生在自主、合作、探究学习基础上引发深度学习的优效学习活动。有效、优效的学习离不开学生的合作与交流,它可以集聚学习信息、相互启发。

## （一）操作成果展示与分享

**1. 操作成果交流**

**师**：同学们会画三角形的中位线了吗？任何一个三角形都有几条中位线？

**生1**：取三角形两边的中点，然后连成线段，就是这个三角形的一条中位线。

**生2**：任何一个三角形都有三条中位线。

**师**：我们选其中一条三角形的中位线来研究它的特性，同学们知道哪些关于三角形中位线的知识了？

**生3**：三角形的中位线在位置关系上平行于它所对的第三边。

**生4**：三角形的中位线在数量关系上等于它所对的第三边长的一半。

**师**：同学们学得很好！三角形中位线的特性你们是怎么发现的？

**生5**：是将三角形剪一次（直线段）拼成平行四边形后得出的。

**生6**：是通过添加辅助线证明得出的。

**2. 质疑和提出问题**

**师**：若是没有书上的提示，我们碰到这样的问题该如何思考？

**生1**：要找一条线段的特性，一般从位置和数量两个方面去思考。

**生2**：我可以借助工具测量一下。

**生3**：测量的结果一般有误差，所以只能借鉴这个结果，但说明结论正确性还要通过严格的证明。

**生4**：看书后，我能理解这种方法的正确性，但是我怎样才会想到书上这样添加辅助线的方法？

**师**：同学们的疑惑就在这里。下面我们就围绕"巧用辅助线证明三角形中位线定理"进行研究。

**启示**：数学教学不仅要使学生掌握数学知识和技能，而且还要使学生学会数学方法和思维，体悟数学的价值。学生通过动手操作和微视频学习后能较好地掌握概念，但"知其所以然"比"知其然"更为重要，所以要根据学生的困惑，提出问题，激发学生的求知欲，这也是翻转课堂要解决的首要任务。让学生能发现问题，并带着问题参与课堂，提高了课堂教学的目标性和实效性。

在课堂教学中让学生自主学习、探究学习，激发他们的学习兴趣和动力，同时通过小组讨论、多媒体演示、学生展示等以学生为主体的活动形式，发挥学生的积极性和主动性，让课堂"活"起来，让学生"动"起来。

## （二）认知冲突中突破疑点

**师**：我们通过图形观察或者测量，可先猜想出三角形中位线与第三边的关系。你在没有观看微视频或书本的前提下会如何思考？

**生1**：用同位角相等、内错角相等、同旁内角互补证平行线。但这里条件都不够。

生2:刚学过的平行四边形也有平行线,可构造平行四边形。

生3:我由第二个结论 $DE=\frac{1}{2}BC$ 得出灵感(如图3-6所示),可以把短线段延长,也可以把长线段分割。

师:同学们真棒,下面我们就以小组为单位,探索一下"加倍法"和"折半法",是否都能构造平行四边形而证明结论?(教师巡视)

师:小组交流成果。

生4:我们小组用"加倍法",把短线段 $DE$ 延长一倍,可以构造平行四边形,并且证明上述两个结论。(如图3-7所示)

生5:我们小组也是用"加倍法",但是通过点 $C$ 作 $CF/\!/AB$,同样可以构造平行四边形,并且证明上述两个结论。(如图3-7所示)

生6:我们小组采取的是"折半法",取长线段 $BC$ 的中点,虽然也构造了平行四边形,但我们没法证明它。(如图3-8所示)

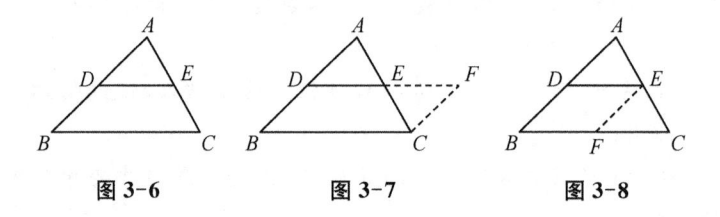

图3-6　　图3-7　　图3-8

生7:我们小组也是用"折半法",是过 $E$ 点作 $EF/\!/AB$,与 $BC$ 相交于点 $F$,也是看着是平行四边形构造出来了,却没有条件证明。(如图3-8所示)

师:"折半法"看着很简单,为什么证明不了平行四边形?观察哪个条件起不到作用?有什么办法弥补吗?

生8:只能用到一个中点,另一个中点没有用到。

**启示**:优效学习活动的设计要把学生当作学习的主人,设计有效的活动,要提出恰当的问题,给学生提示学习和探究的线索。不仅要让学生知道数学知识,更要关注学生是如何知道的,只有学生在不断的探索过程中产生认知冲突,才能引导学生追根溯源,寻找答案。课堂要成为他们探求知识的场所,激发学生的好奇心,充分发挥出学生的潜能,最大限度地满足成功的愿望和要求,形成积极、主动、灵活、独特的思考问题和解决问题的能力,培养勇于探索的精神,使学生从课堂中获得成就感、满足感,在心理上产生一种愉悦感。

通过交流活动,让学生感受问题解决策略的多样化,比较问题解决多样化策略中各种方法的特点,学会优化方法。在本节课教学过程中,三角形中位线的定义和定理学习的难点是定理证明的方法归纳、定理的应用以及辅助线的构造。

**(三)初步合作促进思维发散**

**师**:那不妨作两条辅助线,把另一个中点也利用起来。同学们一起帮助这两组同学思考。

**生9**:我们小组尝试出来了,先过$E$点作$FE/\!/AB$,与$BC$交于点$F$,再过$A$点作$AG/\!/BC$,与$FE$的延长线交于点$G$,这样两个中点都能用来构造平行四边形,并证明结论。(如图3-9所示)

**师**:同学们集思广益,想出来这么多种证明的方法,老师也提供一种供大家借鉴。

分别过$A$、$B$、$C$作$DE$这条直线的垂线,垂足分别为$N$、$M$、$G$,构造矩形得证。(如图3-10所示)

请同学们挑选一种证明方法,写下完整的证明过程。

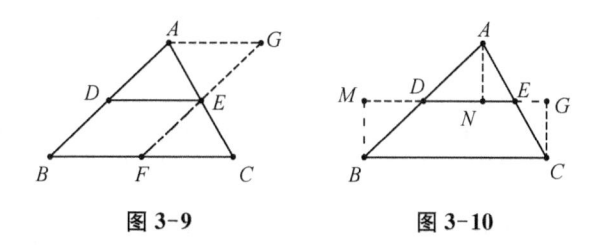

图3-9　　　　图3-10

**启示**:问题是数学的心脏!通过问题串组织学生交流,让学生结合自己的"先知""先学""先研"和遇到的"不知""半知""疑问"等展开讨论与研究,把学生"被学"变成"主学",快乐地体验学习、发现学习和合作学习。很多小组想到了"折半法",可就是证不出平行四边形,在这个关卡,教师进行了适时点拨,学生为发展主体,不是让教师退出"阵地",而是更需要教师抓住学生问题的本质并给予指导,通过小组合作讨论,带动了整个班级的研讨氛围,一起分享找到答案后的喜悦,感受到辅助线的奥秘神奇所在。

**(四)深度合作促进智慧生成**

为了促进学生对三角形中位线定理应用意识和能力水平的提升,下面选取了两道经典的习题作为例题的变式题,来拓宽学生对三角形中位线定理的应用视野。在教学过程中,采用倒序预设悬念的方法,将学生的思维引向深入,引导学生提出问题,尝试寻找问题解决策略和依据,形成自我尝试解决问题的思想方法。

**变式1**:四边形$ABCD$中,$E$、$F$分别是$AD$、$BC$的中点,连接$EF$,求证:$EF \leqslant \dfrac{AB+CD}{2}$。

(如图3-11所示)

图 3-11　　　　　　　　图 3-12

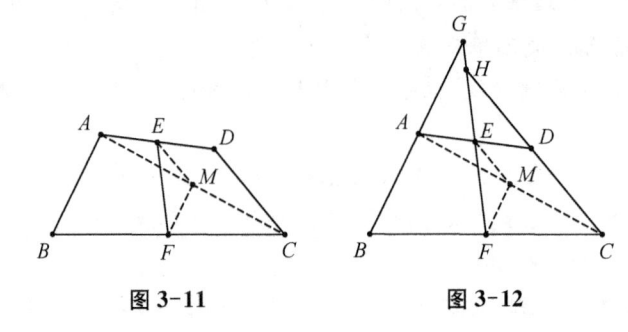

**变式 2**：在四边形 $ABCD$ 中，$E$、$F$ 分别是 $AD$、$BC$ 的中点，且 $AB=CD$，求证：$\angle BGF = \angle CHF$。（如图 3-12 所示）

**启示**：上面的两道变式题对学生来说一时有点找不到求证的方向，两角没有位置上的特殊性，也找不到全等的三角形。为此我们设计了这两道变式题，以此促进学生对"连接对角线取中点"策略的强化认知，其中变式 1 的图形是变式 2 的图形的一部分，它的奠基性是很明显的。

师：我们先来看变式 1，题目中有多个中点和有 $\dfrac{1}{2}$ 这样的关键词时，你们会联想到什么？

生：联想到构造三角形中位线，利用中位线性质解决问题。

师：现在这道题的中点在四边形的边上，我们怎么往下思考？

生 1：我们可以通过辅助线构造三角形。

生 2：可以延长 $BA$、$CD$ 构造三角形，也可连接 $AC$ 或 $BD$ 构造三角形。

生 3：第一种方法不可行，因为中点 $E$ 不在三角形的边上。我认为第二种可行，就是两个中点分别在不同的三角形内了，如何解决？

师：这位同学观察得非常细致，并提出了自己的问题，辅助线的添加要在充分利用已有条件的基础上进行。

生 4：既然要构造三角形的中位线，可取三角形 $AC$ 的中点 $M$，连接 $EM$、$FM$，就构造了两个三角形的中位线。（如图 3-11 所示）

师：我相信添加辅助线后的题对大家来说就容易解决了。请同桌互相说一说解题方法。

……

师：我们再回到变式题 2，大家能找到这个变式 1 的图形吗？

生 5：用刚才的方法（如图 3-12 所示），构造两条中位线就能解决啦。

解题过程……

**启示**：优效教学，需要教师充分把握学情，去设计和组织富有个性化的、切合学生实情的学习活动。本题的探讨重点是辅助线添加的探索过程,让学生成为活动的主体,让学生感受"中位线"的产生并非无中生有、从天而降,而是自然生成、有理有据的。在辅助线探寻的过程中,培养学生的学习能力,同时积累基本活动经验,以达到深度学习的分析、评价和创建的学习目标。

在这两道变式题的探究中,当学生遇到困难时,给出了启示,即通过"构建三角形中位线"来解决问题的策略,再让学生以策略迁移和类比的方式解决变式题。通过多维促进式互动交流,提出疑问和问题,正确进行相关问题的解决,为学生获得再学习、再发现和再研究的发展境界奠定基础,并提高其自组织学习水平。

随着我们对自觉教学形态研究的不断深入,我们发现学生的学习有五个层次:简单模仿—初步掌握—本质理解—自觉运用—素养形成。学生要真正从"简单模仿、初步掌握"走向"本质理解、自觉运用、素养形成"的境界,要靠学生自己去悟。因此,自觉数学课堂要加强"智慧生成策略"的"引领支持",要关注学生学习过程中的感悟,留足悟的时间和空间,引导学生去总结经验、规律和方法,促使学生真正能做到举一反三。同时教学中应关注学生"个性差异"和"良性差异"互动,允许学生思维方式的多样化和思维水平的不同层次,同时应努力为学有余力的学生提供腾飞的平台。

自觉数学课堂倡导:"学生先思,教师后导""学生先学,教师后教",其灵魂是在教师教学之前,必须保证学生有充足的独立思考的时间和空间,引导学生对教学内容或相关问题先进行适当的分析和思辨,亲身经历问题的探究过程,促使学生在自身已有知识经验的基础上形成知能储备后,再进行主动建构。

## 第二节　主要策略元素

爱因斯坦说过:"学生离开学校是一个和谐的人,而不是作为一个专家。"今天学生的学习行为就是明天中华民族的生存行为。教育的现代化,表面上似乎是教育设施和教育教学技术行为的现代化,但深层次里却蕴含着在培育学生成长过程中表现出来的道德伦理水平的现代化。教育的理性如何让数学素质教育走向有效和高效、如何走向优效和优质、如何走向有序和有道,这些都是我们不得不深入探究的重要问题!改变了教学观念,教育教学行为才有可能改变课堂状态,我们要追求的是"教得生动、学得愉快;阳光活泼,宽广深刻"的教学境界。然而,当下的教育秩序中,除了狭隘的测试之处,尚未设计出任何方法,来评估将来学生在生活中真正重要的那些更宽泛的能力,像判断力、诚信、求知欲、好奇心、创造性、自我激励、首创精神、耐力、热情、交际技能等复杂特征。因此,我们要开放课堂,活化教学策略,延伸课堂功能,让学生经历学习过程,把动手的时间、空间最大化地留给学生,构建促进学生个性发展的新课堂。

## 一、翻转教学基本流程

从2013年我们开发全国首个初中数学MOOC课程青果在线学校,同时进行翻转课堂的本土化实践研究,特别是从2016年教育部重点课题"翻转教学形态的变革与创新研究"以来,我们综合了国内外翻转课堂的有效经验,在此基础上结合本地学情与教情实际,大体整理出下列我们常用的翻转教学流程。

翻转课堂的核心思想是先学后教、以学定教,强调在学生自主学习和合作学习的基础上,教师进行有针对性的指导点拨。这样做的意义在于在教师教学之前,能保证学生有充足的自主探究的时间和空间,借助教材、导学案、微视频等学习资料对教学内容或相关问题进行适当的分析和思辨,亲身经历问题的探究过程,促使学生在自身已有知识经验的基础上进行主动的知识建构。

(1) 课前自主学习,探究新知识。

①自主学习,主动建构。课前,教师集体备课,编制导学案,录制微视频,建设自主学习课程资源包。学生借助教师提供的课程资源包展开自主学习,探究新知识。学生根据导学案的指引进行自主学习,可以阅读课本,可以观看微视频,还可以借助其他学习资源进行自主探究。在学习过程中,学生可以随时把遇到的问题反馈给教师,也可以在论坛中提出自己的问题,与其他在线的学习者进行交流,寻求问题解决的办法。

②进阶练习,质疑提问。学生完成自主学习之后,随即进行进阶练习,并在此基础上总结自己的收获,提出遇到的问题。爱因斯坦曾经说过:"发现一个问题比解决一个问题更为重要。"通过自主学习,学生提出问题,既是学生认识的突进,也是学生思维的聚焦,更是促进学生主动探索和深入思考、推动自主学习不断向纵深发展的动力。

③教师借助现代信息技术对学生完成的进阶练习进行数据分析,并将学生提出的问题进行整理分类。这样教师就能及时、准确地把握学生对新知识的掌握情况,从而提高课堂教学的针对性和有效性,真正将"以学定教"落到实处。

(2) 课内互动学习,内化新知识。

①检查建构,形成体系。这是课堂教学的首个环节。首先组织学生围绕自主学习过程中的疑问展开交流,分享彼此的收获,解答各自的疑问;然后,汇总组内不能解决的问题,其他小组的同学给予解答,教师给予点拨,并有意识地突破学生的共性问题,建构新知识体系;最后,教师组织学生对自主学习中存在的共性问题进

行针对性训练,以达到查漏补缺的效果。

②合作探究,突出重点。在第一阶段学习成果的基础上,教师以知识和能力并重的原则,围绕教学的重难点精选探究性问题,引领学生展开探究性学习,以期达到"讲一题、得一法、会一类、通一片"的效果,切实提高学生解决问题的能力。在教学中,教师坚持"学生先做,教师后评"、"学生先思,教师后导"和"学生先讲,教师后讲"的做法,充分发挥学生的主观能动性,让学生的"自主探究、合作交流、大胆展示"成为课堂的主旋律。教师的教重在引导点拨,在学生思维迷茫之时、断裂之处给予切中"要害"的点拨,揭示问题的本质,启迪学生的思考。同时,教师的教还要有分类指导,共性问题分析透彻,个性问题个别辅导,真正做到"教师能不讲的坚决不讲、能少讲的尽量少讲、能让学生讲的一定让学生讲"。

③当堂检测,夯实基础。当堂检测是指在课堂中完成并得以反馈的练习。从学生学的角度来看,当堂检测能促使学生将刚刚学习的新知识加以应用,在应用中加深对新知识、新方法的理解,达成对基础内容和重点内容进行训练巩固的目标;从教师教的角度来看,当堂检测能及时发现学生在新知识、新方法应用上存在的问题,达成及时反馈的目的,从而有利于教师及时调整教学,给予补充教学。总之,当堂检测有利于及时发现教师教的问题、学生学的问题,及时进行弥补矫正。

④自觉感悟,内化方法。学生的学习有五个层次:简单模仿、初步掌握、本质理解、自觉运用和素养形成。学生要真正从"简单模仿、初步掌握"走向"本质理解、自觉运用"的境界,光靠老师的教是不行的,得靠学生自己去悟。教学中,教师应有意识地关注学生学习过程中的感悟,留足悟的时间和空间,引导学生去总结经验、规律和方法,促使学生真正能做到举一反三。比如问题解决之后,教师可以适时提问学生"你有哪些感悟""你积累了哪些经验""你提炼了哪些方法"等,引导学生进行解后反思,有目的、有计划地指导学生整理解题思路、提炼解题方法、丰富解题经验、内化解题策略。

⑤思维拓展,分层提高。不同的学生有不同的兴趣爱好、不同的思维方式以及不同的发展潜能。教学中应关注学生的这些个性差异,允许学生思维方式的多样化和思维水平的不同层次,同时应努力为学有余力的学生提供腾飞的平台。教师立足一节课所学习的知识方法为他们提供一道拓展探究性问题,并给予个别指导,实现分层提高,让"不同的人得到不同的发展"。

"以知识为本"的课堂教学,注重的是"知识的灌输"或是"知识的移植",客观上造成了一种沉闷、压抑的而非合作化的环境。而"以学生发展为本"的课堂教学,注重的是学生在感受和参与中体验到成功的快乐。我们知道,要讲述某个问题或某一方面知识给别人听时,将需要讲述的问题或知识系统化、条理化、深刻化、清晰化的过程,是将知识内化、巩固、迁移、运用的过程。翻转教学形态的流程给了我们一个很大的启迪:"人人教,人人学"是现代教育教学中的新理念,也是教与学所追求的一种理想状态,让学生教学生,让学生影响和带动学生,这样就重塑了教学的生产关系,也是一个解放教学生产力的过程。

## 二、自觉数学课堂的基本环节

翻转教学形态背景下的数学教学,需要我们提供优效的课程资源包,通过网络平台系统为学生的线上线下学习提供优效的支持服务。自觉数学教学形态则需要我们精心策划具有挑战性的数学学习活动序列,要唤醒学生的自我责任意识,实现自律和自主,对学生自我发展期望进行激发;需要我们通过适合的、个性化的帮扶指导,促进学生自主探究、自觉生成、自我觉悟能力的提升,使学生积极主动地去进行自我实现,自觉提高学习策略的运用水平,实现学生"数学学习方式的转变"。自觉教学形态的一般教学环节有:体验激发、任务导引、小组合作、展示交流、变式拓展、检测反馈(根据不同的课型,教学流程会有一些不同)。

(1)体验激发,促进深思。学生无论用哪一种方式进行学习,只有基于深入思考上的学才是"真正的学",自觉体悟是促进深入思考和知识内化的一种有效的策略。在教学过程中,我们要进行深入的生本研究,暴露学生的认知差异,进一步了解学情和学生的数学发展需要。根据教学内容和目标,设置问题情境、数学实验、游戏课件、体验活动或导学材料单等,促进学生对新知能进行深度感知,让学生经历自己独特的思考或独立的探索,能主动去发现问题、提出问题、分析问题,这是深度理解数学知识的基础,让学生能看到知识之间联系,或深刻的现象背景下的问题实质,促进学生对知识本质的认知和建立关系性理解。其宗旨是激趣、诱发好奇心、形成问题意识,培养学生的分析能力,学会挖掘出隐含信息和理清数理关系等,发现数学问题本身所包含的意会知识等,产生思维碰撞的火花。

(2)任务导引、个性学习。任务资源包是在某一学习方式下选择的学习向导、微视频课程、台阶训练、其他课程资源等,让学生进行个性化的学习方式选择,向学生提出若干富有启发性、能引起学生深入思考并与当前学习对象密切相关的问题,以便学生带着这些问题去探究。这一环节至关重要,所提出的问题是否具有启发性、是否能引起学生的深入思考,是个性学习中是否能取得效果乃至成败的关键,要根据教学内容和学生的认知基础确定任务资源包的下发数量和频率。每一个学生都是与众不同的,有自己独特的天赋特性、偏好和天生优势,也有不同于别人的弱点。构建个性化学习方案是帮助学生迅速提高学习成绩的一种有效工具。在任务探究的过程中,应尊重学生的个性化学习方式的选择,并进行必要的指导,在教学中要珍视学生的独特感受、体验和理解,让学习成为潜能发挥的舞台。要鼓励学生发表独特的见解,要敢于说不,在学习中不断摆脱束缚,挑战权威,超越结果,完善过程,亮出自我。

(3) 小组合作、互助反思。任务资源包下发后,在规定时间内学生可选择个性化的学习方式进行自主探究学习。不可否认,学生的个性化学习是有局限性的,但它又是合作学习的基础。我们要在学生深入思考的基础上,进行小组合作学习,让学生之间开展互助反思活动。小组合作中师生、学生和学生之间的交互活动是多边进行的,学生有更多的机会发表自己的看法,并且学生能充分利用自己的创造性思维,形成相同问题的不同答案,使他们在参与学习的过程中得到愉悦的情感体验。小组合作突出学生的主体地位,培养主动参与的意识,激发学生的求知欲,提高了学生创造思维的能力。在小组合作过程中,我们要渗透互助反思性学习。用元认知的理论来描述,反思性学习就是学习者对自身学习活动的过程,以及活动过程中所涉及的有关的事物、材料、信息、思维、结果等学习特征的反向思考。通过互助反思性学习可以帮助学生学会学习;可以使学生的学习成为探究性、研究性的活动;可以增强学生的能力,提高学生的创造力,促进他们的全面发展。

(4) 展示交流、多维促进。由于每个学习者都有自己的经验世界,不同的学习者对某个问题可以形成不同的假设和推论,而他们通过相互沟通和交流,相互争辩和讨论,合作完成一定的学习任务,共同解决问题,从而形成更丰富、更灵活的理解。个性化学习和小组合作学习有很大的优势,但由于学生的素质差异和学生只满足于得到答案的心理,思维和视界是相当狭隘的。通过成果对话展示,让学生在更大的范围内能听到其他同学中不一样的思考,在展示过程中,要注重展示学生的思维过程,充分体现"学路优先",激励学生把对新知识的感悟及时地表达出来,并引导学生质疑和点评,有利于发挥学生的主体作用,也有利于学生思维的批判性和深刻性的形成和发展。这对提升学生的思维品质和学习策略的运用水平是很有帮助的,能起到多维促进的作用。教师在此过程中要起到组织、协调、引导的作用,对疑难问题,教师展示自己的思维过程和解决问题的策略,发挥组织、引导和及时纠正偏颇的作用,并根据实际需要审时度势地"导"在关键处。

(5) 变式强化、拓展提升。变式教学使学生不迷恋于事物的表象,而能自觉地注意到从本质看问题,同时使学生学会比较全面地看问题,注意从事物之间的联系和矛盾上来理解事物的本质,在一定程度上可克服和减少思维中的绝对化、思维僵化和思维惰性。变式强化重在突破学生认识上的封闭性,增强应变能力。通过变更问题的非本质的特征进行变式教学,通常有概念变式(非标准变式和非概念变式)、例题变式、过程变式(水平变式和垂直变式)、策略变式等,这样能改变学生静止、孤立地看问题的习惯,促进深度理解,使学生不迷恋于事物的表象,注意从事物之间的联系和矛盾上来理解事物的本质,培养学生思维的广阔性、敏捷性、灵活性,提高了应变能力。我们还要在学生自主变式中培养学生的创新能力,激发学生参与教学活动的持续的热情。拓展提升旨在增强学生对新知的整体理解力,加强关系性理解。我们要让学生学会运用类比、联想、特殊化和一般化的思维方法,探索问题的发展变化,克服思维和心理定式,实现创新目标;通过新旧知综合运用、学科渗透、数形结合等手段,拓宽学生的视野,达到整体理解。本教学环节的价值是将学生自主学习和主体智力参与相结合,以及将多向性、多层次的交互作用引进数学学习过程,使教与学的结构发生质的变化,让学生成为创造的主人。

(6)检测反馈、自我觉悟。课堂检测及教学反馈不仅考查教师课堂教学的效能,也是督促学生提高学习效果的一种手段。检测题的设计必须紧扣教学目标和教学内容,要切合教材的重难点,覆盖面要广,还要突出本课训练的重点,不盲目提升难度系数。另外,设计检测题必须针对学生的年龄特征,符合他们已有的知识水平和学习能力,找准问题的切入点,重在检测当堂所学内容,同时又能用不同方式拟定不同类型、不同层次的问题,激发不同层次学生对问题的兴趣,让学生得到提升,能够"跳一跳摘到桃子"。我们更要使学生在心理上对课堂检测和反馈采取积极的、合作的态度,促进学生对学习策略、学习行为方式的深刻反思,让学生学会比较、分析、综合、抽象、概括,学会智慧地学习,学会合乎逻辑地、准确地阐述自己的思想和观点。我们还要使学生认识到,知识的掌握重在运用,进而使学生思考更深刻,更钻研学习,从而对自己提出高标准的要求,变被动学习为主动学习。教师对学生所学知识点的掌握和运用进行有效检测后,必须进行及时的反馈,进而运用适当的矫正措施,针对暴露的问题有针对性地予以解决。

教育教学过程本身是促进也是束缚学生发展的最大力量,我们要从数学课堂的组织层面和教学策略运用水平上来关注对数学课堂中学生生活方式的改造。我们要还给学生理性的自由、人格的自由、心灵的自由和创新的自由,要让知识逻辑程序转化为学生的心理程序,要努力培养学生勇于自我超越的"积极精神",打破学生数学学习中的僵化和自我封闭意识,把感悟、反省、质疑和批判作为一种生活方式,让学生学会自我否定和自我超越。

## 三、自觉教学形态的主要策略元素

自觉数学课堂的关注要点具体表现在:①效率优先。以最快的速度、最高的效益和效率促进学生在知识与技能、过程与方法、情感态度与价值观"三维目标"上获得整合、协调、可持续的进步和发展。②发展本位。"优效课堂"的真正奥秘在于"优效学习",我们要让学生从学会知识、基础学习能力、终身发展能力到成长智慧。③和谐集约。发扬教学民主,在分析问题、讨论问题中积极鼓励学生大胆质疑,提看法,使学生在协作学习中有"解放感""轻松感"。④学习中心。以学生发展为本,课堂教学的一切活动都要围绕学生学习这一中心来组织。⑤灵活开放。解放学生的头脑、眼睛、双手、时间和空间,解放他们的思想,放飞他们的心灵,让学生的数学学习变成有趣味、有活力、有情境、有挑战性的过程。⑥动态生成。师生之间、生生之间和生本之间知识的汇聚、思维的碰撞、思想的交锋、情感的融合,将我们的有效教学转化为学生的有效学习。

自觉数学课堂旨在关注学生学习力的提高、优秀学习品质的养成和人格的健全。我们把数学教学提升到生命层次,使教学过程成为学生的生命被激活、被发现、被欣赏、被丰富、被尊重的过程,成为学生生命的自我发展、自我生成、自我超越、自我升华的过程。构建自觉数学课堂的主要教学策略:思(引发真学)—展(多维互动)—变(变式引领)—悟(感悟反思)—归(思想、基础)的研究。自觉数学课堂的基本流程:自觉体悟—本质思考—多维展示—变式引领—评估强化(没有严格顺序)。自觉课堂有一般的课型范式,但一般不提教育模式,以防止课堂教学方式固化,影响师生创造性的发挥。一般的课型范式通常也是由五个主要的策略元素组成的,这五个策略元素①是深思、展示、变式(易)、感悟、回归。具体解读如下。

(1) 深思——引发探究,深层思考,促进真学。"思"是"学"的基础,只有经过学生深入的学才会是真正的学,深思贯穿学习全程。学生必须通过深入思考,经历"自主建构"的过程,才能真正掌握知识和技能。要把静态的知识结论转化为动态的探索对象,让学生用自己的体验,自由地开放地去探索发现、建构和创造,成为一个"创造智慧"的人。课前思是通过准备性学习材料单,或体验性活动,或游戏,或含微视频的课程资源包等来激发对新知的深入思考,引发他们主动探究,为自觉生成做好知识、能力和心理上的准备,利于新知内化。课中思主要关注学生发现问题、提出问题、分析问题和解决问题的思维品质的提升。课后思主要是促进学生对新知和旧知之间建立关系性的理解等。

(2) 展评——提出问题,展示成果,多维促进。学生的学习离不开老师、同学、书本、自己和物质环境的相互促进。课堂教学中要放手发动学生,解放学生的双手、头脑、眼睛和思想,让他们提出问题,展示学习成果,增强效能感,激发创造性,获得学习自信。通过学生对新知或问题的深入思考,"学路优先"地让学生表述自己的观点,暴露问题,进行多维促进。

(3) 变式——变式引领,开阔思域,学会创新。教育心理学的研究表明:重复、单调的刺激难以引起学生的注意,容易引起思维的疲劳;但是绝对新的刺激由于变异的成分较多也难以引起学生的注意;只有相对新鲜的刺激,即既有一定的相同或相似,又有一定的变异成分,容易激发起学生的探究热情,并能培养学生的创新思

---

① 以上的教学策略没有严格的逻辑顺序。

维能力。变易理论关注的是人们怎样才能够帮助别人学习。对于学习来说,一定数量的重复是绝对有必要的,但学习并不是从毫无重复、变化无端中产生的,学习源于系统的重复和变易。为了注意事物之间在某个属性上的不同,某些属性就必须在一些维度上发生变化。在所有其他属性都保持不变的情况下,这个差异才可以被识别出来。因此,我们要进行有机、灵活的变式教学,使学生在数学活动中学会探索、分析、类比、综合和经验迁移,发展学生的应变能力、创新能力,促进其思维品质向能力型、智慧型、开放型转化。

(4) 体悟——实践感悟,互动领悟,自我觉悟。学科认知结构的形成是一个复杂的系统工程,它是对知能主动地进行不断地组织和再组织的过程。"悟"是一切"学习自觉"的"慧根",学生的学习过程总是从"他觉"到"自觉",学生思维能力的提升是不可以直接传授的,需要经过不断的体验、感悟、领悟、觉悟和顿悟后才能达成。自觉体悟重在突出学生的发展性主体地位,是让学生在学习过程中获得深刻的体验和感悟,领悟思想方法,不断提升活动经验和元认知水平。我们要组织围绕核心知能的发生发展过程,精心组织学习活动,让学生从实践中感悟,在多维互动中领悟,最后达到自我觉悟,使学生对新知的学习能够价值内化,使学习的意义增值。

(5) 回归——立足四基,凸显本质,提高四能。学生的认知基础、能力和已有经验都是有差异的。只有学生脑中有书,心中才有数,筑牢根基,回归书本和基础,满足中等生和学困生的需要,资优生也要打好基础。我们的教学要在立足"四基"的基础上,凸显学科教学本质,让学生感觉到知识内容本身发生发展的逻辑力量,提高学生的"四能",以此来追求"稳定而有效"的教学。

**案例:人教版数学教材八年级下册第十七章第一节"勾股定理的应用"教学片段**

**复习引入环节教学片段**

师:如图 3-13,小明带着他的狗狗来到郊外点 $A$ 处时,不小心松了牵狗的绳子,你认为小狗会沿着小路跑向长椅吗?

生:不会。

师:它会怎样走呢?

生:从 $A$ 穿过草坪到达长椅 $B$ 处。

师:若假设狗狗的奔跑路线是直的,则为什么会出现这种情况呢?

生:两点之间线段最短(课件上同时连接 $AB$)。

师:口答这个问题!(课件展示问

图 3-13

题,口算:小明从点 $A$ 处走到长椅要比小狗多走_____m?)

生1:2 m。

师:多走 2 m,走出了人类文明!在这道题目中,用到了哪些数学知识?渗透哪些数学思想呢?

生2:勾股定理,建模思想,两点之间线段最短,最优化思想。

师:平面上的最短距离我们会求了,那么在立体图形中呢?这节课就让我们共同探究立体图形中的最短路程问题。

【设计意图】创设情境激发学生学习的兴趣,并以问题串唤醒学生已有经验认知,寻找与本节课有关联的知识生长点,建立上下位知识间的联系。"人类多走了 2 m 却走出人类的文明",此环节渗透了"社会责任"的核心素养。

"教学的艺术不在于传授本领,而在于激励、唤醒、鼓舞。"创设有效情境并将复习旧知渗透其中,这是一种教学艺术,合理的安排引入环节可以最短时间内吸引学生的注意力,有利于活跃课堂氛围,提高课堂教学有效性,唤醒学生的认知经验,同化和顺应新知,这是构建自觉教学课堂的前提。

### "自觉体悟"环节教学片段

**(一)体悟感知,同化新知**

**例1**:如图 3-14 是一个三级台阶,它的每一级的长、宽、高分别为 20 dm、3 dm、2 dm,$A$ 和 $B$ 是这个台阶两个相对的端点,$A$ 点有一只蚂蚁,想到 $B$ 点去吃可口的食物,则蚂蚁沿着台阶面爬到 $B$ 点的最短路程是多少?

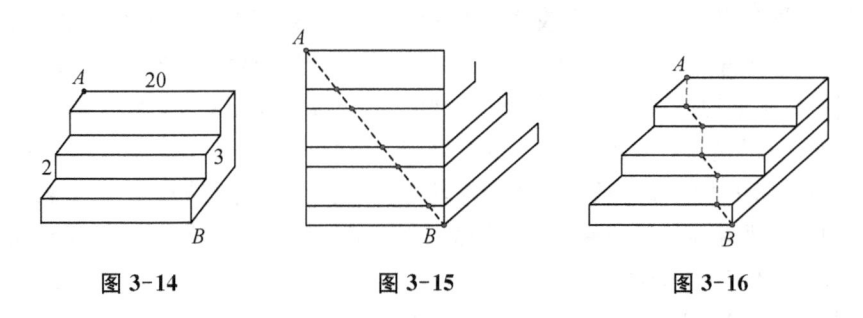

图 3-14　　　　图 3-15　　　　图 3-16

1. 最优化思想体验:(1)拿出你手中的折纸台阶,每人设计出一条最短路径。(2)小组合作,比较你们组哪个人的设计路径是最短的,并找出比较最短路径的方法(学生归纳实验比较法或是数学知识比较)。(3)请学生具体展示用数学知识比较最短路径的办法。(学生归纳,先展开在平面内借助数学原理"两点之间线段最短"的比较)(4)立体图形中的最短路径就是展开图中的哪一部分呢?(直接用几何画板"展开台阶表面如图 3-15—还原台阶如图 3-16",反复操作)(5)若画立体图形中的最短路径,可以怎么办呢?

教师小结：

这实际上给我们提供了一个找最短路径的方法：将立体图形展开为平面图形—连接两点的线段—再还原回到立体图形即可。那么原立体图形中的最短距离就是展开图中两点间的距离即线段的长度。

2. 台阶体验求最短距离的办法：(1)给出台阶的长宽高，如何求台阶上从$A$到$B$的最短路程呢？(学生归纳：在台阶展开图中利用直角三角形建模和借助勾股定理来解决问题)(2)通过这道题的求解过程，你能总结出解决此类问题的一般步骤吗？

教师小结：

解题步骤：(1)将立体图形展成平面图形，体现转化思想；(2)利用两点之间线段最短，做出最短路径；(3)构造直角三角形模型，借助勾股定理求线段的长，同时也可以用思维导图的形式呈现解题过程(如图3-17所示)。

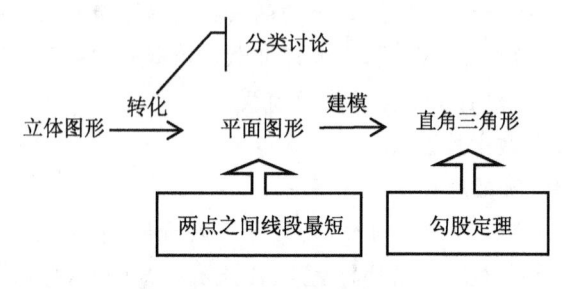

图3-17 思维导图

启示：通过自主探究、小组交流，最后全班"比较性"展示，这对学生的发散思维、比较性思维等进行了有效的训练，在"做中学"和"协作学习"中让学生深度感知立体图形中求最短路程的"核心思路"，为学生举一反三奠定基础；通过观察猜想—学生操作—数学抽象—演绎推理—数学直观—数学本质—数学建模—数学计算—学生体悟—内化方法和思想等活动的体验，提升元认知水平，这对学生思维的敏锐性、深刻性和批判性的培养是很有帮助的，丰富了数学活动经验，提升了思维品质。

（二）经验迁移，讲练结合

例2：如图3-18，一个无盖圆柱，底圆周长6 cm，高4 cm，一只蚂蚁沿侧面爬行，要从$A$点爬到$B$点，则最短路程为多少厘米？

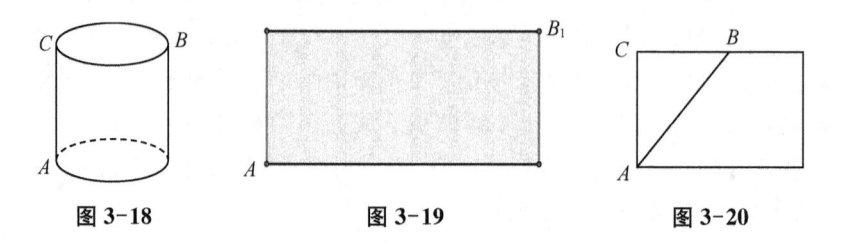

图3-18　　　图3-19　　　图3-20

1. 圆柱体最优化思想体验:(1)借助圆柱学具、利用几何画板,让学生直观感受 B 的位置(展开圆柱体的侧面如图 3-19—还原立体图形如图 3-18—再展开如图 3-20),启发学生点 $B_1$ 不是正确位置;(2)请学生站起来说解题思路;(3)计算出最短距离后,在立体图形中画出最短路径;(4)学生简述设计路径并比较图 3-21、图 3-22、图 3-23 哪条路径最短[分别展开后(同步几何画板操作)再合并成同一幅图,如图 3-24]。

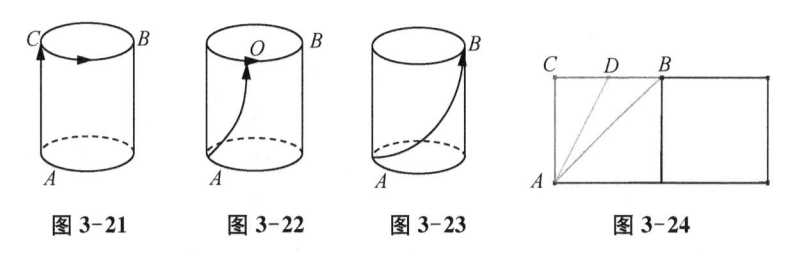

图 3-21　　图 3-22　　图 3-23　　图 3-24

2. 数学本质深层次探究:(1)最短路径是直线段吗?(2)你能直接求出最短路径的长度吗?(3)通过台阶和圆柱体中最短路程问题的研究,你认为立体图形中的最短问题展开的目的到底是什么呢?(学生归纳:立体图形展开的过程同时也是将折线和曲线变成直线段的过程,能求出最短的长度。)

**【设计意图】**在学生独立思考的基础上,采取小组交流、适时点拨的办法,渗透建模思想;将一切核心学习环节都交还给了学生,提升关键能力,改善思维品质。

袁振国先生说过"知识是启发智慧的手段,过程是结果的动态延伸。教学中能够把结果变成过程,才能把知识变成智慧"。我们要通过可接受性的学习活动,让学生进行自觉体悟,促进学生进行自我总结、自觉运用,不断丰富和提升活动经验。

**"变式引领"环节教学片段**

**变式 1:** 如图 3-25,一圆柱,底圆周长为 12 cm,高 AB 为 5 cm,一只蚂蚁沿侧面从 A 点爬到 B 点,B 点在 A 点的正上方,则蚂蚁爬行的最短路程是 _____ cm?

图 3-25 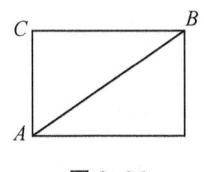　　图 3-26

学生利用学具的讲解(几何画板同步演示)略,如图 3-26 所示。

**师:** 比较例 2 和本题,你发现有什么本质区别?

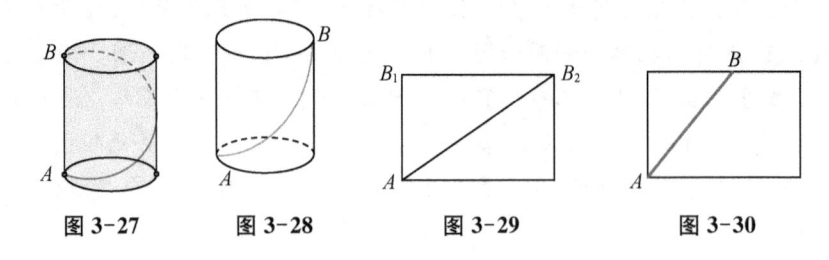

图 3-27　　　图 3-28　　　图 3-29　　　图 3-30

**生**：展开图中点 $B$ 的位置不同。

**师**：在图 3-27 中若沿着线段 $AB$ 剪开将圆柱侧面展开后，点 $B$ 的位置可能会出现在 $B_1$，$B_2$ 处，如图 3-29，而蚂蚁是沿着侧面圆柱爬行一周到达点 $B$ 的，则由题意得，$B$ 点在展开图中是 $B_2$ 的位置，所以在平面图形中一定要找准研究的两点位置。若在图 3-28 中将圆柱侧面展开后，$B$ 点会落在什么位置？

**生**：矩形上边的中点，如图 3-30 所示。

**变式 2**：我国古代有这样一道数学问题："枯木一根直立地上，高二丈，周三尺，有葛藤自根缠绕而上，五周而达其顶，问葛藤之长几何？"题意是：如图 3-31 所示，把枯木看作一个圆柱体，因一丈是十尺，则该圆柱的高为 20 尺，底面周长为 3 尺，有葛藤自点 $A$ 处缠绕而上，绕五周后其末端恰好到达点 $B$ 处。则问题中葛藤的最短长度是多少尺？

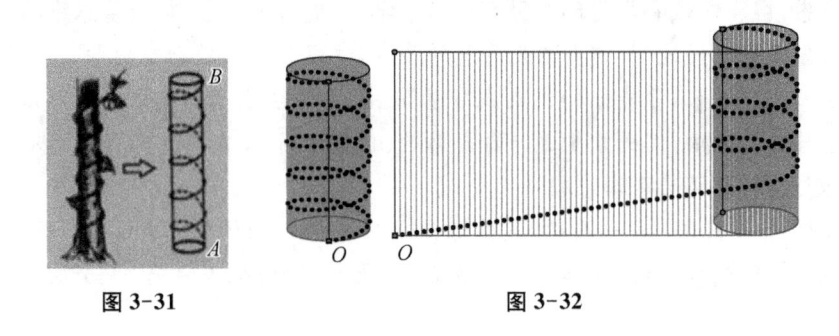

图 3-31　　　　　　　图 3-32

学生利用几何画板的讲解略，如图 3-32 所示。

**【设计意图】**变式引领应从学生的已有经验出发，由浅入深，由易到难，这里对用几何画板进行圆柱的绕半圈展开、一圈展开、多圈展开三种情况进行了巧妙的"梯度呈现"，加强了直观教学的同时，也让学生看到了问题的本质，这对如何利用直角三角形建模和用勾股定理来解决问题是很有帮助的，利于学生感悟和找到规律。感悟升华是在前经验的基础上提升学生思维品质的有效途径。

没有价值观的课堂是没有灵魂的课堂，我们应该将学生的发展作为数学教育的出发点和归宿，因为数学教育教给学生的不仅仅是一种知识，更是一种方法、一种情感、一种严谨的科学观、一种精神、一种意识和一种观念。变式训练作为知识载体,它可以打破学生的思维定式和认识上的封闭性,训练学生的发散思维。因此,我们要进行有机、灵活的变式教学,使学生在数学活动中学会探究、分析、类比、综合和经验迁移,发展学生的应变能力、创新能力,提高学生的数学素养,促进学生的学习品质向能力型、智力型、开放型转化。

俄国教育学家乌申斯基说:"没有丝毫兴趣的强制学习,将会扼杀学生探求真理的欲望",可见,兴趣是学生学习的重要动力。创设学生感兴趣的生活情境,释放学生探究问题的"本质力量"。在这节课的复习引入环节,通过问题串的形式引发学生"真学"的思维性活动,从而让学生为理解新知积累一些初步的经验和基本的思考,这样才会产生对新知的疑问,才会有思维碰撞的火花,才会有高层次对话的基础,才有智慧生成的基础。

在现代教学范式不断创新、不断进步的教育环境下,体现学生自主学习的教学方式被越来越多的教育研究者探索研究。自觉数学课堂倡导因人而异、因需施教,以学生发展为本,满足个性化学习的需要,在一定程度上打破了传统的教学模式,转变了施教者的教育观念。通过深思、实践、互动、变式、综合、创新等活动,解放学生的思想和心灵,并使学生获得自信、自尊,有效实现从"调动学生"到"解放学生"的转变,从而达到激发内在的学习潜能的目的,使学习的意义不断增值。"自觉数学课堂"在放飞教师思想的同时,也激发了学生潜能,它的最终目的是使学生能学到学习的能力,这也是我们创新教学模式的意义所在,是现代教学的价值所在。

学生的新知能是通过主体的学习活动来建构的,而认知活动是与情感、意志活动及个性心理倾向相互促进、协同发展的。我们要让学生充分感受与理解知识的发生发展过程,激活学生思维,不断提高学生创造性思维能力,满足学生个性化学习和个性化发展的要求。

## 第三节　课堂结构图谱

新课程改革已经走向内涵发展期,其显要的特征是教学行为要从"以教为中心"向"以学为中心"转移,从"以学科逻辑体系"为中心转向"以学生发展为本",从关注"教得完整""学得完整"走向"发展得完整",数学教学更要满足学生个性化的发展需要,应从因材施教走向因需施教。自觉教学形态始终体现以学生发展为本,强调尊重学生差异,在平等对话的基础上进行因材循导和自觉体悟,做到学、教、做相统一,讲、探、练相结合,关注少教多学,即教化在撤退,而对学生数学学习的服务和支持在不断加强，唤醒、激励学生释放出本质潜能，促进学生的学习品质、思维品质、道德品质不断成长。

初中学生的思维特点是从具象思维向抽象思维渐变，他们对数学新知能的理解是要通过形象思维，借助对客观事物表象的理解后而产生的，也就是说学生对数学新知能的获得是通过主体学习活动来建构的。传统单一的接受式学习会让学生感觉数学的学习是那样的单调、呆板，变得毫无乐趣。翻转教学形态的核心是将浅层学习（理解、识记、简单应用）放在课前，将深层学习（分析、评价、创建）放在课内，这会激发学生对新知能探究的兴趣，也培育了学生学会学习的能力和乐于学习的热情。因此，我们要改变教学策略，设计出既符合数学学习规律又符合学生身心特点的递进性学习活动，去满足学生个性化学习和个性化发展的要求。

## 一、翻转教学课堂结构图谱

翻转课堂在国内大范围开展还需经过长时间的试验和研究，必须拿出更多的成功案例才能证明其可行性和有效生命力。2013年7月笔者和美国的老师进行了翻转课堂的"同课异构"教学PK活动，笔者不被国内外的翻转课堂定式范式结构与流程所困，而是在教学过程中渗透了中国数学教学的"变式教学"元素，把"认知、理解和简单应用"等浅层学习放在课前，将"分析、评价、创建"等深层次学习放在课内，使翻转课堂的"本质"得以更好地体现，整节课灵动高效，得到了国内外专家和同行的高度赞赏。通过这次活动，我们发现：翻转教学在丰富学生的学习方式、发展能力和提升核心素养等方面有很大的优势，是相对于传统课堂衍生出来的一个成功的教学模式，为我国数学素养教育的实施提供了有益的借鉴。

自2013年起，笔者带领团队进行广泛的翻转课堂的本土化实践研究，并在华东师范大学C20慕课联盟、东北师范大学和南京师范大学的慕课联盟的平台上带领团队进行了学习和探索，特别是2016年教育部重点课题"翻转教学形态的变革与创新研究"立项成功，更给我们增添了研究的动力。但我们发现，在当时的全国多地进行的"翻转课堂"实践中从理念到方法上都出现了一些问题，如在理论上过于乐观，把"翻转课堂"会带来的优质课堂教学的可能性当成了必然性，同时片面地否定传统教学方法，导致"翻转课堂"难以发挥应有的优势，甚至起到了负面的作用。我们又发现，技术并不完全是有形的媒体和硬件，教学形态的结构与流程的变革也能带来教学生产力的巨大变革。在学校里单纯地引进技术是远远不够的，迫切需要新的教与学的策略和方法的变革。翻转课堂有很多优势的同时也有一定的局限性，对国内的同类实践和研究进行比较性分析后发现：对微课资源建设和翻转课堂的研究基本上停留在基础理论和模仿实践的操作层面，缺少深入性和发展性实践和研究。

自此，我们决定进行深入的翻转课堂的本土化实践和发展性研究，其主要的研究目标和任务如下。①完善平台资源。完善初中慕课（青果在线学校）资源的建设与开发，为广大一线学生提供个性化的学习环境和资源，为广大一线学校实施翻转课堂提供资源和平台的支持。②提高教学效率。探索翻转课堂本土化教学的具体操作策略和要领，促进教师的教学方式转变，改革常态课堂，使课堂教学中的师生关系、教学策略、教学品质等得到优化，从而大面积地提高课堂教学效率。③服务学科建设。通过对翻转课堂进行深入的发展性研究，能对课堂教学理论和实践有所创造、深化和发展；通过发展性课型的开发和实证性研究，能对地区的学科建设提出建设性的意见、建议。④促进学力提升。数字化学习力是学生进行终身学习和未来创新的基础，通过本项目的研究能切实促进学生基于现代教育技术的现代学习策略运用水平的提升，促进学生学习方式的转变，在知（知识技能）、能（学习能力、思维能力、创造能力等）、情（情感态度、毅力、动力等）等优效学习诸因素的发展上明显有效，使学生学习心理、学习品质提升的诸因素在数量、质量、变量、增量上明显提高。⑤提升教师素养。现代教育技术的应用能力已成为教师教学必备素养，通过研究能让教师成为现代教育技术背景下构建优效教学的积极研究者、理性实践者、优效学习者与自觉思想者，促进他们转变教学方式，培养一支具有先进的教育理念、能娴熟地运用现代教育技术、有较高教学研究能力的优秀教师队伍。

在近三年的研究过程中，我们开发了基于翻转教学形态的八种课型[①]，并整理出翻转课堂的多种教学范式，我们一般常用的翻转教学结构与流程图谱表述如图 3-33 所示。

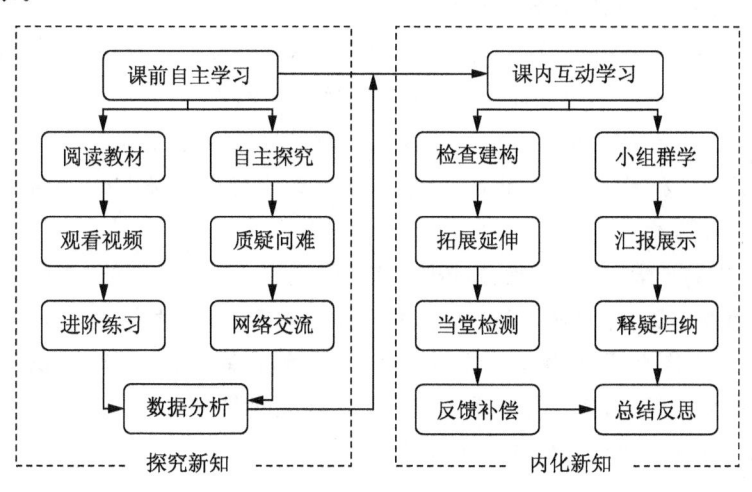

**图 3-33 翻转教学结构与流程图谱**

---

① 见《翻转教学形态的变革与创新研究》（2019 年 6 月，由河海大学出版社出版）

## 案例:"与行程问题有关的一次函数图象应用专题复习"教学片段一
教师平台推送例题

师:同学们,今天这堂课要讲的内容昨天老师已推送在虚拟数学学习社区的平台上了,从同学们学习过程反馈的数据来看,老师很高兴,同学们已将教材上的相关内容个性化地学习完成了,并将例题和习题进行变式,又搜集了一些价值题。下面先看老师的价值题。

问题1:(1)如图3-34,你能根据图中的信息求出哪些线段的函数解析式?

(2)若点$P$的横坐标为$\frac{9}{2}$,你能求出线段$OC$的解析式吗?

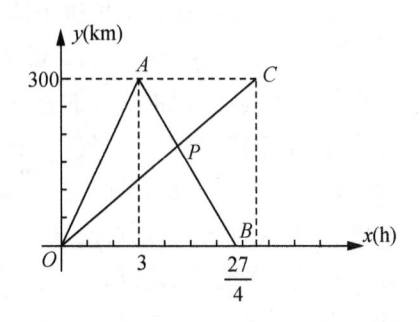

图3-34

师:[在教学平台上出示函数图象、问题(1)]你能根据图中的信息求出哪些线段的函数解析式?

生1:我能求出线段$OA$、$AB$的解析式,求线段$OA$时,设$y=kx(k\neq 0)$,把点$A(3,300)$代入解析式求出$k$的值,即可得到线段$OA$的解析式。求线段$AB$的解析式时,设$AB$的解析式为$y=kx+b(k\neq 0)$,把点$A(3,300)$、$B\left(\frac{27}{4},0\right)$代入解析式求出$k,b$的值,即可得到线段$AB$的解析式。

师:能求出线段$OC$的解析式吗?

生2:不能,因为线段$OC$上除了原点外,找不到已知的点的坐标。

师:[出示问题(2)]现在能求出线段$OC$的解析式吗?

生3:能,将点$P$的横坐标代入线段$AB$的解析式即可得到点$P$的坐标,然后设线段$OC$的解析式为$y=k_1x(k_1\neq 0)$,将点$P$的坐标代入求出$k_1$的值,即可得到线段$OC$的解析式。

启示:借助于学生已有的认知经验,让学生先对"核心知识"的"本质问题"进行深入的思考是促进学生"真学"的基础,利于学生对新知的"顺应"和"同化"。"学前先思"的设计意图在于:唤醒学生已有的认知经验,回顾两点"核心知识"——①已知直线上两点坐标,可以用待定系数法求一次函数的解析式,②已知一次函数的解析式可以用代入法求该函数图象上点的坐标。

……

### 1.2 问题初探 积累经验

师:如果将老师的这道题作为母题,你们小组是如何对老师的题进行变式的呢?

小组3:老师,我们是将本图赋予一些实际问题的情境,这样的题也是十分有价值的。(学生用iPad拍照上传)

**问题2**:A、B 两城相距 300 km,甲、乙两车同时从 A 城出发驶向 B 城,甲车到达 B 城后立即返回,如图 3-35 是他们离 A 城的距离 $y$(km) 与行驶时间 $x$(h) 之间的函数图象。

(1) 求甲车行驶过程中 $y$ 与 $x$ 之间的函数关系式,并写出自变量 $x$ 的取值范围。

(2) 当他们行驶 $\frac{9}{2}$ h 时,两车相遇,求乙车的速度?

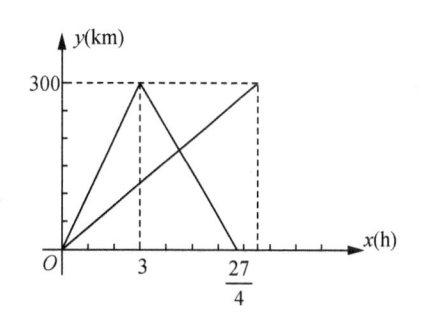

图 3-35

**师**:我们来看第三小组的价值题,我们先看题干和函数图象,暂不看问题(1)、问题(2),在审题干的过程中,你们觉得有需要注意的地方吗?

**生 4**:我觉得应该注意甲、乙两车运动的方式,本题中两车是同时出发同向而行的,且甲车到达 B 城后还立即返回。

**生 5**:我觉得应该注意 $y$ 轴和 $x$ 轴所代表的实际意义,本题中 $y$ 轴是表示他们离 A 城的距离、$x$ 轴表示行驶时间。

(板书 1.审题干:①弄清物体运动的方式;②弄清横纵坐标轴代表的意义)

**师**:下面请同学们审图,在审图过程中有你觉得要注意的地方吗?

**生 6**:我觉得应该注意图象归属,也就是说要弄清哪段图象是甲的,哪段图象是乙的。

**生 7**:我觉得应该注意图象中关键点所代表的实际意义。

(板书 2.审图:①弄清图象的归属;②弄清关键点所代表的实际意义)

**师**:那么本题中有哪些关键点呢?谁能上来标出这些关键点,并说出它们的坐标、解释它们所代表的实际意义呢?请同学上来讲!

**生 8**:(上台标出关键点 A、B、C、P,如图 3-36 并说明)点 A(3,300) 表示甲车行驶 3 h 离 A 城 300 km,也就是到达 B 城;点 $B\left(\frac{27}{4},0\right)$ 表示甲车行驶 $\frac{27}{4}$ h 返回到 A 城;点 $P\left(\frac{9}{2},180\right)$ 表示甲、乙两车行驶 $\frac{9}{2}$ h 两车在离 A 城 180 km 处相遇;点 $C\left(\frac{15}{2},300\right)$ 表示

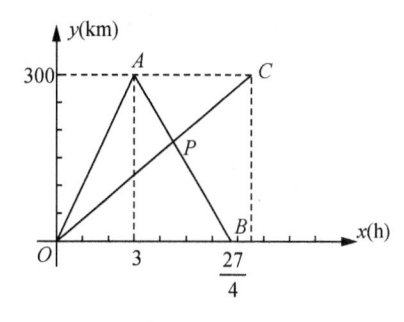

图 3-36

乙车行驶 $\frac{15}{2}$ h 到达 $B$ 城。

**师**：说得很好，你是怎么知道点 $P$ 和点 $C$ 的坐标的呢？

**生8**：求出线段 $AB$ 的解析式，然后将 $x=\frac{9}{2}$ 代入解析式，求出 $y$ 的值即可得到点 $P$ 的坐标。求出点 $P$ 的坐标后可求出线段 $OC$ 的解析式，将 $y=300$ 代入解析式，求出 $x$ 的值即可得到点 $C$ 的坐标。

**师**：了解了题意、图象中关键点所代表的实际意义，我们再来求解题目中的问题(1)、(2)，你能解决吗？请同学们自行完成，经教学助理批阅后，进行互动交流，将同学中典型错误进行拍照上传。

学生完成后，小组互动交流，教学助理批阅后，拍照上传。

师生共同点评学生的典型错误和相关注意点。

**师**：在求解函数解析式和一些未知的点的坐标时，有没有什么经验可以总结的呢？

**生9**：在求解函数解析式时可以先利用一些已知的关键点求函数解析式，再利用求出的解析式来求一些未知点的坐标和未知的函数解析式。

（板书　3.求解：①由已知关键点求解析式；②用解析式求未知关键点并求未知解析式）

**启示**：将数学知识与生活紧密联系，便于学生将知识内化和建立"关系性理解"以丰富学生头脑中的数学世界图景，形成有效的知能掌握的"图式结构"。本教学环节的设计意图在于，将学生在"学前先思"环节获得的认知经验在实际生活背景中进行"顺应"和"同化"，并形成解决此类问题的初步的"图式结构"，即：

(1) 审题干：①弄清物体运动的方式；②弄清横纵坐标轴代表的意义。

(2) 审图：①弄清图象的归属；②弄清关键点所代表的实际意义。

(3) 求解：①由已知关键点求解析式；②用解析式求未知关键点并求未知解析式。

数学新课标提出了"四基四能"，其基本活动经验的积累对学生的思维发展是很重要的，我们不仅要教给学生知识，更要帮助学生形成智慧，知识的载体是书本，而智慧的形成则在于经验积累的过程，翻转教学形态给了我们很多的启迪。为了帮助学生形成智慧，我们就应更加重视数学学习活动的学程设计，要更加重视学生对于学习活动的直接参与。本质的教学并不是只关注活动经验的简单积累，而应更加重视如何能够帮助学生在经验的积累中实现相应的思维发展，更要促进学生的思维品质不断地向更高层次提升。然而学生的思维发展又不是可以通过反复的实践（熟能生巧）就能够简单地实现的，要在活动中让学生有所得、有所获，特别要有反思性思维活动，我们的教学要从服从走向自觉。

## 二、走向自觉教学形态的路径

在信息技术与教育教学深度融合、"互联网＋教学"、翻转教学形态变革与创新的研究过程中,我们要求老师们要采用双重视角,既从学科教学来看技术,同时也从技术看学科教学。要推动信息技术与课堂教学、学科教学的三向融合创新,要关注学习活动组织方式的变化,重新审视自己作为教育者的角色,关注网络(特别是青果在线学校)学习、混合式学习、协作学习与传统的有意义接受学习、发现学习的融合。我们研究团队以教学创新为实现深度融合的指导思想,教学创新内容及方法从以下方面着手进行。

（1）学术思想的创新:翻转教学形态的研究要围绕数字化背景下的课堂教学应用性理论与实践的研究,从课堂中来到课堂中去,围绕学生的发展,深入进行线上线下混合式教与学的研究,进行信息技术与学科、课堂融合研究,改善课堂教学的生产关系,关注课堂教学效能的投入与产出,提高课堂教学的技术含金量,解放教学生产力。

（2）学术观点的创新:我们要多元、包容、辩证地看待翻转课堂的优势和其局限性,根据学情、环境等要素用发展、变化的眼光来看待翻转课堂的本土化实践,将"自觉课堂"的思想和课型研究作为推进课堂教学改革的突破口,形成成功的中观理论和微观实践范式。

（3）研究方法的创新:不能完全"全盘西化"和"充分世界化",走一条融合中西的研究路子,在融合中西学术研究的基础上进行创新与发展,本着充分凸现在接触中融合、在融合中创新、在创新中发展的客观规律,即在内化中创造,在创新中发展。

（4）教学手段创新。关注新的网络平台、硬软件技术与学科教学的深度融合,以青果在线学校为基地(以年级或班级为单位)建立虚拟学习社区。虚拟学习社区和网络学习平台是实现深度融合的载体,是支持学生的自主、合作和探究学习的手段创新,也是促进师生交流、教师交流、学生交流手段的创新。在实体课堂教学中利用台湾地区的 TEAM Model 教学平台,实现动态呈现、拍照上传和上下推送等教学手段的创新。

（5）教学组织形式创新。技术与教育的深度融合必然带来教学组织形式创新。在工作室研究的过程中发现传统的班级授课的教学组织形式已不再适用,工作室不断进行学生的个性化学习和"一帮一"精准帮扶研究,进行互助反思性协作学习研究,进行线上线下混合教学组织形式的研究。让学生不再是被动的知识接受者,而是积极的建设者。研究的教学新组织形式有:

①个性化学习:学习笔记、思维导图、学习向导、微课程资源包等;

②小组学习:电子邮件、网上讨论区、网上聊天(MSN、QQ)、电子白板、文件共

享、学生个人网页、虚拟教室、博客、RSS 订阅；

③统一学习：内容模块、课堂模块、工作坊、项目学习主题等。

（6）教学内容呈现形式创新。技术与教育的深度融合必然带来教学内容呈现形式的创新。工作室常将教材转变为学材，合理制定学习任务单和活动单，开展超级开放课堂，将课堂鲜活地再现在各类电子设备上，应用多种媒体呈现学习内容，提高学习兴趣、学习效果，并关注学生的自组织学习能力的培养，指导学生如何读学材、如何使用多媒体资源。我们实现教学内容呈现形式的创新方式有：游戏学件、分段微课程、流媒体课件、材料联接、课程网站搜索工具等。

对于从翻转教学形态走向自觉教学形态的研究，我们没有仅停留在"搬运"理论和"实验"模仿层面的研究，而是把现代教育教学和现代学习理念更多地应用于教学实践中，为我们的课堂教学改革和发展探出了一些新路。①改进"教"。通过自觉课堂的实践与研究，立足了以学生发展为本，关注了差异化良性互动，促进"教"的方式和行为不断改进。②促进"学"。通过线上线下混合学习、互助反思性学习等现代学习方式的研究和指导，丰富学生学习方式，为促进"学"的方式和行为的转变给出新的技术指引。③重塑教学关系。真正实现了师生关系是共生共赢的学习共同体；其教与学的关系是运用技术手段进行人人教、人人学的关系，并将教学时空通过技术达到从实体课堂延伸到全天候服务。④解放教学力。教师能有效地整合和利用数字化教学资源，通过高效的呈现方式打破学生在认识上的封闭性，养成思维的严谨性、深刻性、求异性、创新性和批判性，解放教学生产力。⑤给出新指引。"自觉课堂"的实施是一个庞大而又复杂的系统工程，这里面有很多的技术方面的问题值得研究和探索，我们探索了信息技术、微课制作、虚拟学习社区建设、网络教学平台使用、混合教学等多项技术的优效使用效能，给广大一线教学送去新的技术指引。要从翻转课堂的发展性研究走向自觉课堂的建构，有很多复杂的关系要理清，我们的研究思路如图 3-37 所示。

## 三、自觉课堂结构图谱

自觉数学课堂既是"以学生学习为中心"的一种教育理念，也是培养学生良性差异互动、变式感悟的一套操作策略，更是因材循导、促进学生自觉感悟的根本旨归。它严格遵循学生原有的数学知识背景、认知差异和数学发展需要，遵从学生数学知识、能力和情感所组成的逻辑链生长的规律，以"以学生发展为本"作为起点，以因材循导为抓手，以自觉体悟为旨归，尊重学生个体差异，着力培养学生数学思维的严谨性、深刻性、求异性、创新性和批判性；从而凝成可贵的数学学习品质，进而使学生学会自我观照、自我调整，并最终达成自觉自悟、自我超越的理想目标。"自觉数学课堂"以学生发展为本，关注数学教育的全纳性（学生多向度潜能的开

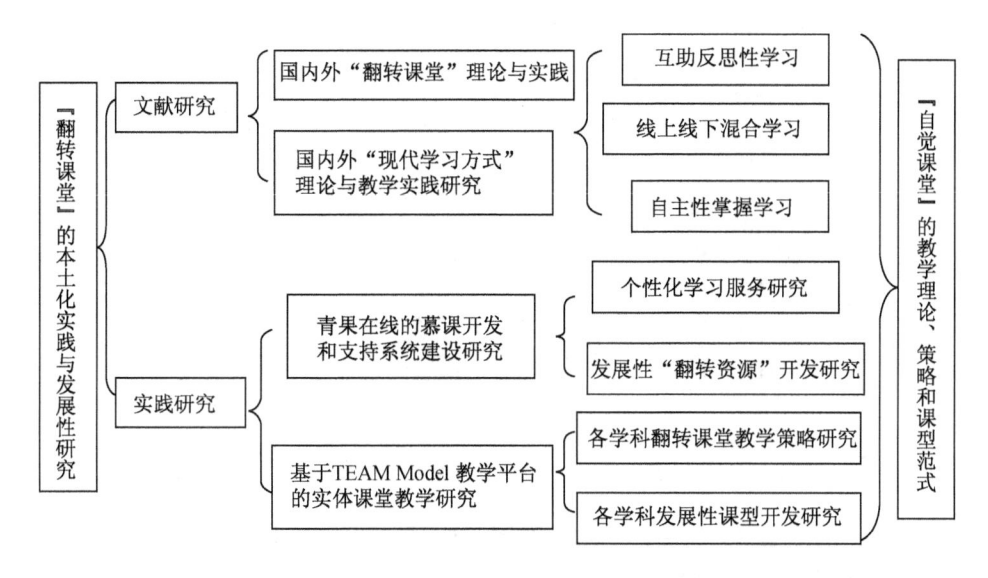

图 3-37　翻转课堂发展性研究技术路径图谱

发)、全人性(学生本质力量的释放)和全面性(学生数学世界图景的建构),促进学生的自觉成长。

自觉数学课堂具体体现在:①关注学生的个体差异和数学发展需要,主动去激发学生的好奇心、想象力,关注"问题意识"的养成,让学生经历尝试和探索过程,在做中体验感悟、增强实践能力和积累活动经验;②通过多维互动展示思维过程,培养学生思维的严谨性、深刻性、求异性、创新性和批判性;③通过高效的知识呈现方式打破学生在认识上的封闭性,让学生在感悟过程中,掌握高效的学习策略,不断提升学习力,自觉养成良好的学习品质;④让学生在数学课堂的人际交往过程中,形成阳光品质,如自信、尊重、激情、灵动、活力和创新,并学会自我否定和自我超越,促进人格健全发展。而不是只关注数学知识表面化的力量,不求本质理解;纠缠学术规范,不注意创新思维的培养;关注学生"好胜心"的培养,而不是关注"好奇心"的养成;注重标准答案,让学生学"答",而不是学"问";新课程所倡导的自主学习、合作学习和探究学习被形式化和空壳化,培养的是高分低能的"考试机器"。

在自觉课堂的结构与流程设计中要关注以下几个问题。①明晰知能结构。知识结构反映了各知识点之间的关系,客观上为我们的教学顺序安排提供了依据。②充分主导作用。教师对于教学活动的合理设计、程序安排等将具体体现在课堂教学结构流程图中。③创设参与机会。设计课堂教学结构,应努力为学生创设多种参与教学的过程。④关注技术使用。在完成教学媒体工作表的前提下,对媒体使用时机、使用次数的考虑设计,直观地反映在课堂教学过程结构中。其结构图谱如图 3-38 所示。

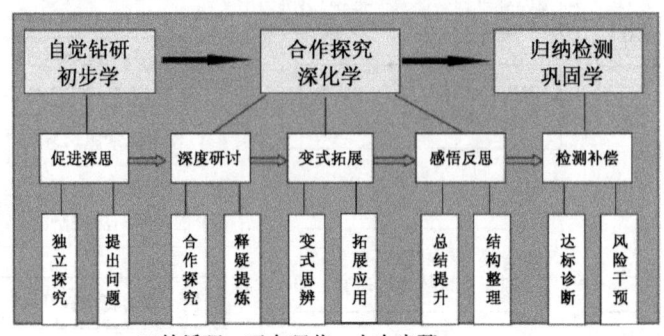

```
自觉钻研      合作探究      归纳检测
初步学   →   深化学    →   巩固学
```

促进深思  深度研讨  变式拓展  感悟反思  检测补偿

独立探究 | 提出问题 | 合作探究 | 释疑提炼 | 变式思辨 | 拓展应用 | 总结提升 | 结构整理 | 达标诊断 | 风险干预

三轮循环，五个环节，十个步骤

**图 3-38  自觉数学课堂结构图谱**

**案例:"与行程问题有关的一次函数图象应用专题复习"教学片段二**
**(接 P90 教学片段一)**

### 1.3  变式拓展  提升经验

师:同学们,对第 3 小组的价值题还有什么思考?

第 5 小组:我们可以将它进行变式,我们的变式题是这样的。(推送到平台上)

变式 1:$A$、$B$ 两城相距 $300\text{ km}$,甲、乙两车分别从 $A$ 城出发驶向 $B$ 城,乙车先出发 $1\text{ h}$,甲车再出发,甲到达 $B$ 城后立即返回,如图 3-39 是他们离 $A$ 城的距离 $y(\text{km})$ 与行驶时间 $x(\text{h})$ 之间的函数图象。

(1) 求甲车行驶过程中 $y$ 与 $x$ 之间的函数关系式,并写出自变量 $x$ 的取值范围;

(2) 当乙行驶 $\dfrac{5}{3}\text{ h}$,甲与乙相遇,求乙车的速度;

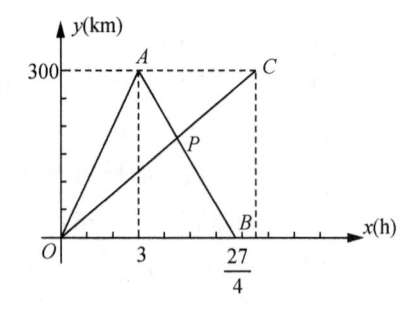

图 3-39

(3) 求甲、乙第二次相遇时,离 $A$ 城的距离。离 $B$ 城的距离呢?

师:例 1 审题干过程中所关注的两点本题中有没有发生变化?

生 10:运动方式发生了一点变化,本题中甲乙两车不是同时出发了。

生 11:横轴所代表的意义也发生了一点变化,横轴的数值从甲的角度来看,并不是甲行驶的时间,甲行驶的时间要用这个数值减去 $1\text{ h}$。

师:很好,这里 $x$ 的值要减去 $1\text{ h}$ 才能代表甲行驶的时间。

师:例 1 审图过程中所关注的两点,本题中有没有发生变化呢?

**生12**：图象的归属没有发生变化。

**生13**：关键点多了一个,问题2中甲乙在行驶过程中只有一次相遇的关键点,而本题中甲乙在行驶过程中有两次相遇的关键点,一次相遇是甲在由$A$城去$B$城的路上,一次相遇是甲在由$B$城返回$A$城的路上。

**师**：问题(1)同学们应该能很快解决了,请同学们求解一下。

**生14**：甲车行驶过程中$y$与$x$之间的函数关系式是

$$y_{甲}=\begin{cases}100x-100(1\leqslant x\leqslant 4)\\-80x+620\left(4<x\leqslant \dfrac{31}{4}\right)\end{cases}$$

**师**：问题(2)中当乙行驶$\dfrac{5}{3}$ h,甲与乙相遇,这里的$\dfrac{5}{3}$是哪个关键点的横坐标呢?谁上讲台来指给大家看看?

**生15**：(指出横坐标是$\dfrac{5}{3}$的点)$\dfrac{5}{3}$是甲乙两车第一次相遇的点的横坐标。

**师**：你怎么确定它是第一次相遇点的横坐标的?

**生16**：因为从图可知甲车要行驶超过3 h才能返回,这里的$\dfrac{5}{3}$ h小于4 h,所以是第一次相遇的点的坐标。

**师**：分析得非常好,那么这个点的坐标能求出来吗?怎么求?

**生17**：能求,令$x=\dfrac{5}{3}$代入$y_{甲}=100x-100$,可求得点的坐标为$\left(\dfrac{5}{3},\dfrac{200}{3}\right)$。

**师**：乙车的速度可求了吗?

**生18**：可求了,用路程$\dfrac{200}{3}$ km除以$\dfrac{5}{3}$ h,可得乙车的速度为40 km/h。

**师**：如果把(2)问中的"当乙行驶$\dfrac{5}{3}$ h,甲与乙相遇"改成"当甲行驶$\dfrac{2}{3}$ h,甲与乙相遇",你会解决吗?

**生19**：解法基本不变,只是不能直接令$x=\dfrac{2}{3}$,而应令$x=\dfrac{2}{3}+1=\dfrac{5}{3}$。

**师**：要解决(3)问,你觉得需要知道什么?

**生20**：求出这两个函数解析式,再求出第二次相遇的点的坐标,就能解决(3)问。

**师**：第5小组变式做得很好,其他小组还有什么想法?

**第2小组**：老师,我们还可以这样变式。(推送到平台上)

**变式2**：$A$、$B$两城相距300 km,甲、乙两车分别从$A$、$B$两城同时出发,相向而行,其中甲到$B$城后立即返回,图3-40是他们离各自出发地的距离$y$(km)与行驶

时间 $x$(h)之间的函数图象。

（1）求甲车离出发地的距离 $y$(km)与行驶时间 $x$(h)之间的函数关系式，并写出自变量的取值范围。

（2）当他们行驶到与各自出发地的距离相等时，用了 $\frac{9}{2}$ h，求乙车离出发地的距离 $y$(km)与行驶时间 $x$(h)之间的函数关系式，并写出自变量的取值范围。

（3）在（2）的条件下，求他们在行驶过程中相遇的时间。

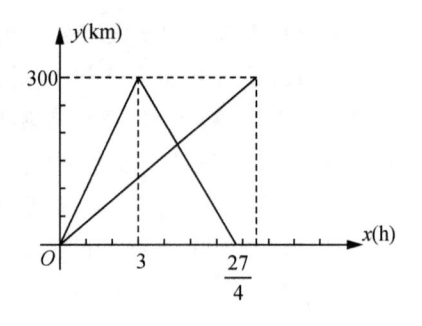

图 3-40

师：通过问题2和变式1，同学们已经体会到了解决此类问题的基本步骤，下面请同学们按这个步骤来分析此题，然后告诉我你每一个步骤分析所得到的答案。

生21：在审题干的过程中，我发现本题中物体运动的方式变成了"甲、乙两车分别从 $A$、$B$ 两城同时出发，相向而行，其中甲到 $B$ 城后立即返回"；横纵坐标轴代表的意义变成了" $y$ 轴表示他们离各自出发地的距离"，也就是说 $y_甲$ 表示甲离 $A$ 城的距离，$y_乙$ 表示乙离 $B$ 城的距离，$x$ 轴还是表示他们行驶的时间。

生22：如图3-41，审图过程中，我发现本题中图象的归属没有发生变化，但有些关键点所代表的实际意义发生了变化——点 $C$ 表示乙车行驶了一段时间到达了 $A$ 城，此时离 $B$ 城 300 km，交点 $P$ 不再表示两车相遇而表示两车离各自出发地的距离相等。

师：审清了本题的题干和图，同学们应该可以轻松地解决（1）、（2）问了，下面请同学们自行求解。

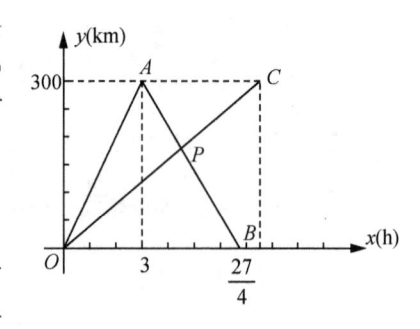

图 3-41

[学生自主解决（1）问得：

$$y_甲 = \begin{cases} 100x \; (0 \leqslant x \leqslant 3) \\ -80x + 540 \; \left(3 < x \leqslant \dfrac{27}{4}\right) \end{cases};$$

解（2）问得：

$$y_乙 = 40x \left(0 \leqslant x \leqslant \dfrac{15}{2}\right)]$$

师：下面我们来研究问题（3），此图中，两个函数图象只有一个交点，是不是就表示两车在行驶过程中只相遇了一次？

**生23**：不是,相遇了两次:一次是甲从 $A$ 城去 $B$ 城的途中与乙相遇;另一次是甲从 $B$ 城返回 $A$ 城的途中追上乙相遇,因为从图中可以看出甲比乙先到 $A$ 城。

**师**：很好,怎样求出这两次的相遇时间呢?你能不能借助画线段图来表示一下两车两次相遇的过程?

**生24**：(在黑板上画出两次相遇的线段图,如图 3-42 所示,并解释)两车第一次相遇时,线段 $DE$ 代表甲离 $A$ 城的距离,用 $y_甲$ 表示,线段 $EC$ 代表乙离 $B$ 城的距离,用 $y_乙$ 表示;两车第二次相遇时,线段 $FH$ 代表甲离 $A$ 城的距离,用 $y_甲$ 表示,线段 $HG$ 代表乙离 $B$ 城的距离,用 $y_乙$ 表示。

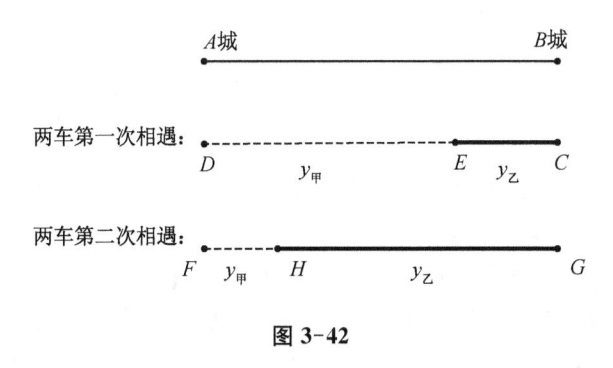

图 3-42

**师**：这位同学图象画得很清晰,解释得也很到位,那我们根据这个线段图的分析,如何求出两车两次相遇的时间呢?

**生25**：从刚才这位同学的线段图来分析,我们不难发现当两车第一次相遇时 $y_甲+y_乙=300$,即:$100x+40x=300$,求得 $x=\dfrac{15}{7}$;当两车第二次相遇时 $y_甲+y_乙=300$,即:$-80x+540+40x=300$,求得 $x=6$;所以综上所述,当两车行驶 $\dfrac{15}{7}$ h 或 6 h 时两车相遇。

**师**：刚才这个问题的解决,能给我们什么启发呢?

**生26**：我发现图象的交点并不一定代表他们相遇,我以前经常这样认为,我现在不这样认为了。

**生27**：我发现综合分析此类问题时,有时我们需要画线段图来分析问题,它能帮助我们轻松地找到问题的答案。[教师板书:4.综合分析:结合具体问题分析答案(有时需借助画线段图等方法辅助思考)]

**师**：通过本节课的学习,你对"行程问题中的一次函数图象应用问题"解决方法有哪些认识呢?

**生28**：通过本节课的学习我知道了解决"行程问题中的一次函数图象应用问题"可以按下列四个步骤来思考分析问题:

1. 审题干：①弄清物体运动的方式，②弄清横纵坐标轴代表的意义；
2. 审图：①弄清图象的归属，②弄清关键点所代表的实际意义；
3. 求解：①由关键点（已知）求解析式，②用解析式求未知关键点并求未知解析式；
4. 综合分析：结合具体问题分析答案。（有时需借助画线段图等方法辅助思考）

师：同学们表现得都很棒，老师希望同学们记住这个方法，同时这种方法有时也适用于解决其他一次函数图象的应用问题，希望同学们牢记。

师：下面老师将各小组推送上来的价值题发放到平台上图书馆功能区，请同学们自主学习和交流，有问题的同学可请教老师和同学。

……

**启示**："暴露问题"是"真教"的基础，本教学环节的设计意图旨在通过两道变式题，来暴露学生认知上的差异以及理解上的误区，这样有助于增强教学的"精准针对性"，也有助于将体验到的数学思想方法"凸现"出来，丰富学生的认知经验和提升学生的"思维品质"，使学生逐步从"服从"走向"自觉"。

"自觉数学课堂"突出自我责任、自觉体悟、思维素养、学习品质和自组织力。建构主义认为，学习过程一方面是对新信息的意义的建构，另一方面也包含对原有经验的改造与重组。课堂教学中一定要让学生的学习从浅层学习（理解、识记和应用）走向深层学习（分析、评价和创建），在教学策略上要关注讲、探、练相结合，通过师生、生生和生本的多维互动，让学生重构自己原有的认识，取得更加全面深刻的感悟，促进高阶思维品质的自觉形成。

数学知识的获得和技能的养成是学生数学学习的内容，提升学生的数学素养、思维能力和学习品质才是数学教学的目标。这始终离不开学生的基本活动经验的积累、丰富和提升，如果我们只会向学生灌输知识，灌输结论，以及所谓一招一式的方法，而不重视学生活动经验的积累和元认知能力的开发，这对学生的发展是不利的。只有通过有效的活动让学生在积累基本活动经验的基础上，进行"自觉体悟"，才能促进学生的智慧生成。

# 下篇

## "翻转教学形态"的创新：构建新型学习形态

我们认为翻转教学可以研究与尝试,在进行翻转教学的过程中我们不要高估视频微课的作用,我们要创新地开发利用翻转教学实施的微课程资源包,发挥立体的教学先行组织支架的作用,才有可能具有翻转成功的基础。另外,翻转教学可以与常态教学优势互补,要想创造优异的教学效果,关键是我们的数学教学要有学科专业的素养、眼光和互联网思维。不可否认,翻转教学需要新技术的支持,但技术不是决定翻转教学成功与否的关键,其重点是把核心学习过程真正还给学生,充分发挥学生的积极性、主动性和责任性,提高学生的参与度和获得感。翻转课堂的核心不是对教学环节、教学流程和教学时间的翻转,而是对教学理念和教学方式的翻转。

说到底,翻转教学只是教学的一种手段载体,追求高效课堂才是我们的旨归。教学改革和创新都是存在风险的,尤其是面对承载着我们未来希望的下一代,谨慎的态度是绝对必要的。但这并不是拒绝教学变革和创新的理由,在变革和创新之前,必须科学论证,认准方向,要最大限度地减少变革和创新的风险。近五年来,我们对我国自20世纪80年代以来的教学改革进行了详细的梳理,整理了各种所谓"有建树的改革"的具体案例,发现它们具有共有的特征,如强调"少教多学""以学定教""以学评教""让学习发生"等,从中说明我国的课堂教学正在经历着一场深刻的转型性变革,其基本方向就是从传统的"以教为中心的教学结构"转向"以学为中心的教学结构"。

实践证明,建构学习中心教学是我国课堂教学转型的基本取向。但必须要对以学习为中心的教学基本特质、教学过程的组织逻辑、实施步骤和策略、教学设计以及评价标准等问题进行比较全面的探讨,有助于了解以学为中心的课堂教学的具体样态。我们要注重教学理论、学习理论与实践之间的融合,要将对其本质理解作为基本假设,在教学行动中研究,在行动研究中检验、修正和发展这种假设,进而完善现有的教学形态。

翻转教学形态的创新是构建新型学习形态,主要关注引发学生的深度学习、自组织学习力的提升和成长性思维能力的提高,这样才能凸显当今时代创造性学习的重要性。翻转教学形态的创新主要体现在以下方面:①让自觉性学习在课堂中真实而有效地发生;②将核心的学习过程还给学生;③让学生掌握多种学习方法促进学习行为转型;④促进学生的学习意义不断增值;⑤提升学生的思维品质(数量—流量—质量—结构化—学科化—品质化)。

学生的学习主要是掌握间接经验到获得直接经验的过程，由此，它与人类认识客观世界的过程有所不同。我们应该以辩证唯物主义学习观为指导，全面衡量学习中的具体与抽象、初级与高级学习之间的关系，正确处理学生学习与人类学习之间的关系，不要忽视学生学习的特殊性。

# 第四章 自觉学习观念

国际21世纪教育委员会提出了一份题为《学习——财富蕴藏其中》的报告，认为学习型社会必须建立在全体社会成员都能进行四种学习的基础上，这就是学会求知、学会做事、学会共处、学会做人。①学会求知。不仅要积累知识，更要掌握正确认识的态度、方法和工具；学会做事，不仅要培养劳动技能，更要培养适应社会变化的综合能力，包括敬业精神、合作精神、应变能力、自主创业能力等。②学会共处。要学会理解和尊重社会的多样性，正确认识自己和他人，学会关心、学会合作、学会共享。③学会做人。要做一个全面发展的人，正如曾任哈佛大学校长的陆登庭所说："最佳的教育不仅应有助于我们在专业领域内更具创造性，还应使我们变得更善于深思熟虑，更有理想和洞察力，成为更完美、更成功的人。"

主动高效地学习，一定是自觉地学习。翻转教学形态下学生的学习大多数是在老师和同伴帮扶下的学习，虽然有很多闪光之处，如学生的自主性得到增强，能动性有所增加，但学生优良的学习品质的建构方面还有很大的发展空间。在自觉教学形态的研究中，我们发现学生的学习较为有效的几个方面：①找到最适合的学习方式。关注学习的个性化，才能使学生在一头雾水、杂乱的知识点中整理出条理清晰的知识体系，才能在上课有限的时间进行高效的掌握，才能找到自己学习上的一些特性，有效、有针对性地解决问题。②学习要有目标、有计划。学习有目标、有计划的学生的学业成就基本上都不会差，对自身的目标和计划能定期进行评价、检视和调整的学生的学业成就都会在上游水平。③知识需要结构化整理。一些学生把学习的信息、掌握的知识分类，做成思维导图或知识点卡片，会让自身的思维条理清晰，方便记忆、温习、掌握。同时，要学会把新知识和已学知识联系起来，不断糅合、完善、内化到原有的知识体系中，这样做的学生，他们的理解和记忆能力很强。④有效合理精做习题。一些学生做题的时候坚决独立完成、杜绝抄袭、杜绝题海战术，并能学会反思、归类、整理出对应的解题思路，这样的学生在各种考试中都能取得上佳的成绩，并且解决问题的策略、思路较为灵活。由此可见，自觉学习是学生抗学习失败风险的"钢铁长城"。

自觉教学形态所关注的是,坚持教是为了不教的理念,以学生发展为本,让学生成为自己学习的主人,让学习真正地在课堂内发生,并发生在学生身上,……让学生在自己的学习过程中能够做到眼到、手到、身到、心到、意到、思想到。只有相信学生、解放学生、利用学生,才能发展学生。

## 第一节　学习是学生的事

德国教育家斯普朗格说过:"教育之为教育,正因为它是人格性灵的唤醒。"令人遗憾的是,现实中不少教师正在扮演着知识的"贩卖者"角色,认为自己教得越多,学生就会学得越好,这是需要警惕和反思的。有人说过:低水平的教师为学生奉上真理,真正的教师教学生发现真理,体验探究的乐趣,感受发现的快乐,品味创造的美妙。因此,教师要摆正自己的角色和地位,在课堂上不做越俎代庖之事,应创设恰当的情境,激发学生的学习欲望,相机而动,顺势点拨,努力做到"不愤不启,不悱不发";在学生百思不得其解时,才去开导他;在学生欲说还休时,才去启发他。该放手时就放手,组织学生开展合作、探究、讨论、交流、争辩,留出一点时间让学生自我顿悟,给一些空间让学生自由朗读,这远比我们硬塞给学生要有效得多。因为我们讲得再透,学生听得再多,求知一旦缺失主体探究获取的过程,那么获得的知识充其量是一堆僵硬枯燥的符号,而能力的培养、思维的训练以及三维目标的落实,无疑会成为一句空话。学生若仅仅听过、看过和说过,远不如他自己动手做过、躬身体验过更切实有效。正所谓:"纸上得来终觉浅,绝知此事要躬行。"因此,自觉教学形态认为:"学习是学生自己的事,是他人不能代替的。"教师所做的就是激励、唤醒、鼓舞,成为学生学习的伙伴,给予学生更多自主学习的机会,并能帮助学生"增强动力"、"激发兴趣"、"掌握技巧"、"磨炼意志"和"发展智力",这是教育智慧的体现,也是教育成功的法则。

### 一、对学习重新认知

学习是一种既古老而又永恒的现象。学习是指学习者因经验而引起的行为、努力和心理倾向的比较持久的变化。学习是透过传授或体验而获得知识、技术、态度或价值的过程,从而导致可量度的稳定的行为变化。由于不同的历史条件,不同的研究角度,形成了各种不同的学习观。通过翻转教学形态的研究,我们发现在教育信息化发展的过程中,无论主流媒体和主导理论如何发展变化,都是为了更有效地促进学习者的学习。不同的时代背景对人才有着不同的需求,其背后的主导学习的理论也会发生变化。当我们站在学生的视角审视当下的数学课堂,即便那些似行云流水的课,有的仍然是对精心设计教案的忠实演绎,有的是追求形式的花哨与现场的热闹,有的依然是以教师为中心、学生"众星拱月"。透过现象看本质,数学教学依然是疏离主体的一个灌输、僵化、复制与死记硬背的过程,学习依然是外在于学生的痛苦旅程。

随着教育技术的不断发展,自觉教学形态背景下,对学生的学习必须重新进行认知。①学习需要环境,更需要工具。在教育技术背景下,学生同时拥有信息管理、交流工具和知识构建工具。通过技术,学生可以实现学习方法的个性化、学习材料的个别化、学习兴趣的个性化,从而形成良好的学习品质。②学习是要进行方式选择的。传统的学习方式是把学习建立在人的客体性、受动性和依赖性的基础之上,忽略了人的主动性、能动性和独立性。而知识可分为事实性知识、程序性知识、动机性知识,不同类型的知识应用不同的方式来学习,教育技术为学生提供了良好的平台支持系统,随时对不同的学习方式提供帮助。③学习可突破时间和地域的限制。学生通过技术,在移动终端的支持下,可以在完成基本学习目标的前提下,灵活地掌握自己的学习进度,这种学习的灵活性体现在学生参与的多个层面,可以与教师、同伴、专家、家长进行交叉、并行的、随时随地的学习交流,满足学生个性化学习和发展的需要。

随着脑科学研究的不断进步,脑与认知科学将成为21世纪的主导学科。该学科将在三个方面发挥巨大作用:①人类认知加工的大脑基础;②基于脑活动预测人的行为;③干预脑活动,改善人的行为。由此可见,我们要从六个方面来改进教学:第一,灵活运行学习材料的组织方式;第二,提倡"做中学";第三,要善于应用"反馈";第四,合理利用情绪来促进学习;第五,充足的睡眠是学习的基础;第六,可以提供其他促进学习和智力发展的方式。大多数人都接受过十几年的教育,但是并不是很多人都真正会学习,效率很低是其最突出的表现。究其原因,也有多方面,但最重要的一个方面是,没有建立起对学习的正确认知。①我们应该明确学习的目的是什么。这个问题关乎方向,而"方向比努力更加重要",方向不对,不管如何努力,最终结果都只能是事倍功半。知识难以转化为个人的实际能力,不能更好地去解决问题。②关于学习的第二个重要认知:学习的关键在于理解。理解应该包含几个核心要素,即全面、准确、深入、清晰。③学习的第三个重要认知:对知识的掌握,不在于知识的量,而在于构建了多少知识之间的联系,孤立的知识是没有意义的。另外,学习知识、技能可以培养学生的能力,使学生学会做事;学习行为规范可以培养学生的品德,使学生学会做人,学校教育的最终目的也就是教会学生学会做事和学会做人,促进学生德、智、体的全面发展。

## 从"翻转教学形态"走向"自觉教学形态"
### ——以初中数学教学现实为例

一切数学知识、技能和思想的获得,都必须经过学习者主体感知、消化、改造,使之适合自己的数学认知结构(即"同化"和"顺应")才能被理解和掌握。数学学习的基本特征包括:①学生的数学学习是一种"实践性很强"的智慧活动,也是数学综合素养提高的过程,只有通过模仿、实践和不断思辨才有可能学好数学。能动性、创造性和自主性,是人的本质属性,教学中要充分发挥学生的主体作用。②学生的数学学习活动是一个"动态"的心理过程,是由原有的知识、能力、经验和情感"重构"为新的"逻辑链"的"生长过程",它将一个个知识"点"串成知识"链",进而构成牢固的知识"网",再形成认知结构。③学生"数学学习力"的形成是"简单模仿—初步掌握—本质理解—自觉运用"一个循序渐进的过程,其中"简单模仿"和"初步掌握"是在老师的"外力"作用下完成的,而"本质理解"和"自觉运用"则是学生自身在数学学习活动中通过不断体验加深理解、不断总结归纳丰富经验、不断领悟提升思维品质来实现的。④高效数学课堂离不开学生的"高效的"数学学习,我们要提升学生的数学学习力,唤醒学生的"本质力量",形成良好的数学学习品质和素养。

**案例:新知学习应是一次"探险"活动**

有人说,学生的学习是一次快乐的旅游,这对于以往的"灌输式"教学来说,不啻是一个很大进步的"比喻",但"快乐的旅游"是怎样的旅游?学校是旅游公司?负责旅游线路(课程)、组织车辆(教学设施)、规划行程(学习时间安排)、安排导游(教师)!在旅游过程中学生在导游(教师)的带领下,"上车睡睡觉,下车拍拍照,问啥不知道!"这种"表面化"的旅游过程中学生是快乐了,但对学生"全人"的终生成长有何益处呢?我个人认为,学生的数学新知学习应该是一次自主式的探险活动,在这个探险过程中,要充分调动和发挥学生的聪明才智,激发他们的学习热情和探究的好奇心,在探险过程中,培养他们吃苦耐劳、团结合作的精神,为他们的终生成长奠定厚实的基础。

几年前的暑期,我带女儿和两个小亲戚来到农村度假,一天中午,我让她们将做好的饭菜给在田里干活的长辈们送去(路远不回来吃饭),她们中谁都没有去过,只知道在村西北方向的大槐树附近(在家能看到)。我也是几年前去过的,本以为孩子们去是没有问题的,谁知道路况发生了很大的变化:原来的大路被"分田到户"的承包者"蚕食"成羊肠小道,且杂草丛生;洼地(和小河连在一起)被开挖成了鱼塘;原来的石板小桥坏了以后,没人肯出钱修,现在变成了独木桥等。孩子们的这次送饭行动对她们来说无疑变成了一次探险。

一个半小时过后,孩子们回来了,只见她们的裤脚管都是湿的,而且很脏,手臂上还有浅浅的血印痕,我说:"你们这是怎么啦?怎么到现在才回来?"

女儿说:"爸爸,这条路走得太艰难了,根本没有路!"

小亲戚 A 说:"路上都是水(农田灌溉,水渠中的水溢出到了路上),很滑,我们是从小河边上走的。"

小亲戚B说:"我们过独木桥的时候,是姐姐先过,然后用一根长棍让我们扶着过去的。"

我说:"你们是怎么找到目的地的?"

女儿说:"反正我们不管走哪条路,只要向着老槐树(目标)跑总是没错!"

我问小亲戚A:"你们裤脚管怎么这么脏?"

小亲戚A说:"原来我们的裤脚管是卷着的,路上的草划腿,我们只好放下裤脚管,所以弄脏了!"

我又问小亲戚B:"你们手臂上的血印痕是怎么弄的?"

小亲戚B说:"我在过小树林的时候,我们紧跟在姐姐的后面,姐姐走过时,弯了的枝条反弹过来全部打在我们身上,后来我们就保持一定的距离分开来走,这样枝条就打不着了!"

我说:"今天送饭的过程,你们表现得都很勇敢,可以写到自己的日记里。"

……

在我女儿的日记中有这样一段话:"今天给奶奶她们送饭的过程很像是一次刺激而有趣的探险,我突然发现我们都很勇敢,我们用自己的智慧战胜了一个又一个困难,在这个过程中我们学到了许多东西,并积累了一些经验:过草丛灌木时,要穿着长袖衣服和长裤,谨防腿被划伤;走到密林中不要紧随前面的人,以免被树枝或草木反弹打伤;过独木桥时,稍微快点会比慢走好得多,只要保持平衡就能很快地通过……生活中有很多超出我们自身能力的事,我们要成长就需要不断挑战自我,这种挑战自我,又何尝不是一次次探险?实际上,我们的学习、我们的人生之路又何尝不是一次次挑战自我的探险活动呢?"

几年过去了,这件事始终萦绕在我的心头,特别是女儿说的:"对新知的学习是一次探险。"我很赞同,在这次送饭过程中,她们得到了多方面的体验,学到了很多感性和理性的知识,并用自己的智慧战胜了一个又一个困难,能力得到了加强,特别是锤炼出了团结协作的精神,和不怕困难的意志与品质,这些不正是新课程中的三维目标的精神内核吗?!在这个过程中,她历经了自主学习、小组合作学习和探究学习,这不正是新课程的理念吗?!孩子们衣服弄脏、手臂受伤,却一点都没埋怨和痛苦的表现,而是沉浸在战胜困难的喜悦之中,为什么会这样?因为她们获得了较高的自我成就效能感,对自己将来能战胜困难充满信心,这不正是促进"全人"成长所需要的阳光品质吗?!

社会变化的脚步正迫使我们成为更能学习、更具有智慧的人,主动变革课程与教学行为,守正创新,将是我们创造未来和未来人的核心价值所在。学生的学习既要重形式,更要重内容。学生理解知识的主要方法是顺应和同化,但用我们的真情实感来激发学生的学习"心向"是顺应和同化的情感基础。学生需要的不仅是公平、优质的教育,更是个性化的教育,他们需要更多的创造力、践行力、协作沟通能力和终身学习的能力。于是,我们必须把原来的以"讲授为中心"的教学方式向以学生的"学习为中心"转移,以"学科体系逻辑结构为教学设计中心"的思维方式向以"学生发展为中心"转移,我们必须架设学生学习的引擎,触发学生学习的动机,改变学生的学习内容和学习方式,这样学生才会学得更有效、学得更幸福。

建构主义认为,虽然学生要学的数学都是已知的知识,但对学生来说仍是未知的,需要每个人再现类似创造的过程来形成。学生学习数学的过程不是被动地吸收课本上的现成结论,而是一个亲自参与的丰富、生动的思维活动,是一个实践和创新的过程。具体地说,学生从数学现实出发,在教师帮助下通过自己动手、动脑去进行观察、模仿、实验、猜想等手段收集材料,获得体验,并作类比、分析、归纳、思辨和应用,也就是说,让学生在做中学、学中思、思中悟、悟中获、获中用,渐渐达到数学化、严格化、形式化和结构化的目标。

## 二、让学生学会学习

通过翻转教学形态的研究,我们认识到,我国基础教育的问题不是学生能力不强,而是学习本质的异化:学生学得越多,就越被动;掌握的知识技能越多,创新精神与实践能力就越薄弱。现代学习观认为,学习不是被动地接受信息刺激的过程,而是主动地构建知识意义的过程。学习需要学生根据自己的知识背景,对外部信息进行主动选择、加工和处理,从而获得知识的意义。数学教学不是知识的传递而是知识的处理和转换,应该由向学生传递知识转变为发展学生的学习能力,培养学生的主体意识、主体性、个性、创造性和实践能力,在组织学生数学学习的过程中应关注动机的激发与维持,以及为学生提供自主学习的工具性支持。现代数学学习方式的基本特征是:①主动性;②独立性;③独特性;④体验性;⑤问题性。

布鲁纳指出:"教的理论是以学的理论与人的发展理论为基础的。"自新课改实施以来,初中数学课堂教学结构虽然发生了很大的变化,但基本上仍以教师为中心,学生始终处在压抑、被动的状态,学习积极性调动不起来,主体作用得不到充分发挥。当下初中数学的课堂教学,有知识、技能、形式化的学习方式,但缺乏一些具有生命活力的东西,结果使得许多学生感到数学枯燥无味,不喜欢学数学,甚至害怕学数学。学习不是学生的"天生心向",而是要通过外在的手段和环境的"后天压迫"使然,因此,在数学教学中我们应用各种手段去激发学生的学习数学的兴趣、欲望和动机,唤醒学生学习"本质潜能"的自觉释放。

学习是学生自己的事,让学生学会学习则是老师的事。培养良好的学习品质和学习习惯是学生终身学习的大事,教育最大的任务是教学生学会学习。叶圣陶先生说:"教育就是培养习惯。"我们要从学生对学习的接受程度和习惯养成的规律出发,由浅入深地让学生把计划变成自觉的行动,根据学生特点以及个性品质的差异,采用组对互助的形式,促进学习习惯的养成,有了能力和习惯的培养,方法的作用才能凸现出来。

(1) 自读自悟。并不是文科才有阅读,数学同样要培养学生的阅读能力,数学中的阅读具体表现为读课文、读题、读图形、读图象等,要让学生自读自悟。如一边读一边推想,一边读一边想象,一边读一边联想,一边读一边分析,一边读一边概括,一边读一边体悟,一边读一边领会,一边读一边质疑等,要让学生充分与文本对话,关注文本信息的输入、处理与输出。

(2) 自言自语。在数学课堂上我们经常发现:有的教师一个问题一抛出,立刻让学生回答,不给学生思考的时间,或者学生思考的时间很少,导致学生站起来要么缄默不语,要么结结巴巴,要么语无伦次,要么只言片语,更重要的是常常只有优生才能回答,用优生的回答替代所有学生的思考。这样的回答有什么效果?在笔者的课堂上,一个问题抛出,先让学生自言自语,练习一下,把答案整理一下,说得通顺一点、清楚一点、有条理一点。说出来,可以让思维由模糊变得清晰,由肤浅变得深刻,由凌乱变得有条理。给了学生一个自言自语的准备过程,实际上是给学生一个与自我对话的机会。

(3) 自批自改。现在许多班级都存在大班额教学,如果什么作业都由教师亲自批改,不仅工作量非常大,而且时间来不及。我们常常让学生进行自批自改(或互批互改),然后进行小组汇报。先让学生自批自改,再互相批改,更能提高效率,我们需要跟踪的是看学生有没有认真批改、认真订正。

(4) 自编自答。导学案一开始是由我们教师编写的,经过半学期后,我们开始尝试让学生自己编写导学案,这样让学生知道对于新知应该怎样学习。比如,学生的导学案是这样编写的:①我会阅读(把教材中的主要问题列出来);②我会理清(把数学知识的发生、发展过程理清);③我会推导(把公式或定理推导出来);④我会应用(运用公式或定理解决问题);⑤我会变化(思考如何举一反三);⑥我会质疑(提一两个有价值的问题)等。另外,还可以让学生自己编试卷,自我测试、相互测试,提升学生的自学能力。

(5) 自变自创。课堂动起来,才能活起来。在自觉教学形态中,我们常常将课堂开放、问题开放、题目开放,让学生进行自变或自创活动,拓展学生的思维,同时锻炼学生的应变能力、及时反应能力,培养合作能力、语言表达能力,提升素养,使学生感受到数学学习好玩、有趣、有魅力。

**案例:学生徐微的数学周记《从游戏中学到的数学知识》**

自从我参加潘老师领衔的数学社团以来,我学到了很多数学课本以外的知识,拓宽了我的视野,使我在数学方面成长很快,并让我这样一个成绩一般般的学生在江苏省数学文化节中取得了全省二等奖的好成绩。

潘老师非常注重引导我们在学习的过程中自主发现、探究和生成,常常让我们将生活问题转化成数学问题来进行探究。有一次,我和张敏同学在课间看到小学部的学生在玩跳格子游戏,潘老师路过这儿,看到我们看得入神,便对我们说:"你们以前玩过跳格子游戏吗?"我们说:"玩过!"他说:"那我出一道题给你们探究探究,好吗?"我们说:"好!"潘老师出的题目是这样的:

如图,人从格外只能进入第 1 格,在格中,每次可向前跳 1 格或 2 格,那么人从格外跳到第 6 格共有多少种方法呢?

| 1 | 2 | 3 | 4 | 5 | 6 |

经过我们的探究,我和张敏都获得了正确的结果(结果为 8),张敏用的是分类枚举法,我用的是化归递推的方法。我们将探究结果和方法汇报给潘老师后,潘老师肯定了我们探究的结果,也表扬了我们勇于探究的精神,但他又对我们说:"答案正确很好,实际上结果并不重要,重要的是能否从中找到规律。"在潘老师的启发下,我和张敏又进行了联合探究,为了找到规律,我们先尝试了用数形结合思想"画图形"的方法来理清数理关系,又用列表格的方法来进行从小到大的递推归纳,结果我们找到了规律。我们的表述如下:

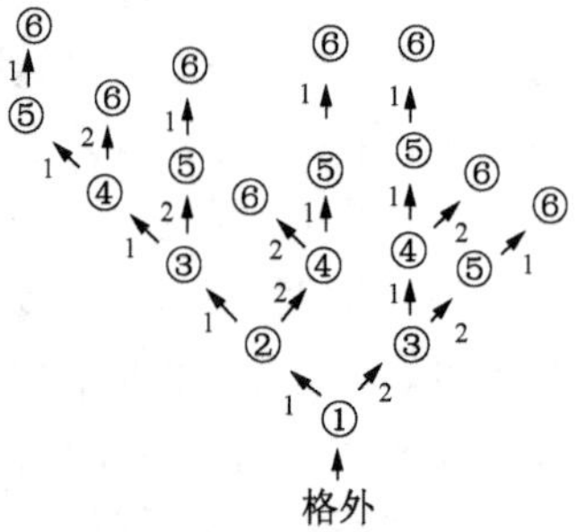

说明:从第 2 格跳入第 3 格表示为"②$\xrightarrow{1}$③",从第 1 格到第 3 格表示为"①$\xrightarrow{2}$③",其他类推,解法如图 4-1 所示。

图 4-1

由图可知,共有 8 种方法。从图中可以看出:从第 1 格到第 2 格只有 1 种方法,从第 1 格到第 3 格只有 2 种方法,从第 1 格到第 4 格只有 3 种方法,从第 1 格到第 5 格只有 5 种方法,……依次类推,列表如下:

| 格子数 | 1 | 2 | 3 | 4 | 5 | 6 | 7 | 8 | 9 | … |
|---|---|---|---|---|---|---|---|---|---|---|
| 跳法总数 | 1 | 1 | 2 | 3 | 5 | 8 | 13 | 21 | 34 | … |

我们得到了规律:从第 3 项起,每个数都是它前两个数的和。

我们又将这次的探究结果与方法汇报给了潘老师,他很高兴,他告诉我们:这就是数学史上著名的斐波那契(Fibonaci,意大利数学家,约 1175—1250 年)数列,它有着广泛的应用。这让我们太高兴啦!哇!我们也能发现数学定理了!原来我们两个"黄毛丫头"还有这么大的能耐,我们看到了自己的潜能,我们对数学的学习更感兴趣了。

## 第四章 自觉学习观念

潘老师又给了我们两道题,让我们对自己发现的规律进行巩固性应用。

**例1**:现有长为150 cm的铁丝,要截成$n(n>2)$小段,每段的长为不小于1 cm的整数,如果其中任何3小段都不能拼成三角形,试求$n$的最大值。此时有几种方法可将该铁丝截成满足条件的$n$段?[第十七届江苏省初中数学竞赛(初三)第17题]

**解**:由于截成的$n$条线段的和为定长150 cm,又要使$n$最大,故每小段应尽可能短,又因为每小段的长度不小于1 cm,且不能构成三角形,我们就自然而然地想到了"斐波那契数列",故应让截取的小段长度为:1,1,2,3,5,8,13,21,34,55,89,……

又∵$1+1+2+3+5+8+13+21+34+55=143<150$

$1+1+2+3+5+8+13+21+34+55+89=232>150$

故$n$的最大值为10,将长为150 cm的铁丝分为满足条件的10段,共有以下7种分法:

1,1,2,3,5,8,13,21,34,62;1,1,2,3,5,8,13,21,35,61;

1,1,2,3,5,8,13,21,36,60;1,1,2,3,5,8,13,21,37,59;

1,1,2,3,5,8,13,22,35,60;1,1,2,3,5,8,13,22,36,59;

1,1,2,3,5,8,14,22,36,58。

**例2**:对一个正整数做如下操作:如果是偶数则除以2,如果是奇数则加1,如此进行直到为1时操作停止,求经过9次操作变为1的数有多少个?(第七届"华杯赛"试题)

**解**:这个问题看上去很复杂,但只要我们静心想一想,通常都是采用递推归纳的方法,从特殊到一般去寻找答案:经过1次操作变为1的数只有1个,它是2;经过2次操作变为1的数也只有1个,它是4;经过3次操作变为1的数有2个,它们是3和8;经过4次操作变为1的数有3个,它们是6,7,16;经过5次操作变为1的数有5个,它们是12,5,14,32,15;经过6次操作变为1的数有8个,它们是11,24,10,28,13,64,31,30(如图4-2所示)。由图中这棵"倒生长树"可知:这样经过1,2,3等多次操作变为1的数的个数依次为1,1,2,3,5,8,13,21,34,这正是斐波那契数列,故经过9次操作变为1的数为数列的第9项,故有34个。

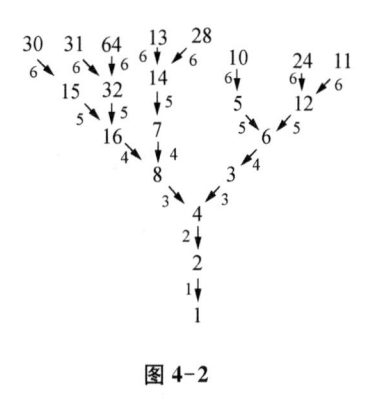

图4-2

潘老师从来不把现成的结果告诉我们,总是循循善诱地在探究方法上给予我们指导,让我们自己经历探究的过程。我们非常喜欢潘老师这样的教学方法,因为这样做的结果,让我们在学会探究学习的同时,也使我们记忆深刻、掌握牢固,可以说,让我们终生都不会忘记。

一个高明的数学教师能善于将课本中本来枯燥无味、死板的数学知识,讲得丰富多彩,妙趣横生;将"死"的知识讲"活",把数学中蕴含的数的美、式的美、形的美、逻辑的美、方法的美恰如其分地渗透给学生,我们要学会数学素养教育的"点金术"。面对数学教育形势的发展,我们组织数学学习活动的策略也应该有相应的转变。学生的数学学习由重独立探究转为更重学习共同体的建设,让学生走出老师权威中心,由重逻辑思维转为合情推理、逻辑推理和随机观念并重等;还要重视我们与学生、学生与学生之间的社会性相互作用,强调协作学习、交互式学习活动;要使学生超越自己的认识,看到那些与自己不同的理解,看到事物的另外的侧面。而通过协作和讨论,可以使他们相互了解彼此的见解,看到自己抓住了哪些,又漏掉了哪些,从而形成更加丰富的理解,以利于学生数学学习经验的广泛迁移。

## 三、让学生成为他自己

我们知道,学习习惯与学习品质是密不可分的,良好的学习习惯是良好学习品质的基础,良好学习品质是良好学习习惯的必然体现。数学学习品质是学生在数学学习过程中体现出来的精神风貌和个性风格,反映一个学生的学习水平、学习境界以及对个体学习状态的评价。数学学习品质是影响一个学生提高数学学业成就的最主要因素,在初中阶段培养学生的数学学习品质尤为重要和关键。如何让学生成为他自己呢?

(1) 学会制定学习规划。凡事预则立,不预则废。尤其是学习,更要有一个系统的规划,这样才会事半功倍。学生对于自己的学习情况,没有人比他自己更清楚,所以,学生应根据自己的实际情况,对阶段学习进行合理的规划,知道自己一共有哪些任务,理清其中的学习逻辑关系,这样才可以更有效地利用时间,提高学习效率。

(2) 引导学生打好基础。有些学生在学习数学的过程中喜欢花费大量时间去攻克难题,其实基础也是很重要的,如有些学生基础不扎实,花了大力气去攻难题,结果是"高楼大厦建在了沙滩上"。再如,期中或期末考试是检测学生一个阶段(或一学期)的学习情况,卷面上并不会有很多难题,学生复习应该从课本出发,以基础知识为主。在复习的时候,集中精力巩固好基础的知识点,保证把该拿的分数都拿到,才不会因小失大。

(3) 教会学生归类整理。每一个单元结束后,教会学生归类整理,如知识结构方面、数学思想方面、题型方面等;再如错题本的整理,针对错题做到查漏补缺,让学生了解自己犯错的类型,再对症下药,及时进行修改和纠正。好的错题本,可以让学生在复习时事半功倍!

（4）教会学生认真表达。在教学中我们常常发现,很多学生知道解题的方法和思路,但往往很难表述清楚,我们要引导学生说完整、说清楚,甚至说精彩,即让学生学会语言表达。另外,很多学生会说不会写(或写不到位),我们要培养学生严谨的书面表达能力,还要让他们学会正确的图形和图象表达等。

（5）给予学生多次成功机会。我们要让学生通过自己的努力,克服困难,战胜困难,享受成功的喜悦,建立学习自信,对数学学习产生更大的兴趣。另外,我们在教学中,有时可有意识地给学生设置一定困难的问题,让他们经历挫折、失败,而后鼓励、帮助他们战胜困难,培养他们战胜困难的毅力和信心。

（6）赋予自我欣赏权利。作为一名学生,如果不欣赏或不学会接纳自己,就很容易产生自卑心理。应该对他们进行自我欣赏、自我激励的教育。因为学生越是在乎自己的不足,就越容易自卑;学生越是轻视自己的不足,就越容易提高、超越自己,让他们成为他们自己。

**案例:学生韩靓的数学周记摘抄《要学好数学,心态很重要》**

学数学对于一些同学来说易如反掌,他们甚至能够举一反三,但对于许多学生来说,却有如登山般难,两种学生的智力并无太大差距,为何这成绩会截然不同呢?

小时候我父母经常说:"女孩子脑筋笨,数学基本上学不好,将来学理科是有困难的。"上学时,我的内心一直走不出父母的话给我留下的阴影。小学时,我惧怕数学,讨厌数学老师,数学成绩总是惨不忍睹,无论多么简单的数学问题到了我手里就成为世界难题。

幸运的是我与潘老师有亲戚关系,我五年级时,到潘老师家走亲戚,潘老师问了我的学习情况,我妈妈告诉他我的数学成绩很不好,她又习惯性地说出了:"女孩子脑筋笨,数学基本上学不好……"这当即遭到了潘老师的批评:"父母的话不可随意讲,会给孩子一种心理暗示,影响孩子的终生发展。"他向我例举了好多他的学生中在上小学时数学成绩不太好,通过自己的努力学好了数学的例子,并介绍了学习数学的方法等,他的话给了我很大的鼓励,也给了我学好数学的信心。

后来经过我的努力,小学毕业时我取得了较好的数学成绩。我明白了,不要小看自己,要坚信自己能行,自信是打开数学大门的钥匙,只要不放弃,你的数学世界就会"活"的。不否认学数学需要天分,但最重要的却是勤奋。

当然,有一位好的数学导师也必不可少,我觉得自己十分幸运,上初中恰好分在潘老师班上,他是我们忠实的朋友,永远展示给我们数学的魅力,让数学这一"魔方"吸引着我们,又让我们在娱乐中很快成长起来。可是"师傅领进门,修行靠自身",数学老师布置的题目,都有它一定的神秘之处,都是挖掘不尽的宝藏,于是必须如老牛吃草一般,好好消化,认真对待。

## 从"翻转教学形态"走向"自觉教学形态"
### ——以初中数学教学现实为例

学数学还要有创新精神,懂得反驳老师和同学们的观点,开辟解题新航路,要想解答难题,那么你的脑子里必须装满难题。下一点也不可或缺——你必须学会不耻下问,遇上难题,而你实在无能为力时,向同学或老师请教是明智的选择,这就叫"取他人之长补自己之短"。另外,还要学会和同学合作,因为在与同学们的思维碰撞中,会有新的收获。

打开数学殿堂有许多方法,但我始终认为要想学好数学,调整心态很重要,就是要有正确的学习观,真正适合自己的学习方法不是别人给的,而是自己不断总结归纳出来的。通过这些事,我明白了,在数学学习过程中,不要迷失自我,我要成为我自己!

数学学习观,是指学生对数学和数学学习的认识、看法、信念和态度等。不少学生对数学课程和数学学习存在错误的认识,阻碍了他们学习数学的兴趣和积极性,大多数学生自我评价比较消极,往往把失败归因于一些不可控的客观因素,如智力、考试试题、运气等,不去思考主观能动性的原因,缺乏积极进取精神。我们有责任、有义务帮学生树立正确的学习观,我们应多与学生进行交流,了解他们的内心世界,告诉他们数学知识的重要性,给他们讲和他们生活有关的数学应用问题,让学生发现数学知识存在于社会、存在于生活,和我们的生产、生活等密切相关。意识到数学在生活中的重要性,从而使学生产生求知欲,把"要我学数学"改变为"我要学数学"的正确学习观。

在学习这件事上,学生才是主角,教育路上,家长和老师很重要,但是再重要也只是起辅助作用,真正去学习的人还是学生自己。若学生的心理上、行动上都不愿意学,其他人的任何努力都是徒劳的。我们兢兢业业地向学生授课,尽心尽力地备课,想方设法地把每一堂课讲得生动有趣又干货满满,但也只是教导,问题需要学生自己去思考,考试需要学生自己去面对,学生该做的事一件都不会少。所以,在学习这件事上,最不该也不能推卸责任的,其实是学生自己,最该上心,最该努力的人也是学生自己。我们要做的是让学生明白学习是他们自己的事,让学生成为他自己,产生学习数学的动机,引导正确的数学学习认知,形成数学学习态度、自信、学习策略运用的良性循环。

"学习是学生自己的事,任何人替代不了。"但是,"帮助学生学会学习主要是教师的事"。教是暂时的、有限的,学则是长远的、无限的。教与学的关系是相互转化的辩证统一关系,把核心学习过程完完全全地还给学生,是对学生鲜活生命最好的尊重,也是对学生主体地位的最突出展现,更是对学生主体意识的最有效唤醒。

## 第二节　还学习过程于生

苏联著名教育家斯托利亚尔在他所著的《数学教育学》一书中指出："数学教学是数学活动过程的教学。"苏联心理学家认为，人的学习过程的结构，就其一般意义上说，是一种环状结构。它由以下三个基本环节组成：①定向环节（即"感受环节"或"输入系统"）；②行动环节（即"运动环节"或"输出系统"）；③反馈环节（即"返回系统"或"回归式内导系统"）。苏联心理学对学习过程结构的分析，简要地勾画出学习过程结构的轮廓，是符合实际的，但阐述得比较概括，还须进行深入分析。19世纪德国心理学家和教育家赫尔巴特把学习划分为连续进行的四个步骤，即明了、联想、系统和方法，实际上这就是学习的四个阶段。这几个步骤后来被美国赫尔巴特派发展为五个步骤："明辨"变成"准备和提示"；"联想"变成"比较和抽象"；"系统"变成"概括"；"方法"变成"应用"。自觉教学形态关注学生数学学习中表现出来的听、说、读、写、思、用，听、读、思是输入过程，说、写、思、用是输出过程，从中可以看出，教数学不是教"技巧"，而是教"思考"。学生的数学学习过程是我们的"教"和学生的"学"的"双边统一"的学习活动过程，是学生的数学认知结构的形成和发展的过程。

### 一、还核心学习过程意义作用

现代教育技术背景下的自觉数学课堂充满着教师与学生、课程资源包与学生、学生与学生、学生与信息终端之间的"思维碰撞"。传统的数学教学过程是引导学生寻找现成的答案、现成的说明、现成的结论，只要死记硬背，把知识吞进肚子后再反复训练，即可获得好的数学学习成绩，强调的是结果。目前，越来越多的学生对数学学习的动力不是来自数学本身，而主要是来自考试的压力，这样的学生被动的数学学习观念不仅阻碍了他们的主动性与探索性，更扼杀了数学的魅力，也消费了学生终身学习的能力和品质。教育技术背景下的自觉数学教学，需要我们教师去引导学生自主参与知识发生和发展过程，要从对新知能的操作性理解发展到概念理解，再发展到关系性理解，并在此基础上形成良好的情感态度和价值观。在教学活动中，我们要把核心学习的过程还给学生，既重视结果更要重视过程。

1. 还核心学习过程的意义

在教学过程中，教师只有以学生发展为本，处处为学生着想，通过激发学生的学习兴趣，让学生热情高涨地自己动手、动脑、动口，学习知识，巩固知识，拓展知识，学生才能不断独立，不断自主地学习新知；也只有让学生积极参与，才能不断提高课堂效能。只要教师充分相信学生、尊重学生,以充分调动学生学习的积极性为前提,以教给学生学习方法为重点,以促进学生智能提高为核心,把学生作为课堂的主人、学习的主人,让学生有足够的时间操作、观察、思考、质疑、讨论、练习、评价等,就能使学生逐步形成较强的自主学习素质,从而更加主动地学习,主动地发展。实践证明,学生真正懂了、学透了,这种"费时""费力"是很有价值的。

**案例**:苏科版数学教材七年级上册"3.3 代数式的值"教学片段

**例1**:当 $a=\frac{1}{3}$ 时,求代数式 $a^3+1$ 的值。

教师板演,强调书写格式,提出分数乘方时底数要加上括号,师生共同得到代数式的值的一般步骤:先代入,后计算。

**师**:代数式 $a^3+1$ 的值是固定不变的吗?代数式的值的一般步骤是什么?请同学们带着这样两个问题完成练习:当 $a=-2$ 时,求代数式 $a^3+1$ 的值。

(一个同学上黑板板演,其他学生独立完成,教师巡视指导学生)

**师**:当 $a=-2$ 时,我们得到代数式 $a^3+1$ 的值是 $-7$,现在有同学能回答老师刚刚提出的两个问题了吗?

**生1**:我发现代数式 $a^3+1$ 的值不是固定不变的,当 $a$ 的值在变化,代数式 $a^3+1$ 的值也随之变化。代数式的值的一般步骤是先代入后计算。

**师**:这位同学回答得很好,在掌握了一个字母代入求值后,老师要增加难度,我们来看例2。

**例2**:当 $a=-2,b=-3$ 时,求代数式 $2a^2-3ab+b^2$ 的值。

**师**:哪位同学会做?

(学生口述解题过程,教师板演,过程略)

**师**:对他的回答有没有不同的想法?

**生2**:数字与数字相乘,他没有添加"×"号,我认为要添加的。

**师**:这位同学提得非常好,我们在代入数值后,当数字与数字相乘时要把省略的"×"号添加出来,要注意代数式的书写规范。

**师**:请同学独立完成下面的练习,看看当 $a,b$ 的值变化了,代数式 $2a^2-3ab+b^2$ 是否也随之变化呢?

(一个学生上黑板板演,其他学生独立完成,教师巡视指导学生)

**师**:当 $a=-1,b=2$ 时,代数式 $2a^2-3ab+b^2$ 的值是12,代数式 $2a^2-3ab+b^2$ 的值也改变了。通过本题的探究,你有什么感悟?

**生3**:我知道了代数式的值的一般步骤是先代入后计算。

**生4**:在代入时要注意分数乘方或者负数乘方时底数要加括号。

**生5**:代入时,将相应的字母换成给定的数值,其他数字不变。当有多个字母代入时要注意对应关系,不要混淆。

生6:代数式的值不是固定不变的,它是随着代数式中字母取值的变化而变化的。

师:带着这么多的感悟我们一起来看例3。

例3:填表

| $x$ | $-4$ | $-3$ | $-2$ | $-1$ | $0$ | $1$ | $2$ | $3$ | $4$ |
|---|---|---|---|---|---|---|---|---|---|
| $2x+5$ | $-3$ |  | $1$ | $3$ |  | $7$ |  | $11$ | $13$ |
| $2(x+5)$ | $2$ | $4$ |  | $8$ |  | $12$ | $14$ |  | $18$ |

(1) 随着 $x$ 值的逐渐增大,两个代数式的值怎样变化?

(2) 当代数式 $2x+5$ 的值为 25 时,代数式 $2(x+5)$ 的值是多少?

(学生独立解题,展示交流,过程略)

师:通过本题的探究,你有什么感悟?

生10:字母的值确定了,代数式的值也随之确定,字母的值变化了,代数式的值也随之变化。

**启示**:通过以上三个例题的"深入递进"强化,让学生对"字母的值确定了,代数式的值也随之确定,字母的值变化了,代数式的值也随之变化"这个事实的认识越来越"深刻"。这是学生在以上三个例题的"做中学"的探究体验中得到的数学活动经验,这对学生深入理解代数式的值是很有"现实意义"的,也为学生后续学习"函数值随着自变量的值的变化而变化"打下了基础。

数学基本活动经验的特征:主体性、实践性、内隐性、多样性、指导性、过程性等。数学学习活动大致可分为直接和间接地来源于生活的数学活动,为数学学习设计的纯粹数学活动和意境连接性的数学活动。学生的数学活动经验是指在学习目标的指引下,通过对具体事物进行实际操作、观察、体验、感悟与思考,从感性向理性飞跃时所产生的认识和获得解决问题的策略。因而,我们在进行数学学习活动时,千万不能眼里"只有教材而没有学生",我们应从学生的需要、问题、互动、收获出发,教材处理要重视过程性、生成性,更要重视体验性,要关注学生在学习活动中做了些什么、学会些什么,更要关注感受到什么、获得了哪些数学活动经验等,这才是还学习过程于生的意义所在。

2. 还核心学习过程的作用

大量的研究发现,初中学生在对新知学习前就发展了许多非形式数学知识(相对于新知),这些数学知识是零星的,不全面也不系统,但这些知识对学生的新知学习来说是很有意义的。在数学学习过程中,学生不只是模仿和接受我们成人的智慧、策略和思维模式,他们要用自己已有的知识去过滤和解释新信息,以至同化它们,而非形式数学知识是同化形式数学的基础,如果学生看不出我们所呈现的信息与他们已有的数学知识之间的联系,学生的数学认知就会产生障碍。学生的学习过程的本质是数学知识、能力和情感组成的逻辑链生长的过程,学生的数学学习能力形成过程是:简单模仿—初步掌握—本质理解—自觉运用—素养形成。学生的学习活动是一项实践性很强的综合素养提高过程,只有通过体验、实践和不断思辨才有可能学好数学知识。还核心学习过程的作用主要有以下方面。

(1) 在学习过程中发现。在学生的数学学习过程中,我们要让学生亲自参与基本概念、基本原理发生、形成和发展有关认知活动,引导学生在活动中发现问题,在学生获得直接经验的基础上展开师生间解决问题的过程。不仅如此,我们要通过数学学习活动来引导学生的自主发现,即数学学习活动要能吸引学生的注意,激发学生浓厚的探索兴趣,引起学生稳定、持久的发现问题和解决问题的动机。

(2) 在学习过程中探究。在数学学习活动中,学生是探究、发现的主体,我们的作用是引导和帮扶,而不是牵引,更不是代替。在学生进行探究时,要放手让学生亲自实践,亲自去动手、动脑、动口,给予学生充分的自主权和充分的时间,让学生在做中学,在学中做,将教、学、做融为一体,引导学生在学习过程中探究,并激发他们探究的热情。

(3) 在学习过程中互动生成。数学学习过程中,课堂管理流程不只是预设计划的执行过程,而是师生、生生和生本之间的多维互动的对话过程,我们要引导学生在互动过程中生成。

(4) 在学习过程中内化。在学生的数学学习过程中,开展数学活动不是目的,创设良好的数学学习过程的目的在于促进学生将数学知识内化,并在知、情、意方面得到全面的发展。

(5) 在学习过程中应用。新课程越来越注重数学知识与生活实践的联系,因此,我们在组织学生的数学学习过程中应注意与现实生活密切联系,培养学生解决实际问题的能力。通过开展具有较强现实性应用来增强学生理解数学、应用数学的意识和能力。

**案例:苏科版数学教材八年级上册"平面直角坐标系(1)"教学片段**

师:我们已学习了平面直角坐标系的定义和象限等概念,现在用老师刚才在教室里布下的红绳表示 $x$ 轴,箭头所指的方向为正方向,黄绳表示 $y$ 轴,箭头所指的方向为正方向,大家听清楚了吗?现在请同学们独立默想自己所在的位置,不可以相互交流,好,现在请第一象限的同学站起来!

生:(所处第一象限的学生站了起来)

师:请处在第三象限的同学站起来!

生:(所处第三象限的学生站了起来)

师：$x$ 轴上的同学站起来！

生：(所处 $x$ 轴上的同学站起来)

师：$y$ 负半轴上的同学站起来！

有一位学生未站起来(学生大笑,感到很有趣)。

师：一、三象限角平线上的同学站起来！

……

**启示**：现实的生活材料能激发学生研究问题的兴趣,产生亲切感,认识到现实生活中隐藏着丰富的数学问题,要学好数学,应更多地关注社会,对各种生活现象提出数学问题,成为有数学头脑的人。数学教师作为"数学学习的组织者、引导者和合作者",更应在教学实践中注重创设切合学生实际的教学情景,积极鼓励学生根据自己的数学现实理解情境,发现数学,引导学生把现实问题数学化,把数学知识生活化,培养学生运用数学解决实际问题的能力。

学习知识的过程是主动建构的过程,而不是被动接受外界刺激的过程。我们在引领学生走向核心学习的同时,更要把知识发生发展的核心学习过程还给学生。在教育技术背景下的数学课堂中,常常用任务资源包去引领学生进行个性化的探究,旨在让每个学生根据自己的体验,用自己喜欢的思维方式自由地、开放地去探究,去发现,去再创造有关的数学知识。把实际生活中的事物引入教学中,使陌生的知识成为学生熟悉的事物。学生学起来既起劲又有趣,掌握得又快又好。数学知识是比较抽象的,在教学过程中,要把抽象的数学知识进行"物化",使学生看得见、摸得着,使学生在观察与操作实践中感知形象,形成表象,逐步掌握知识。这些才是还学习过程于学生的作用所在。

## 二、还核心学习过程于生的策略

数学学习是一个很复杂的心理过程。在当下的初中数学教学中,存在的一个普遍性问题是：数学教学只重视教而相对地忽视学,只重视教学方法、教学手段等的改革,而相对地忽视对学生学习规律、学习方法等的探索。这样就造成了目前数学教学虽费时较多,但教学效果并不太佳的后果。构建优效数学课堂的关键在于根据学生学习数学的心理机制和教学内容进行数学活动教学,特别要关注对学生数学有效学习过程的构建。

（1）经历知识形成的过程。数学知识的形成经历了一个漫长的过程,并蕴含着人类长期的艰辛和丰富的智慧。学生学习数学知识,就是掌握前人的经验,进而转化为自己的精神财富。然而,初中学生思维的具体性与直观形象性,决定了在数学学习中要给他们提供充分的感性经验,使他们经历数学知识形成的过程,从而更好地形成抽象的数学概念,获得新的数学知识。因此,我们要善于选择有价值的问题引导学生开展讨论研究,鼓励学生积极主动地参与知识形成的过程,使学生更深刻地获得数学知识。但要注意,并不是所有的数学知识都能让学生去自主建构,因此要正确处理好继承接受与探究发现的关系。

(2) 经历技能形成发展的过程。数学技能是在数学学习过程中通过训练而形成的一种动作或心智的活动方式。数学技能可以分为心智活动技能(如计算)和动作技能(如作圆)两类。数学技能的形成与发展是一个渐进的过程,它遵循着"听懂—学会—掌握—熟练—生巧"的进程。数学技能的形成又要以知识的理解为前提,因此,我们要尽可能地让学生经历数学技能形成的过程,理解数学技能本身的意义,再辅以必要的强化巩固(要具有一定的理解性),才能使整个数学技能的形成和发展成为学生数学学习的积极智能活动方式。

(3) 经历思维品质的提升过程。所谓数学思维,是以"数"和"形"为思维对象,以数学的语言和符号为思维的载体,并以认识和发现数学规律为目的的一种思维活动。数学思维的方式很多,有发散思维与收敛思维、正向思维与逆向思维、直觉思维与逻辑思维、再现性思维与创造性思维等。数学教学是以培养学生思维能力和提升思维品质为目的的,因此,我们要从多维度充分展示思维过程,让学生主动参与、积极思考,从中学会观察、分析、掌握思想方法。

(4) 经历能力形成发展的过程。发展学生的数学能力是数学学习目标的一个重要组成部分。从数学学习本身来说,数学能力直接参与其中并起着重要的作用,它是学生获得数学知识技能的必要前提,同时,它又是在数学活动中发展起来的。因此,要在数学学习活动中形成和发展数学能力,就要通过对它们的运用,并与以往学过的数学技能进行综合分析比较,使学生亲身经历运用数学能力解决问题的过程,才能有利于学生进一步进行数学学习,同时数学能力也得到了提升。

(5) 经历知识间比较转化的过程。数学学习过程中的每个环节或阶段,几乎都要使用比较。如果没有比较,就没有抽象概括,感性认识也不能上升到理性认识。因此,我们要恰当地应用比较,为学生将新旧知识的联系和新知识的内化打下基础。例如,学习分式可以类比分数进行学习。如果说比较可使新旧知识建立联系,那么转化则可把新问题化归为旧问题(利用比较),然后利用已有的知识进行突破。因此,让学生学会恰当地运用比较,把新知识转化或化归,则有利于学生将新知识内化。

(6) 经历知识的抽象概括过程。在数学学习中,抽象概括过程是认清数学对象的本质、从感性上升到理性的桥梁,它贯穿于数学学习的始终。事实上,概念是对一类事物的属性的概括,数学技能是对一系列数学活动方式的概括,数学思想则是对数学知识结构特征的概括。因此,在学生数学学习过程中,让学生经历知识的抽象、概括过程,对他们的发展是有较大促进作用的,因为只有提升了抽象概括的能力,学生才会有较大的知识和经验的"远迁移"能力。

数学学习是一个动态的过程。新《数学课程标准》在关于课程目标的阐述中,首次大量使用了"经历(感受)、体验(体会)、探索"等刻画数学活动水平的过程性目标动词,从而更好地体现了数学学习对学生在数学思考、解决问题以及情感与态度等方面的要求。具体而言,就是在数学学习的过程中,要让学生经历知识与技能形成与巩固过程,经历数学思维的发展过程,经历应用数学能力解决问题的过程,从而形成积极的数学情感与态度,只有这样才会有较好的数学学习效能。

**案例**:苏科版数学教材七年级下册"8.2  幂的乘方与积的乘方"的教学情境设计(片段)

**问题 1**:尝试计算:$(7 \times 3)^4$

**师**:请将计算结果推送到平台上。

学生点击提交或拍照上传,老师和学生一起浏览学习成果。

**师**:从总体上看,有三种结果。结果一是$(7 \times 3)^4 = 21^4$,请得到这样结果的同学说说你们的解题思路。

**生 1**:解题思路是先计算括号里7与3的积,再将积乘方。

**师**:计算结果二是$(7 \times 3)^4 = 194\ 481$,请得到这样结果的同学说说你们的解题思路。

**生 2**:直接用 iPad 的计算器求的结果。

**师**:计算结果三是$(7 \times 3)^4 = (7 \times 3)(7 \times 3)(7 \times 3)(7 \times 3) = (7 \times 7 \times 7 \times 7)(3 \times 3 \times 3 \times 3) = 7^4 \times 3^4$,请得到这样结果的同学说说你们的解题思路。

**生 3**:解题思路是受前两节课乘方运算的启发得到。

笔者对上述解法给予肯定,但不指出哪种解法好,而是让学生接着完成问题2。

**问题 2**:尝试计算:$(ab)^4$

学生思考片刻,很快选择了学生3的解法。

$(ab)^4 = (a \times b)(a \times b)(a \times b)(a \times b) = (a \times a \times a \times a)(b \times b \times b \times b) = a^4 b^4$

**问题 3**:通过上面的计算你们有什么发现?

……

学生很快主动地探究出$(ab)^n = a^n b^n$($n$ 为正整数),并感悟到要找的是一般的规律,不应该只是一个计算结果。

教师创设有助于学生学习的问题情境,不是直接以教材为出发点而是将教材中的知识点改编成学生易于探究的问题情境,通过问题串情境的创设和教师的引导,激发学生的探究兴趣,让学生在尝试中体验创新。学生通过自主探索领悟出积的乘方法则,同时也自觉应用了由特殊到一般的探究方法和类比思想,使传统意义的教学过程变为引发探究、解决问题的过程,将核心学习过程还给了学生。让学生形成一种动态的、富有个性的学习过程,激发其探究热情,达到自觉、有效探究的目的。

"学习任何知识的最佳途径是由自己去发现。"新课程强调:教学是教与学的交往、互动,师生双方相互交流,相互沟通,相互启发,相互补充。在教学过程中教师与学生分享彼此的思考、经验和知识,交流彼此的情感、体验与观念,丰富教学内容,求得新的发现,从而达成共识、共享、共进,实现教学相长和共同发展。传统的数学课堂教学通常以例题、示范、讲解为主要方式,它的主要特征是学生被动接受,课堂中几乎看不到猜想、实验、观察、推断等学生亲身体验的实践探究活动。我们要转变教学观念,改变学生被动接受的学习方式,提倡将核心学习过程还给学生的自主探究性学习,唤起学生的主体意识,激起学习兴趣,以学生为中心,创造一个有利于学生主动发展的时间和空间,使学生调动自身的学习潜能,进行自主学习,成为课堂学习的主人,自主地获得信息,积累知识,解决问题,培养能力。

### 三、还核心学习过程的途径

英国著名数学家罗素说过:"什么是数学？数学就是符号加逻辑。"数学对象的空间位置结构、数量关系等都是以符号的形式来表示的,数学符号是数学的语言,是人们进行表示、计算、推理、交流和解决问题的工具,它具有准确、清晰、简约思维、提高效率、便于交流的功能,但也给学生的数学学习增加了难度。因此,我们要能够真正做到想学生所想、想学生所难、想学生所乐,从而以高度娴熟的教育技巧和机智,灵活自如、出神入化地带领学生在知识的海洋遨游,用自己的智慧启迪学生的智慧,用自己的情感激发学生的情感,用自己的个性影响学生的个性,用自己的心灵呼应学生的心灵,用快乐传递快乐。这是将核心学习过程还给学生的有效途径。

1. 引导学生多器官参与学习活动

我们要在学生主动探究和再次创造下,形成自主学习的氛围,使学生成为课堂的主人——发展性主体,从而在数学学习活动中得到可持续发展。还核心学习过程于学生是需要奠基性教学行为的,具体表现有以下几个方面。①学生在一定的学习动机、兴趣基础上的"想学",在自我意识发展和经验基础上的"能学",在掌握一定学习策略基础上的"会学",以及建立在意志努力基础上的"坚持学",所体现出来的精神风貌是独立自主、乐观向上、积极主动、勇往直前。②学习方法和手段科学高效、计划得当、进程合理、目标切合实际、调控适当,能灵活机智地处理遇到的问题、克服困难、全面发展、整体优化,所体现出来的精神风貌是务实严谨、科学规范、一丝不苟、稳健发展。③学生能与外界和他人协作配合,取长补短,在协作和竞争中整体优化、共同发展,所体现出的精神风貌是精诚团结、齐心协力、互帮互学、共同进步。④能通过自主独立地发现问题、实践、操作、调查、搜集与处理信息、表达与交流等探索活动获取知识、技能、情感与态度的发展,特别是探索精神和创新能力的发展,所体现出来的精神风貌是学以致用、身体力行、开拓进取、大胆创新。

**案例**:我地区进行初中数学评优课(同课异构)活动,我有幸担任了评委组长,其教学内容是苏科版数学教材八年级上册"3.1　图形的旋转",最后入围的4位老师的教学策略各有千秋。

A老师的策略:学生阅读教材内容—听教师讲授—强调记住图形旋转的三个要素(①图形原来的位置;②旋转中心;③旋转方向及旋转的角度)—拓展应用。

B老师的策略:学生观察教师的演示实验—分析图形旋转现象—在教师的引导下得出图形旋转的三个要素(①图形原来的位置;②旋转中心;③旋转方向及旋转的角度)—网格中的图形旋转操作。

C老师的策略:学生小组合作完成老师布置的图形旋转实验—小组讨论分析现象归因—在此基础上做第二个图形旋转实验—归纳图形旋转的要素—操作应用。

D老师的策略:学生首先观察老师的演示实验现象—根据实验现象对图形旋转进行猜测,即提出假说—小组合作完成图形旋转实验—收集证据,验证假说—获得图形旋转的三个要素—实际应用。

**启示**:这4位老师的教学策略各具特色,但从学生的思维能力的优效培养上看还是有区别的:①上述4位老师中,A老师只是让学生听或看,获得信息的途径单一,对图形旋转的事实和结论难以留下深刻的印象;②在B老师的课中,学生通过观察具体实验,获得生动、鲜明的印象,使抽象的结论与具体的形象相结合,能加深学生对图形旋转相关概念的理解和记忆;③在C老师的课中,学生亲自完成实验,手脑并用,多种感官参与,获得的知识既鲜活又深刻,提高了记忆的效率;④在D老师的课中,学生思维的参与更深刻、更主动,学生的主体性得以更充分的发挥,通过亲身经历和体验科学探究过程,使结论的获得与具体的情景、过程有机结合,增进了学生对知识的记忆和理解。总之,让学生多种感官协同参与,学习效率最高。

我们作为学生数学学习活动的组织者和主导性主体,应从数学素养教育的高度出发,努力把一切数学学习活动都置于学生主体自觉意识和潜在能动作用下展开,使数学学习成为满足每一个学生个体的内在知识、情感需求的过程,表现自我主动发展的过程。实现在学生身心潜能协调发展下的个体自主性、独立性、创造性的充分发挥,让学生多器官参与数学学习过程,变数学学习过程为一种自然而又生动活泼的学生自主发展过程。

2. 创设学生感兴趣的活动

大量的事实证明,学生充溢快乐而富有兴趣的情绪进行学习时,就能使注意力保持高度的集中和长时间的稳定。让学生"快乐地度过45分钟,快乐地期待下一个45分钟",就是一种快乐。还核心学习过程于学生是需要学生感兴趣的活动载体的,具体做法通常有:①课堂多彩,生动有趣。有时要改变一支粉笔、一本教材主宰一堂课的教学形式,如果我们从头讲到尾,学生忙着听、忙着记,长此以往怎会不厌?②提供展示空间,肯定学习成就。学习效果是需要检验的,做出的成绩是希望得到肯定的,学生也不例外。在数学学习过程中,我们要对学生的评价方式呈现出多元化局面。③课堂气氛轻松和谐,心理安全感强。我们这些课堂的主导者要善于营造轻松和谐的心理氛围,特别是要让学生有心理上的安全感,我们还要时不时地用幽默风趣的语言活跃课堂气氛,有幽默感的老师是最受欢迎的,这样的课堂才生动有趣,才会成为一潭活水。④用好激励评价,给予信心和希望。人人都希望被别人赏识,对于学生来说更是如此。我们要把学生当作平等的朋友来对待,热情关心、循循善诱,最大限度地去挖掘学生的优点,进行"激励式"的评价,在学生的内心深处形成一股强大的心理推动力,在潜意识中产生向表扬目标努力的追求,对学习的态度是乐意的、主动的。要让学生感受到自己被高度尊重,高度信任,学生在一种高涨、激动的情绪中进行思考和学习,感到学习是一件开心的事。⑤关注不同学生需求,在不断成功中感受快乐。

例如,在学习了"走近图形世界"后,我分别安排了学生设计几何作品、做学具等,在班级学习园地、学校橱窗和家长会上展示他们的学习作品,既让学生感受到了数学美,体会到学习数学的乐趣和成功感,又培养了学生的动手能力,收到了意想不到的效果。

在教学中我们可以尝试采取分组竞赛,模拟《开心辞典》节目方式、小组PK赛和有奖抢答等形式,使课堂生动有趣;又如,我在教学设计、布置作业、教学检测等各方面都有层次性,关注每一位学生的发展。有时上完一单元进行数学检测时,我们一般不用现成的单元检测题,而让学生自己出题。人人都参与出题,对题目也比较了解,而为了获得好成绩,他们会自觉地去弄懂一些问题,极大地提高了学习数学的积极性、成就感和自信心。这才是还核心学习过程于学生的有效途径之一。

数学学习起来比较困难,这是大多数学生不喜欢数学的主要原因。我们的任务就是要创设学生感兴趣的学习活动,把核心学习过程还给学生,并给学生恰当的帮助,让每一个学生都能在数学学习中有成功的体验,也有面对挑战的机会和经历,从而锻炼其克服困难的意志,建立学习数学的自信心。

现代教育的理念是:为人的可持续发展而教。心理学认为,使学生始终保持着一种探索、发现、进取的良好心态去参与活动的全过程,从而最大限度地提高学习效能。在数学学习过程中,我们要把核心学习过程还给学生,让学生经历发散思维和收敛思维的过程,创造性思维的形成与发展过程,使不同需要、不同水平的学生在数学学习过程中找到一个自我发现、自我发展的广阔天地。

教的真正目的是帮助学生学会科学地思考和有效地学习。我们要研判学习材料、学情特征、学习规律、学习组织、学习起点、学习过程、课堂形态、学教关系、学习评价等，要让课堂教学从学教规划、空间结构、时间秩序及活动流程等方面都要发生根本的变化，让真实的学习在课堂里有效地发生。

# 第三节 让学习真实发生

尽管"课改"带来了许多新的理念，但是以教师为中心的教学方式依然盛行，学生始终处于被动地位。我们在课堂中常常会忽视这两种类别的"学困生"：①虚假学习。无论你在课堂授课的内容是什么，这类学生总是安安静静、不吵不闹地在"听讲""写作业"，但作为日日相处的老师，你就是那么清楚地知道他的心早就飞到了课堂之外，留给你的就是一副"认真听讲"假象，因为一提问就什么都不会，甚至连你刚刚问过的问题都不知道是什么，根本的原因是我们没有吸引全体学生"积极参与"学习。②浅表学习。这一类学生的确学了，很多知识也好像会了。你看，老师刚讲完一道例题，让他做同类型的练习题，他就能飞快地做出来，而且无论课堂笔记还是老师讲过的话，他们都能够完整地记下来。但是，你稍稍把同类型的题换个问法或只是扩展一点，他们就束手无策了……这一类学生就是典型的浅表学习，其学习过程完全是"复制"，没有任何自己的独立思考，更不要说知识的迁移了，根本的原因是我们没有吸引全体学生"有效参与"学习。

通过对翻转教学形态的研究，我们认识到：①在"互联网＋"的信息时代，首先受到的冲击是人们思维的速度，就单项技能和性能来说，人脑的速度是根本比不上电脑的，人脑的容量也根本比不上电脑。②在互联网时代，大量的媒体资讯和在线课程内容的出现，使得传统的教育受到很大冲击，知识本身的多少和速度，已经不是教师和学校的专利，而面对新型学习方式的学习方法的指导是非常重要的。③网络世界的内容和资源再丰富，也无法代替教师的学习方法的引导，学习方法的指导本质是对学生学习策略运用水平的唤醒。④课堂转型的基本立场是：发展学生的学习力。因此，自觉教学形态提出：课堂变革的核心应该是让真实的学习在课堂里有效地发生，使学生的学习不断增值，学生的学习值包括动力值（更想学）、方法值（更会学）、数量值（知识、技能学得更多）、意义值（对学生个人的发展更有意义）。

## 一、让学习真实发生的意义与作用

在翻转教学形态的研究中，我们对深度学习效果的评价进行了统计分析，并得出以下结论：①充分发挥课程目标的导向作用。当课程目标与学生需求协调一致时，学生的学习更容易达到深层次水平。为了促进学习者的深度学习，教师必须了解课程目标与课程内容之间的关系，并且让学习者在一开始就有一个清晰的框架。根据课程总目标将课程内容划分成若干单元，分别确定出重要概念、技能和要点问题，进而设定每个单元的目标，这使得每个单元之间保持关联，使教学保持连贯性，让内容变得对学习者更有意义。②了解学生的差异化水平。学生总是利用现有信息去联结新的信息，这意味着要进行联结学习。我们必须设法了解学生的背景知识以及对即将被教授的内容的经验，这样有助于教师确定哪些概念或技能需要较多时间或扩展学习来精确构建其基础知识背景。对学生特征信息的掌握则是教学行为的基础，包括为不同学习者设计差异化策略，提供有针对性的指导等。③营造积极的混合学习环境。整体性教学强调不仅要重视认知能力的培养，更应该创造一种积极、安全的学习氛围，以便学习者能够自由地表达自己的观点和感情。将学生看作复杂、多面的人，让学生将情感、道德、精神和智慧共同介入学习过程中来。在课堂上，营造平等的师生关系，重视学习成果在课堂上面对面交流与反馈的机会，让学生在思想碰撞中进行深度思考、意义建构并加强情感交流。在网络在线平台上，教师仍然要发挥主导作用，组织学习者积极共享资源，主动发起讨论，及时对他人的作品进行点评，教师本身也要对学习者的疑问和留言给予及时的反馈，形成积极热烈的网络学习氛围。④促进学生自我反思。与他人"分享"和"讨论"个人建构的新知识，可以实现知识的深度加工。当学生分享和讨论彼此的观点时，原有的看法和思想可能受到挑战，从而引发深度思考。另一个实现深度加工的策略是与他人进行合作学习，共同解决真实、复杂、劣构的问题，在与他人制订并完成计划的过程中体验深度学习。

我们认为，让学习有效地发生的意义主要有以下几个方面：①它是数学素养教育的应然追求。"立德树人"就是要面向所有学生，让每位学生"成为他自己"，这是教育的自然回归。我们要把学习、思考的主动权交给学生、还给学生，让每位学生的"学"与"思"能真正地发生。②它是数学教学改革的自然需求。教学中要注重学思结合，倡导启发式、探究式、讨论式、参与式教学，帮助学生学会学习，引导学生学会质疑、调查、探究，促进学生主动地、富有个性地学习，发展学生的数学学力。③它是数学素养成长的必然要求。康德早就说过："人是一个有限的理性存在，但有无限的可能性。"处在发展过程中的学生更有无限的可能性，他们的一切都有待重新发现。教师的职责就在于给学生一双善于发现的眼睛，为每位学生的自主发展提供广阔的空间和无限的可能。

我们认为，让学习有效地发生的作用主要有以下几个方面：①学生积极参与，情趣盎然，这是课堂教学的着眼点。整个课堂脱离了硬性灌输、死记硬背、教孤立知识的窠臼,始终注意引导学生去思考、发现、参与、互动。教师则是帮助、引领,起到穿针引线的作用。②激励学生积极挑战,主动学习,这是课堂教学的着力点。我们要抓住学情和学科特点推进真实的学习,却并不一定要让学生都在自己的掌握之中,"每个脑袋的想法都是不一样的,因此课具有不确定性、模糊性以及灵活性、变通性",也就是要适性而教。要"教学生去发现真理,在学习中让学生成为一个构造主义者"。③课堂有学生的发现与创造,促进新知识生成,这是课堂教学落脚点。落脚点不是获得一系列可供记忆的孤立的知识,也并不是只为应对考试的知识点,而是获得整体的、灵活的知识。学生在掌握立体知识的同时,能够举一反三,让知识系统化,形成知识网络。

深度学习[1]是在理解学习的基础上,学习者能够批判性地学习新的思想和事实,并将它们融入原有的认知结构中,能够在众多思想之间进行联系,并能够将已有的知识迁移到新的情境中,作出决策和解决问题的学习。通过翻转教学形态的研究,我们按照学习者对知识理解和掌握的程度,可以将学习分为简单学习和深度学习。简单学习和深度学习在现实中均占有重要地位。在布鲁姆的教育目标分类中,知道、理解、应用、分析、综合和评价也是一个由简单学习到深度学习的过程。

**案例:初中数学九年级下册混合学习背景下的"对勾函数的探究"**

(1)向导引领:学习途径——线上课程资源包。

在学习一次函数、反比例函数之后,又研究了二次函数,已经积累了一定的研究函数的方法和经验。研究方法是,通过列表、描点、连线的方法画函数图象。

(2)要点阐述:学习途径——线上课程资源包。

学习目标是面对一个陌生的函数时,运用已有的研究函数的方法和经验去研究它,通过画图、观察、比较、归纳的方法研究函数的性质;通过数学建模的方法用函数的性质解决实际问题。

主要内容是对勾函数的概念(表达式、自变量范围、函数值范围)→函数图象(画法、形状、特征)→函数性质(对称性、增减性、最值等)→函数应用(数学应用、生活应用)的探究,努力通过这节课的教学,让学生认识到"面对任何一个陌生的函数,都可以运用已有的思路、方法去研究它"等。

(3)线上学习:学习途径——课程资源包中在线微视频学习。

①学前先思,激活经验

回顾学习研究一次函数、反比例函数、二次函数的过程,总结研究函数的思路和方法,思考:面对一个陌生的函数,你将从哪些方面对它展开研究?你的方法是什么?

设计意图:在学生学习新知之前,教师以问题的形式,引导学生回顾总结研究

---

[1] 何玲,黎加厚.促进学生深度学习[J].计算机教与学,2005(5):29-30.

函数的一般思路和方法,激活已有知识和经验,生成解决问题的新智慧。

②创设情境,提出问题

a. 问题背景:若矩形的周长为1,则可求出该矩形面积的最大值。我们可以设矩形的一边长为$x$,面积为$S$,则$S$与$x$的函数关系式为:$S=-x^2+\frac{1}{2}x(x>0)$,利用函数的图象或通过配方均可求得该函数的最大值。

b. 提出问题:若矩形的面积为1,则该矩形的周长有无最大值或最小值?若有,最大(小)值是多少?

设计意图:通过创设问题情境,让学生在运用已有知识、经验解决问题的过程中提出新问题,并为学生类比原有解决问题的策略解决新问题打下伏笔。

c. 类比学习,建立模型

若设该矩形的一边长为$x$,周长为$y$,则$y$与$x$的函数关系式为:$y=2\left(x+\frac{1}{x}\right)$且$x>0$。于是,问题就转化为研究该函数的最大(小)值了。

设计意图:学生类比原有解决问题的策略,从实际问题中抽象建立数学模型,努力通过对数学模型的求解,从而解决实际问题。

(4)尝试运用:学习途径——在线平台。

自主探究,分析问题。

a. 实践操作:填写下表,并用描点法画出函数$y=2\left(x+\frac{1}{x}\right)(x>0)$的图象。

| $x$ | ... | $\frac{1}{4}$ | $\frac{1}{3}$ | $\frac{1}{2}$ | 1 | 2 | 3 | 4 | ... |
|---|---|---|---|---|---|---|---|---|---|
| $y$ | ... |  |  |  |  |  |  |  | ... |

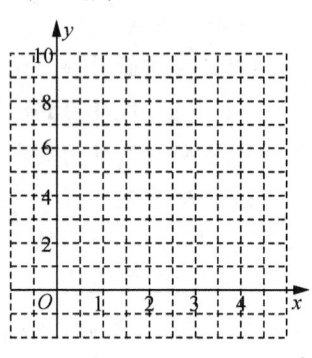

b. 观察猜想:观察该函数的图象,猜想当$x=$_____时,函数$y=2\left(x+\frac{1}{x}\right)$($x>0$)有最_____值(填"大"或"小"),是_____。

c. 推理论证:问题背景中提到,通过配方可求二次函数$s=-x^2+\frac{1}{2}x(x>0)$的最大值。你能通过配方求函数$y=2\left(x+\frac{1}{x}\right)(x>0)$的最大(小)值吗?

设计意图:教师以问题为载体,引领学生从"形"与"数"两个角度,自主探索,独立求解新函数的最值。

（5）评估反馈：学习途径——在线检测。

通过网络平台数据分析系统，将学生的尝试运用结果进行即时有效的反馈，从而帮助学生在实际学习中应用所学的新知能。

（6）互助互学：学习途径——课堂、面对面交流。

a. 小组合作交流，分享经验，共探疑难。小组成员先分别介绍自主探究过程中的收获，提出自主探究过程中的疑问，然后共同分析疑难问题。

b. 全班展示交流，相互补充，共同完善。各小组代表汇报小组交流达成的共识，以及还未解决的问题，然后共同解决疑难问题。

让学生在小组内和其他同学共同解决问题，加深对于新知能的理解。

（7）引领指导：学习途径——课堂面对面交流、个性化指导。

教师点拨指导，深化理解，拓展延伸。教师在学生汇报交流的过程中，通过引发深思的追问，触及问题的本质，激发学生的思考，并有意识将问题拓展延伸。

设计意图：通过小组合作学习，教师点拨指导，深化学生对问题的本质理解，让学生能综合自己与他人的经验，深化对新知的认识。

（8）变式应用：学习途径——智慧教室教学平台。

运用技术，拓展研究。运用几何画板探究下列函数的图象和性质。

（1）$y=x+\dfrac{1}{x}$；（2）$y=x+\dfrac{n}{x}$（其中，$n$ 为常数，且 $n\neq 0$）；（3）$y=mx+\dfrac{n}{x}$（其中，$m$、$n$ 为常数，且 $m\neq 0$、$n\neq 0$）

设计意图：教师指导学生借助几何画板探究陌生函数的性质，按照从简单到复杂，从特殊到一般的顺序展开，逐步触及问题的本质。同时，也渗透了研究问题的方法和思路。

数学是学生主动获取外部信息的过程，同时也是对自己内在现存信息的发展、梳理的过程。我们的作用应该是利用数学外部学习环境，促使学生进行交流、协作、对话等互动性活动。在互动中一旦发现学生对数学概念、法则、定理等的建构与数学概念、法则、定理等的本质之间存在差异时，他们便会修正自己的思维方式、方法、解题策略，以便与数学的本质趋同、吻合。不同的学生有不同的数学认知结构，对数学知识的建构就各异，对同一个问题常会表现出不同的理解。要使学生超越自己的认识，看到那些与自己不同的理解，看到事物的另外的侧面，就必须通过充分的合作和广泛的讨论，使理解更加丰富和全面。因此，我们要通过增进学生之间的协作来达到超越自己的认识局限性的目的，我们要为学生提供各种讨论和协作的机会，让他们充分地表达自己的见解，倾听并努力理解他人的想法，不断地对自己和他人的学习进行反思和评价。通过这种讨论、沟通和反思，使学生看到数学问题的不同方面,从而对数学知识产生新的洞察,全面地建构数学知识的意义。

## 二、让学习真实发生的策略

课堂教学的转型,从不同视角进行审视,将会得出不同结论。从教育哲学看,要给每个学生完整的学习权利,让他们有领悟、表达、质疑、批判的权利,以达到教学过程中的公平。从教育社会学看,需要进一步改善师生、生生关系,人际合作关系直接影响着教学效能的提高,许多学生喜欢某门课程往往与喜欢这门课程的老师和教学生态有关,只有学生喜欢了,才会真实地学习。从教学设计的逻辑结构看,要从以学科逻辑体系为线索,变成以学生的认知方式为线索的逻辑结构,只有这样才能利于真实学习的发生。从学生发展看,不能把所有的学生作为统一规格的知识接受容器,而应该视作各自不同个性的生命体,要充分激发学生学习的主动性,让个体生命自由、充分、全面、个性化地发展。课堂教学转型的根本目的还是为了学生的个性化发展,只有学生投入真实的学习之中,才能有发展的可能。

在大班授课的教育教学活动中,由于受集体活动形式、时间、内容、方法、教具等多方因素的制约,学习兴趣也受到了不同程度的压抑。另外,在班级授课的集体活动中教师要组织学习活动的整个过程,在内容集中、活动人数较多的情况下,要使全体学生各方面能力水平合适、充分地发挥,是不可能达到的。让学习真实发生,就是要让学生学习的积极性、主动性、创造性表现得特别充分。在学习活动中要增加学生自主活动的机会,促进多种能力的发展。我们要了解教学设计与学生学习目标的达成度,以及学生独立学习的能力,并通过有效的方式让学生知道自己学习的效果,对有的学生要进行必要的帮助和指导。我们要尽可能多地给学生人文关怀,帮助他们修正学习行为,以激发他们学习上的自觉性、主动性和创造性。

1. 先让个体性学习真实地发生

通过翻转教学形态的研究可知,传统意义上的学习内容被视为知识、技能,在某些情境下也包含态度,但在现实情况下,学习内容还必须在更为深远的范围内加以理解。内容维度的复杂性表明,学习不只是"同化学习"的简单方式,深度学习必定涉及特定程度上的"顺应学习"和"转换学习"。教学质量的提高关涉理解、洞见、连贯性和概括等,很自然地在教学中应当不断地引导学生试图用知识创造意义。在自觉学习形态中,十分关注在学习过程中逐渐显露的内容"元学习",即学习关于学习者自身,认识自己,理解自己的反应、倾向、偏好、优势和弱势等。"元学习"作为一种课程选择是有意义的、决定性的先决条件,学习者应当主动参与管理自己的生活,并主导自己的人生历程,这对其生涯规划管理呈现出特别的价值。让学习有效地发生,并不只是关注教学技术的"改良",而是要通过教师科学有效地引导,实现学生"本质力量"的释放,要让学生在学习过程中学会科学地思考和学会学习,要最大限度地释放出他们的创造力。

**案例**：在讲了"绝对值"的概念后，为了让学生进一步理解绝对值的概念，第一，应让学生理解绝对值的几何意义：一个数 $a$ 的绝对值就是在数轴上表示数 $a$ 的点与原点的距离。第二，应让学生理解绝对值的代数意义：一个正数的绝对值是它本身，一个负数的绝对值是它的相反数，零的绝对值是零。第三，应让学生理解绝对值的数学符号表达式 $|a|=a(a\geqslant 0)$；$|a|=-a(a<0)$。下列变式题可以使学生个体加深对绝对值概念的理解。

**例题**：判断下列语句是否正确。

（1）没有绝对值是－3的数；

（2）绝对值是它本身的数是0；

（3）任何有理数的绝对值都是正数；

（4）0是绝对值最小的数；

（5）如果两个有理数不相等，那么这两个数的绝对值也不相等；

（6）任何有理数的绝对值都大于它本身。

**启示**：在传统的数学概念教学中，教师往往只注重对概念的传授，而忽视对概念背景的介绍与对学生认知结构的分析，不能使学生从多个侧面、多个角度去理解概念，也就不能正确分析数学概念的本质属性与非本质属性。

在自觉教学形态中，教师必须遵循学生的知识、能力和情感组成的逻辑链生长的规律。学科教学的结果不仅是让学生学会拿着"提货单"到"知识仓库"里去"提货"，更应学会拿着有自己的方法体系的"智慧工具箱"，对遇到的问题能从不同的角度去理解它，并创造性地去解决它。一堂好课一定是"让学习真正发生"的课，应当呈现出"教师导学导思，学生情趣盎然；学生深度参与，实现自主建构；课堂生动活泼，产生积极生成"的生动局面。

2. 让多维促进性学习真实地发生

在自觉教学形态的研究中，我们发现，课堂教学不仅是"教师教，学生学"，实际上是"人人教，人人学"，其本质是"教师引领性学习、同伴互助性学习和个人反思性学习"的有机结合，它试图将班级学习、合作学习和自主学习的优点结合起来，既能体现教师集中授课，又有一定的协作学习，还能兼顾学生独立钻研，这种教学组织形式是一种综合的教学组织形式。"人人教，人人学"实质上是一种互助反思性学习。互助反思性学习是一种以学生为中心，以小组为形式，为了共同的学习目标共同学习，互相进行反思性思辨促进，达到共同提高的一种学习方式和教学策略。互助反思性学习包括"师生互助互学"和"生生互助互学"两种基本方式，通过学生表现性学习，促进自我和他人内化知识、提升智慧，达到互惠学习效果，突出学生的发展性主体地位，这样的课堂是相信学生，解放学生，激发潜能去发展学生的课堂。

## 从"翻转教学形态"走向"自觉教学形态"
——以初中数学教学现实为例

**案例:苏科版数学教材八年级下册"9.1 反比例函数"教学片段**

**问题1**:用函数关系式表示下列情景中两个变量之间的关系。

(1) 游泳池的容积为 5000 m³,向池内注水,注满水所需时间 $y$(h)随注水速度 $x$(m³/h)的变化而变化;

(2) 某企业为资助贫困学生向教育部门捐赠 20 万人民币,平均每位贫困学生获赠款额 $y$(万元)随获赠学生的人数 $x$(人)的变化而变化;

(3) 实数 $m$ 与 $n$ 的积为 $-78$,$m$ 随 $n$ 的变化而变化。

**生1**:上面三个题目的函数关系式分别为 $y=\dfrac{5000}{x},y=\dfrac{20}{x},m=\dfrac{-78}{n}$。

**师**:很好,请同学们观察上面三个式子 $y=\dfrac{5000}{x},y=\dfrac{20}{x},m=\dfrac{-78}{n}$,它们具有哪些共同特征?你能否用一个一般的式子表达出来?

**生2**:都有两个变量。

**生3**:都是函数。

**生4**:函数的右边都是一个分式。

**生5**:都可以写成 $y=\dfrac{k}{x}$,其中 $k$ 为一个常数。

**师**:函数 $y=\dfrac{k}{x}$ 有意义,对这些字母有哪些要求?

**生6**:其中 $k\neq 0$。

**生7**:自变量 $x\neq 0$。

**生8**:应变量 $y\neq 0$。

**师**:你能否对这种函数下个定义呢?

**生9**:一般地,形如 $y=\dfrac{k}{x}$($k$ 为常数,且 $k\neq 0$)的函数叫作反比例函数。

师生共同完成反比例函数的概念地图,如图 4-3 所示。

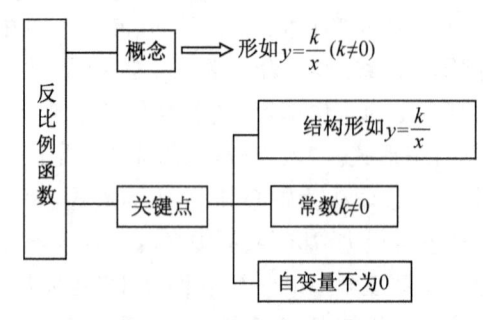

图 4-3 反比例函数的概念地图

启示：①概念形成是从具体的实物出发,忽略概念的非本质特征,抽象出概念的共同本质特征,考察的是每一事例的部分突显的属性。"一个实例"不能归纳出反比例函数的本质属性,只有从"丰富的实例"出发,从感觉、知觉角度接触概念,引导学生去类比、发现和归纳,阐明概念的共性和特性,提高认知结构的清晰度,找出"概念的内涵",尝试给新概念下定义,学生才能注意到它反映了什么样的实际东西,就不至于觉得概念是一个空洞的词句,从而能比较主动地接受新知识,也就更容易在原有的认知结构中得以"同化"与"构建"。②图解教学法的运用：用直观的图解,可以让学生搞清楚抽象的数学概念、定理、公式,科学地实现了知识的可视化,化深为浅、化繁为简、化抽象为形象,从根本上提高学生对数学的理解力。

**问题1**：下列关系式中的 $y$ 是 $x$ 的反比例函数吗？如果是,比例系数 $k$ 是多少？

① $y=\dfrac{4}{x}$　② $y=4-x$　③ $y=\dfrac{1}{4x}$　④ $xy=4$　⑤ $y=4x^{-1}$　⑥ $y=4x$

(学生自主探究,教师巡视指导)

**师**：请同学们来说一下自己的想法,并讲解其要点。

**生10**：①③④⑤是反比例函数,比例系数 $k$ 分别为 $4、\dfrac{1}{4}、4、4$；②⑥不是一次函数。

**师**：②⑥分别是什么函数？

**生11**：②为一次函数；⑥为正比例函数。

**师**：反比例函数除 $y=\dfrac{k}{x}$ 以外,还有哪些表达形式？

**生12**：$y=kx^{-1}(k\neq 0)$

**生13**：$xy=k(k\neq 0)$

**师**：请说出函数、一次函数、正比例函数、反比例函数之间的关系。

**生14**：正比例函数是一次函数的特例,一次函数、反比例函数是函数中的两种不同的函数。

师生共同完善结构分析图,如图4-4所示。

启示：在概念学习中,正例变式有利于"丰富"概念,反例变式有利于"纯洁"概念,从而尽可能避免非本质属性泛化的错误,使数学概念的概括精确化。这个教学片段的作用是帮助学生理清所学函数概念之间的关系,并让学生领悟函数 $y=\dfrac{k}{x}$、$y=kx^{-1}$、$xy=k$ 三者之间的等价关系,提高了"反比例概念教学"的有效性。

**问题2**：判断两个变量之间是否为反比例函数。如果是,指出比例系数 $k$ 的值。

(1) 一名工人每小时能加工零件个数为10个,加工零件的总数 $y$(个)随加工

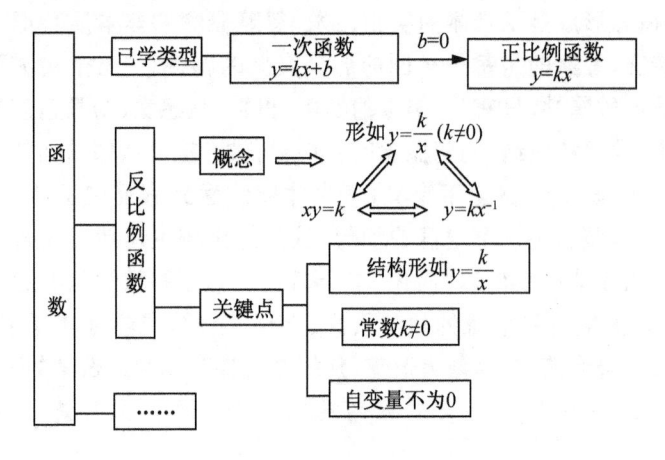

图 4-4 结构分析图

零件的时间 $x$(h)的变化而变化。

(2) 某村有耕地面积 200(亩),人均占有耕地面积 $y$(亩)随人口数量 $x$(人)的变化而变化。

(3) 三角形的面积为 5 cm², 底边 $a$(cm)随底边上的高 $h$(cm)的变化而变化。

(4) $xy+2=0$。

(5) $xy=0$。

**生1**:第(1)题中的 $y$ 与 $x$ 的关系式是:$y=10x$,不是反比例函数。

**生2**:第(2)题中的 $y$ 与 $x$ 的关系式是:$y=\dfrac{200}{x}$,是反比例函数,比例系数 $k$ 为 200。

**生3**:第(3)题中的 $a$ 与 $h$ 的关系式是:$a=\dfrac{10}{h}$,是反比例函数,比例系数 $k$ 为 10。

**生4**:$xy+2=0$,可以变形为 $y=\dfrac{-2}{x}$,是反比例函数,比例系数 $k$ 为 $-2$。

**生5**:$xy=0$,不是反比例函数,$k$ 应不为 0。

**启示**:在以上两个例题的学习过程中,学生学会了对反比例函数的各个侧面进行全部的审视,找出与概念本质属性是否相符的全部属性,然后判断"具有"或者"不具有",忽视其中的任何一个小小的侧面,都有可能发生失败或者错误。从思维方式来看,概念形成是一个"聚敛型"思维,概念运用是一个"发散性"的思维,本课例在这个阶段避免了概念的使用范围狭窄,使概念在运用中获得丰富的拓展,拓展了反比例函数概念的结构、空间或范围(即概念的外延)。

## 三、让学习真实发生的机制

国际著名数学教育家弗赖登塔尔指出:"学生学习数学的唯一正确方法是实行再创造,也就是由学生个人把要学的东西自己去发现或创造出来。老师的任务是引导学生帮助学生去进行再创造,而不是把现成的结论灌输给学生。"从数学学科的特点看,重视知识的发生发展过程,就是将学生所学的数学知识——前人思维的结果,让学生"自然地吸收",而不是进行"粗暴地灌输";必须通过学生的思维活动,把前人的思维结果化为他们的思维结果,也就是重视学生的自主"建构"。

通过翻转教学形态的研究,我们发现促进学生有效学习的条件有以下方面:①注意与预期:当面对新的学习任务时,学生必须保持一定的唤醒状态,时刻保持对外部信息的注意;对学习结果的预期是学习动力的重要源泉。②知识与经验:有效学习的一个前提条件是学生必须对进入感觉登记的信息进行筛选,若缺乏原有的知识,新信息则不能被有效加工。③新旧知识的联系与编码:影响学习的两个关键因素,一是新知识内部的联系,二是新知识与原有知识的联系,包括与生活经验的联系。④学习策略与元认知:学生的认知策略和元认知水平是影响学习效率的重要条件。简言之:①发生"兴趣",是学习的起点;②发生"方法",是学习的原点;③发生"思维",是学习的力点;④发生"元认知",是学习发生的远点。

让学习真实发生的机制有以下方面:①让学生获得积极的情感体验。我们必须把培养学生的创新精神和实践能力作为出发点和归宿,变"讲授"为"合作与交流",变"接受"为"探究",变"被动"为"主动",让学生在主动参与中和教师一起探究问题,获得知识,在活动与实践中提高能力,体验情感,端正态度。要尊重学生、理解学生,多给学生以关爱和赞美;同时以自己的良好情绪感染学生,把学生带入一个春风化雨的教育环境,培养正确的情感态度价值观,让学生获得积极的情感体验。②开展有效的小组合作。我们通常采用异质分组,即把全班同学按学习成绩均衡地进行分组,做到组间同质,组内异质。小组有效互教互学的结构是拼盘式的,小组成员在学习层次、性格特点、性别等方面存在着差异,这样有利于互帮互助,有利于小组成员的均衡发展和整体发展。通过小组有效互教互学的开展,在培养学生的学习兴趣,养成学生良好的学习习惯,提高学生的学习能力等方面都有很大的提升。③提升学生分析思辨的能力。在学习中,如果学生的思维没有有效地深入参与,我们却当"裁判员"和"解说员"的话,那么学生就会处于被动接受地位了,其本质上仍是灌输式的教学方式,不利于学生的智能培养。因此,我们要不失时机地提升学生分析思辨的能力和批判的精神,才能使学生的学习不断地走向深入。④构建认知冲突。在学习过程中,我们需要设计挑战性的问题或情景,引发认知冲突,激发学生持久的兴趣和不竭的探究动力,营造良好的探究氛围,从而激活思维。我们不需要把问题结果过早地展示清楚,而要让学生自己去解决这些问题、探究出问题冲突的根源,这样可使学生思维遭遇挫折,经受锻炼,以培养学生主动探究的能力。

如何让学习真实而有效地发生,在自觉教学形态的研究过程中,有时我们要提供个性化的课程,让学生有对课程进行选择的权利,先通过个性化的个体学习,再在交流过程中进行丰富和完善,从而达到让学习真实而有效地发生的目标。下面举一个例子。

**案例:八年级数学"7.7 一元一次不等式与一元一次方程、一次函数"学习方案**

在苏科版数学教材八年级下册"7.7 一元一次不等式与一元一次方程、一次函数"这一节的内容安排中,编者试图通过弹簧悬挂重物和蜡烛燃烧两个一次函数应用题来让学生"体会一元一次不等式与一元一次方程、一次函数的内在联系"。在教材所呈现的解题过程中,对"内在联系"也没有深刻地揭示,这个教学内容的体例安排对学生的认知来说"台阶高了"。为了使每个学生在新知学习中能平稳过渡,我采用分层和分段相结合的方法,对班上的学生进行了个别化学习指导。

(1) 制定学习目标

目标定位:通过对一次函数图象和性质的复习,对一次函数图象与 $x$ 轴交点意义的研究,理解和掌握一元一次不等式与一元一次方程、一次函数的内在联系。

微课程表:①一次函数与相应的一元一次方程、一元一次不等式之间的关系;②一次函数与相应的一元一次不等式组之间的关系;③学习自主解决教材中的例题、习题等。

学习进度:课程资源发布在虚拟数学学习社区,用碎片时间学习,两天内完成。

(2) 选择课程资源

课程一:探究一次函数与相应的一元一次方程、一元一次不等式之间的关系。
课程资源:有问题导学单、微课程视频、进阶检测等。

### 进阶检测单一

1. 在平面直角坐标系中,作出一次函数 $y=2x-4$ 的图象,并根据图象填空。

(1) 当 $x$ _____ 时,$y>0$;(2) 当 $x$ _____ 时,$y=0$;(3) 当 $x$ _____ 时,$y<0$;

问题变式:

(1) 当 $x$ _____ 时,$2x-4>0$;(2) 当 $x$ _____ 时,$2x-4=0$;(3) 当 $x$ _____ 时,$2x-4<0$;

对问题变式前后进行比较后,你有什么发现?

2. 在平面直角坐标系中,作出一次函数 $y=-2x-4$ 的图象,并根据图象填空。

(1)当 $x$ _____ 时，$-2x-4>0$；(2)当 $x$ _____ 时，$-2x-4=0$；(3)当 $x$ _____ 时，$-2x-4<0$。

比较以上两题中不等式解集的取值方法，有什么异同？是什么原因导致的？

(4)当 _____ $<x<$ _____ 时，$-2<y<6$；(5)当 _____ $<y<$ _____ 时，$-2<x<6$。

设计意图：借助学生已有的知识，通过问题变式让学生顿悟"一元一次不等式和一元一次不等式组与一次函数之间的内在联系"。

通过网络学习平台检测的同学进行下一步学习，检测不过的学生进行自我修正，或与同学交流，或请求老师的帮助。

3. 安排学习环境。学生可以在家或学校或其他地方，用手机或电脑或iPad，学生可以选择在学校与同学交流，或在家与家长交流，也可以在线与同学、老师交流。

4. 进行学习评估。这里是通过进阶检测了解学生学习目标之达成度和独立学习的能力，检测通过的同学进行下一课程的学习，在实际过程中，有两位学生未通过，我给予了他们必要的帮助和指导。

5. 修正学习行为。针对这两位学生，我提示了一次函数的图象与 $x$ 轴交点的实际意义，要关注数形结合的数学思想。

**课程二**：自主探究一次函数与相应的一元一次不等式组之间的关系。

**课程资源**：有问题导学单、微课程视频、进阶检测等。

### 进阶检测单二

1. 在同一平面直角坐标系中，作出一次函数 $y_1=2x-4$ 和 $y_2=-x+5$ 的图象，并根据图象填空。

(1) 两个一次函数的交点坐标是( _____ , _____ )；

(2) 当 $x$ _____ 时，$y_1>y_2$；(3) 当 $x$ _____ 时，$y_1=y_2$；(4) 当 $x$ _____ 时，$y_1<y_2$；

问题变式：

(1) 当 $x$ _____ 时，$2x-4>-x+5$；(2) 当 $x$ _____ 时，$2x-4=-x+5$；(3) 当 $x$ _____ 时，$2x-4<-x+5$；

通过以上问题变式，你有什么感悟？

从图象中观察出不等式组 $\begin{cases} 2x-4>0 \\ -x+5<0 \end{cases}$ 的解集为 _____ 。

设计意图：突破学生进行不等式解集取值的思维定式，让学生深度了解"内在联系"，为学生的后续学习奠基。

通过网络学习平台检测的同学进行下一步学习，检测不过的学生进行自我修正，或与同学交流，或请求老师的帮助。

**课程三**：学习自主解决教材中第26～27页的例题、习题等。

**注意事项：**

(1)在探究一元一次不等式与一元一次方程、一次函数的自主学习过程中，你还有什么困惑？请在留言板块中留言，或当面请教同学、老师，并请关注老师和同学对留言的答复。

(2)你若有更好的关于这个内容的学习资源，请上传到本课的学习资源平台上，与同学们共享。

在这个个别化学习过程中，通过学生对已掌握的作一次函数图象入手，由浅入深，通过问题变式和做中感悟，使学生自觉"体会一元一次不等式与一元一次方程、一次函数的内在联系"，有了由浅入深的三个课程的奠基，学生对新知的学习较为顺畅。

自觉教学形态强调：有效的数学学习，需要通过高效的知识呈现方式来打破认识上的封闭性，养成思维的严谨性、深刻性、求异性、创新性和批判性；提高学生学习策略的运用水平，激发学生的学科自我发展期望。真正能培养学生创新精神和实践能力的活动必须是学生自主的活动，必须有深刻的观察、想象、假设、推理、探究等高层次的思维活动的加入，才能使学生的学习由指令性训练向自主性发展转变。

让真实的学习在课堂里有效地发生，是一种朴素的教学理论和策略，旨在回归教育教学的本真，它能够促进师生教学相长，促进学生之间相互交流和共同发展，使学生体验到与人合作的必要性以及自己需要学习，更需要向别人学习和在别人的帮助下发展的重要性。培养学生互帮互助、互敬互爱、团结合作的品质是新课程改革的要求。实践证明，只有让学习真实而有效地发生，学生学习的积极性、参与性才会提高，课堂才会有朝气和活力，学生才会认真思考，才会有学习的自信。

数学素养教育是一种自然存在。历经20年的新课程改革，我们应该从迷茫走向明朗、从浮躁走向理性。新课程改革的成功并不是关注一些平面的、静止的物化成果，而是要关注立体的、动态的、多元的成果，要关注学生的学习行为的变化，特别要关注学习品质的不断提升。

# 第五章　自觉学习品质

进入21世纪以来，这个世界发生了很大的变化，"为了使每一个学生终生成长"已成为时代的命题，其主阵地是课堂。数学素养教育要用"以学生发展为本"的角度去健全学生的人格，还原和超越学生的生活世界，否则落后的、非人本的数学教育痕迹将会在学生的心灵深处留下阴影，也会影响整个民族的发展。社会上的"高能耗"我们会口诛笔伐，可课堂中的"矿难"和"高能耗"却往往不为人知。我们对数学教育教学真谛的认识常常受到我们所处时空的限制，数学教育理论和新课程理论中也不乏真知灼见与谬误并存的现象，事实已经证明并将继续证明"高效数学课堂"要历经长期性、复杂性和艰巨性的考验。

当下的数学教育教学中，很多时候都表现出"泛功利化"的心态，为"考"而教，教条地、机械地"死扣"课标和教材，追求"麦当劳"似的"快餐"教育，使课堂中的自主、合作、探究的学习方式流于形式。我们不得不思考，在多年的教学中，我们发现很多学生中考的数学成绩很好，不过这些成绩的取得都是靠重复训练得来的，学生的思维水平大都停留在概念性理解的层面，没有达到关系性理解——深度理解的层面，也就是说，在中考数学成绩的一片大好形势下，数学素养教育只是"浅层次达标"。

自觉教学形态强调：在"以学为中心"的教与学的过程中，当教与学发生冲突时，我们需依据学生的学习需求修正教学过程，保证所有的教学活动都是促进学生学习的活动。"以学为中心"的教学过程应是依据学习过程来进行设计的，实现学习过程与教学过程的有机统一，可以保证教学过程按照学生的学习特征开展，从而促进学习。用"以学习为中心"的理念来组织数学学习活动，并不是只要"学"而忽略"教"，而是要通过更高水平的"教"来促进学生的"学"。要通过"学"与"教"的相互促进，真正实现教学相长，师生共同成长的目的。近几年来，我们一直在进行从翻转教学形态走向自觉教学形态的研究，我们不断地进行研判学习材料、学情特征、学习规律、学习组织、学教关系、学习评价等的研究，是要让课堂教学从学教规划、空间结构、时间秩序及活动流程都要发生根本的变化。

自主性、能动性和创造性是人的本质属性。"适合的"数学素养教育应是一个有着坚定"价值内核"的生态系统,一定是一个能够解放学生,教会学生进行自觉性学习,释放学生本质潜能,唤醒学生自觉成长,把学生发展为"人格健全、创造智慧"的人的教育。

## 第一节 自觉性学习概念

面对数学教育形势的发展,我们组织数学学习活动的策略也应该有相应的转变。学生的学习习惯与学习品质是密不可分的,良好的学习习惯是良好学习品质的基础,良好学习品质是良好学习习惯的必然体现。数学学习品质是学生在数学学习过程中体现出来的精神风貌和个性风格,反映一个学生的学习水平、学习境界以及对个体学习状态的评价。数学学习品质表现为学生对数学学习是否热爱,是否能端正态度、明确目标、坚持不懈、始终如一地从事数学学习活动,在数学学习活动中是否勇于克服困难、不畏艰险、灵活机智、开拓创新、科学高效、全面发展等。数学学习品质是学生在数学学习过程中形成并得以发展的,它的实质是学生的非智力因素特征和智力因素相统一在数学学习上的表现。良好的数学学习品质会使学生永远保持一种良好的进取状态,使学生的智力系统处于最佳的发挥水平,并不断激发学生开发自身的潜能素质,使数学学习过程变成学生心理成熟和人生优化发展的过程。

学生良好的学习态度、学习能力和学习行为的提高过程是一个长期发展的艰苦而又漫长的过程,也是磨炼学生意志、性格、品质的过程。因此,我们要在学生的优秀数学学习品质习惯养成方面进行严格规范、细致指导、耐心培养,这显得十分重要,这也是使学生学会学习、形成学习能力和取得所期望的学业成就的基本保证,也是改变学习方式的重要前提。数学学习品质是影响一个学生提高数学学业成就的最主要因素,在初中阶段培养学生的数学学习品质尤为重要和关键。学生的数学学习由重独立探究转为更重学习共同体的建设,让学生走出老师权威中心,由重逻辑思维转为合情推理、逻辑推理和随机观念并重等;还要重视教师与学生、学生与学生之间的社会性相互作用,强调协作学习、交互式学习活动;要使学生超越自己的认识,看到那些与自己不同的理解,看到事物的另外的侧面。而通过协作和讨论,可以使学生相互了解彼此的见解,看到自己抓住了哪些,又漏掉了哪些,从而形成更加丰富的理解,以利于学生数学学习经验的广泛迁移。

## 一、自觉性学习的内涵

在从翻转教学形态走向自觉教学形态的研究过程中,我们发现在知识经济全球化和信息化的当下,我们的数学教学必须聚焦"核心素养"的有效落地,必须打通课程改革的"最后一公里",特别要关注学生的建构力、创新力、批判力、协作力、自组织力和信息素养等关键能力和必备品质的培育,特别要关注脑与认知科学在教育教学中的应用,能使学生在非结构化的深层中发展高阶思维,能结构化地进行知识建构,能将知能进行有效的迁移应用,做真实问题的创意解决者。我国的学者庞维国说过:"我们要让学生做到建立在自我意识发展基础上的'想学';建立在学生掌握了一定的学习策略基础上的'会学';建立在意志努力基础上的'坚持学'。"

为了适应当前数学素养教育教学形势的发展,我们提出了"自觉性学习[①]"的学习理念,其界定如下:①自觉性是指个体自觉自愿地执行或自主自愿地追求整体长远目标任务的程度,即在由责权意识引发下,所形成的自我效能感与利益心理的对立统一体。②自觉性学习是指学生在具有学习自觉性的基础上,能够自觉地用来提高学习成效的谋略,在学习过程中所表现出来的学习的能动性、创造性、开拓性和自组织学习能力,特别关注自知之明、自治之能、自省之意和自强之力的造就。自觉性学习的基本特征是:学习者对自身的成长和学习有较高的价值认同;能参与确定对自己有意义的学习目标的设计,并制定学习进度的规划,参与目标达成度评价检视体系建构;学习者对目标的达成进行优劣势分析,积极发展各种思考策略和学习策略,有较强的自组织能力,在解决问题中学习;学习者在学习过程中有积极的情感、内驱力、自我效能感和发展期望的支持,能从学习中获得积极的情感体验和学科自信;学习者在学习过程中对认识活动中学习失败的风险能够进行自我监控,并做出相应的调适和完善等。

自觉性学习要使学生的主要学习品格特性得到成长,是其学习素养的基本内核,这种学习素养体现在有主体性、主动性、上进心、判断力、独创性、自信心等,也表现为有自我控制、自律性、责任感等。当"我要学"愿意去学,也"能学"时,自觉性学习要求学生对为什么学习,学习什么,如何学习,学得怎么样等问题有自觉的意识和反应,这突出表现在学生对学习的自我调整、自我指导、自我强化上。即在活动之前,学生能够确定学习目标,制订学习计划,选择学习方法;在学习活动中,能对自己的学习过程、学习态度、学习行为进行审核,自我调节;在学习活动之后,能对自己的学习结果进行自我检查,自我总结,自我评价和自我补救。自觉性学习品

---

[①] 此为江苏省教育科学"十三五"规划立项课题"促进自觉性学习有效发生的行动研究"(立项编号:D/2020/02/15)的研究成果之一。

质简单地表述为：①能正确评估自己的认识、技能、态度优势与缺陷，特别是能找到自己的不足，确定学习目标。②制订可行的学习计划，并有阶段检视的规划。③多途径、多策略地学习。④在学习过程中做好自我控制、反馈、调整。学习时要学会控制自己的情绪、兴奋状态等，对所学知识作自我反馈，评价学习效果。对学习行为等进行调整，以做到学习效用最大化。⑤及时总结、复习。根据记忆遗忘曲线，对知识进行复习。（6）在学习过程中获得积极的情感体验，在不断的实践中提升能力。

我们提出自觉性学习的意义主要有以下几个方面：①致力于改变常态教学形态。利用促进学生自觉性学习有效发生来改革常态课堂，使其课堂教学中的师生关系、教学策略、教学品质等得到优化，提高课堂教学效率。②致力于教学行为的转型与创新。真正实现从"以教为中心"走向"以学为中心"，用"以真学定真教"来帮助教师进行教学行为的转型与创新。③致力于提升学生学习和思维品质。切实促进学生学习的能动性、创新性、拓展性和自组织等现代学习策略运用水平的提升，并在知（知识技能）、能（学习能力、思维能力、创造能力等）、情（情感态度、毅力、动力等）等优效学习诸因素的发展上明显提高，增强学生自组织学习能力和学习能动性的提升，促进优秀学习品质的形成。

## 二、自觉性学习发生机制

数学学习是学生主动获取外部信息的过程，同时也是对自己内在现存信息的发展、梳理和输出的过程。我们的作用应该是利用数学外部学习环境，促使学生进行交流、协作、对话等互动性活动；在互动中一旦发现学生对数学概念、法则、定理等的建构与数学概念、法则、定理等的本质之间存在差异时，要即时修正学生的思维方式、方法、解题策略，以便与数学的本质趋同、吻合。不同的学生有不同的数学认知结构，对数学知识的建构各异，对同一个问题常会表现出不同的理解。要使学生超越自己的认识，看到那些与自己不同的理解，看到事物的另外的侧面，就必须通过充分的合作和广泛的讨论，使理解更加丰富和全面。因此，我们要通过增进学生之间的协作来达到超越自己的认识局限性的目的，我们要为学生提供各种讨论和协作的机会，让他们充分地表达自己的见解，倾听并努力理解他人的想法，不断地对自己和他人的学习进行反思和评价。通过这种讨论、沟通和反思的自觉性学习，使学生看到数学问题的不同方面，从而对数学知识产生新的洞察，全面地建构数学知识的意义。

实践证明，高效的课堂一定是"让自觉性学习真实而有效地发生"的课堂，应该会出现"教师以教引学，学生情趣盎然；让学生进行有效参与，实现自主自觉建构，促进有效生成"的喜人局面。我们认为，自觉性学习发生的机理有如下几个方面：

①教学过程中必须让学生从浅层学习(识记、理解、应用)走向深度学习(分析、评价、创建),还必须有深刻的观察、想象、假设、推理、探究等高层次的思维活动的加入。②在教学过程中必须关注学生学习的自主性、自觉性、能动性、创新性和自组织等能力的培养。③教学过程中必须有效地促进学生的学习品质向能力型、智力型、开放型转化,去创建新型的有效学习策略和方式。

促进自觉性学习"真实发生"的机制在于:①落脚点——有证有据,真情实境。在教学中用与生活紧密联系的真情境作为切入口,要用基于证据的真问题作为切入源,让学生在接受新知前有一种积极的情感体验。②着眼点——深度参与,有效思辨。要引导学生深度思考、有效参与,充分利用良性差异互动,积极合作交流、有效思辨。教师起到导思、导学、导行、导悟和导向的作用。③生成点——揭示本质,自觉建构。要适性而教,要充分推进真实学习的有效发生,让每个学生都成为新知的发现者和建构者。④着力点——灵活多变,掌握规律。要让学生获得整体的、灵活的知识和能力,能够举一反三,在静止中看到变化,在变化中发现规律。

1994年,我从农村中学调入江苏省华罗庚中学后,带了一个初二年级的"后进班"。和学生相处两个星期后,我发现他们非常可爱,我很喜欢他们,唯一遗憾的是数学考试成绩不佳,他们不仅基础差,习惯也差,更谈不上学习方法,但他们搞各项活动很有创造性。这样的学情改变了我的原有教学行为,课堂上讲慢一点,帮助学生学会阅读和分析,并在核心概念的教学中注意"以旧引新"和"引新带旧",由于放慢了教学节奏,课堂上的例题不可能多讲,怎样才能发挥仅有的例题的教学功能呢?凭着我扎实的基本功,我把例题的条件变一变,或把结论变一变,或把背景变一变等,再问学生变后对这道题有什么感悟等,一段时间后,我发现学生的基础加强了,学会分析了,应变能力提高了,到第一学期的期中考试时已经摘掉了"后进班"的帽子。这件事使我认识到,课堂教学中要关注学生的课堂生存方式以及学习生活的质量问题,关注作为人的心智的合理与健全的发展需要。我一直将我的这种教学行为保持到他们初中毕业,并将自觉性学习方法介绍给他们,通过两年的努力,他们参加中考的数学成绩的各项指标都名列我市前茅。这让我明白了一些道理:教育的逻辑并不是知识的逻辑,学生的身上"天生"就有"本质潜能",教学就是用科学的方法唤醒他们将这种"潜能"释放出来,特别要激活自觉性学习的潜能。

在以后的几年中,我一直保持这样的教学风格,学生非常喜欢上我的课,因为"作业不多,新颖有趣,灵活多变",校长也号召老师们学习我的这种"教师下题海,让学生荡轻舟"做法。我所教学生的分析能力、应变能力和思辨能力都很棒,中考数学成绩的各项指标都一直位居全市前列,全教研组同事尝试运用我的这种"加强自觉性学习指导"的教学策略,他们也取得了良好的教学效果。

这个实例告诉我们,促进自觉性学习"真实发生"的关键,是在教学活动过程中实现有效的"以教引学,以学促教",进行针对差异的变"教"为"导"、变"听"为"学",促进发展性主体学生进行自觉体悟、领悟和感悟,通过适当的帮扶引领和有效的学教互动,能充分发挥学生的主观能动性,让学生学会科学有效地思考,促进学生自觉性学习水平和能力的有效提升。因而,我们要让每一节数学课都能踩着学生的兴奋点,让他们都带着一种新奇的渴望,去求证、争论他们的关注点。我们要创设一个充满浓厚的思辨色彩的课堂,不断地唤醒、激发、呵护,使学生在不受未经审察的常规和习惯的羁绊下进行独立的思考,数学学习的关键在于充分激发学生的潜能,让他们的思想生辉。我的这些教学成功的奥秘是通过教师的有效引领以及学生自身的努力,自觉地观照思维活动,让自觉性学习"真实地发生",学生在学习过程中通过有效的独学、对学、群学、展学和创学,获得持久的智慧生长动力。

## 三、自觉性学习行为

西方哲人认为,数学是过程,是活动,学数学就是做数学,就是去解决一个问题,获得一种体验。可见,学生的数学学习不应该只是一些刻板的知识的传授,数学学习归根到底是通过丰富的数学活动来发展学生的分析问题和解决问题的能力以及对事物的理解力。我们要重视对学生的数学学习过程的创设,要给他们充分的时间和空间去尝试、探索问题,提升他们的数学思维品质和学习品质。学生从小学到初中,学习科目由少变多,知识内容由浅变深,数学知识更是从具体发展到抽象、从数字发展到符号、由静态发展到动态……这些都会使学生的数学认知结构、学习态度等发生根本变化,也直接影响着学生数学学业成就的优劣。因此,我们要关注学生的数学学习态度、学习习惯、学习方法和思维方法的优化跟进,更要关注学习行为的有效转变。

自觉性学习行为旨在唤起学生自主学习的意识,在完成必要的知识、技能、能力和策略学习目标的同时,形成学生的自觉性学习的能力。自觉性学习能力是学生各种学习能力中最重要的学习能力,它可以使学生学会学习,甚至是学会终身学习。在传统的课堂上,教师的行为是"带着知识走向学生";而在自觉教学形态背景下的课堂上,教师的行为将是"带着学生走向知识和智慧"。之所以要这样,是因为教师不仅要教会学生知识,更要教会学生学习;之所以能够这样,是因为学生可以在自觉教学形态背景下的课堂上形成并提高学生自觉性学习的能力。学习行为一般体现在以下三个方面。

①获得知识、技能的行为:如阅读、问答、讨论、评判等;②综合性学习活动:通过学习自主培养自由、独立思考精神以及情感和价值观;③评价学习行为的要素:学习态度、方法、过程、效果。我们对具体的自觉性学习行为的主要关注要点,如图5-1所示。

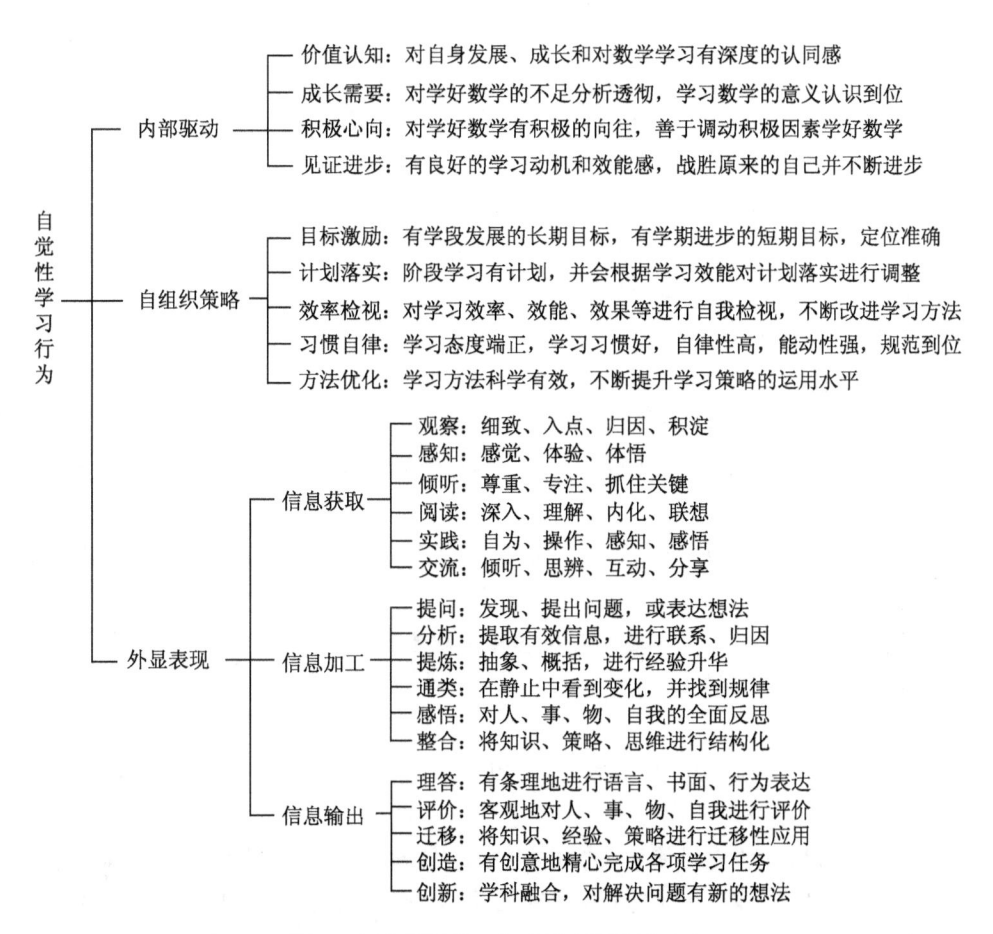

```
                      ┌ 价值认知：对自身发展、成长和对数学学习有深度的认同感
              ┌ 内部驱动┤ 成长需要：对学好数学的不足分析透彻，学习数学的意义认识到位
              │       │ 积极心向：对学好数学有积极的向往，善于调动积极因素学好数学
              │       └ 见证进步：有良好的学习动机和效能感，战胜原来的自己并不断进步
              │
              │        ┌ 目标激励：有学段发展的长期目标，有学期进步的短期目标，定位准确
自             │        │ 计划落实：阶段学习有计划，并会根据学习效能对计划落实进行调整
觉             ├ 自组织策略┤ 效率检视：对学习效率、效能、效果等进行自我检视，不断改进学习方法
性             │        │ 习惯自律：学习态度端正，学习习惯好，自律性高，能动性强，规范到位
学             │        └ 方法优化：学习方法科学有效，不断提升学习策略的运用水平
习
行             │                 ┌ 观察：细致、入点、归因、积淀
为             │                 │ 感知：感觉、体验、体悟
              │        ┌ 信息获取┤ 倾听：尊重、专注、抓住关键
              │        │        │ 阅读：深入、理解、内化、联想
              │        │        │ 实践：自为、操作、感知、感悟
              │        │        └ 交流：倾听、思辨、互动、分享
              │        │
              │        │        ┌ 提问：发现、提出问题，或表达想法
              │        │        │ 分析：提取有效信息，进行联系、归因
              └ 外显表现┤ 信息加工┤ 提炼：抽象、概括，进行经验升华
                       │        │ 通类：在静止中看到变化，并找到规律
                       │        │ 感悟：对人、事、物、自我的全面反思
                       │        └ 整合：将知识、策略、思维进行结构化
                       │
                       │        ┌ 理答：有条理地进行语言、书面、行为表达
                       │        │ 评价：客观地对人、事、物、自我进行评价
                       └ 信息输出┤ 迁移：将知识、经验、策略进行迁移性应用
                                │ 创造：有创意地精心完成各项学习任务
                                └ 创新：学科融合，对解决问题有新的想法
```

图 5-1　自觉性学习行为的主要关注要点

## 案例：苏科版数学教材七年级下册"第 42 页第 19 题等习题"的教学片段

在习题讲解课的教学中要对所选的习题认真研究，把习题归类，同类型的题目一起讲，这样能让学生脑海中对知识结构有一个系统的认识。根据不同的教学内容，采用不同的教学方法，在讲解时要详略得当，注意启发学生积极思维，使其随着层层剖析而逐步深入，寻找最优化，做到合理教学。对教学资源进行灵活的、多角度的、多途径的有效整合，赋予学生数学学习材料的生命活力，让学生在自主建构中发展情感，生成智慧，使学生的数学学习活动更具生命的价值。在习题教学中，对涉及的重要知识，应不失时机地进行主动回顾，根据学生掌握的程度进行强化，若有盲点应及时亡羊补牢，要让习题教学达到巩固知识的目的。这节课中对三角形的内、外角等知识，学生的掌握没有多大问题，因而我的教学重心放在"折叠"上。

(一) 纵向探究

1. 先行使者:如图 5-2,把△ABC 纸片沿 DE 折叠,使点 A 落在四边形 BCDE 的边 CD 上的 A′ 处。∠EA′D 与∠1 之间存在怎样的数量关系? 为什么?

师:请同学们把手中的三角形纸片按题目的要求折叠一下。(全体学生一起动手折叠手中的三角形纸片)

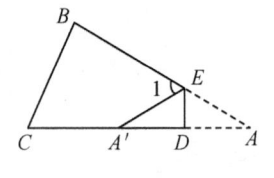

图 5-2

师:同学们,通过刚才的"折叠",现在再看一看老师给出的图形,你有什么发现?

生 1:∠EA′D=∠A。

师:仅仅得到∠EA′D=∠A 吗?

生 2:还有∠A′ED=∠AED,∠A′DE=∠ADE。

生 3:还有 AE=A′E,AD=A′D。

生 4:因为∠A′DE=∠ADE,又因为∠A′DE+∠ADE=180°,所以 DE⊥AA′。

师:那么∠EA′D 与∠1 之间存在怎样的数量关系?

生 5:∠1=2∠EA′D。

师:为什么?

生 5:因为∠1 为△EAA′的外角,又因为三角形的外角等于与它不相邻的两内角的和,所以∠1=2∠EA′D。

启示:提供这个"先行使者"的好处有:①从特例入手,构建脚手架,降低难度,也使学生"潜意识"地认识到"点 A 落在四边形 BCDE 的边 CD 上的 A′处"这一特殊位置不能忽视,促进其有效地观察;②让学生动手"折叠"使"点 A 落在四边形 BCDE 的边 CD 上的 A′处"易于操作,增强了学生的自为能力;③"折叠"使"点 A 落在四边形 BCDE 的边 CD 上的 A′处"时,学生在用语言表述其边角相等关系时易于表述,利于规范表达;④"折叠"使"点 A 落在四边形 BCDE 的边 CD 上的 A′处"时,使学生"潜意识"中有对 ED⊥AA′的"认知"。在具体教学过程中,让学生讲全其中的所有边角相等关系,这既扫除了对"折叠""全面认知"上的障碍,也丰富了学生的学习经验,为后续自觉性学习(探究)做好铺垫。

2. 抛"锚"教学:(呈现原题:第④题,即苏科版七年级下册第 42 页第 19 题,略)

师:请同学们把手中的纸片再按现在题中的要求重新折叠,如图 5-3。

(学生动手重新折叠手中的三角形纸片)

师:现在同学们又有什么发现?

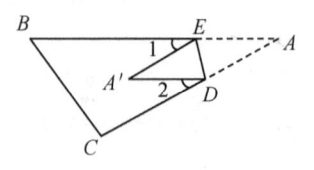

生 6:∠EAD=∠EA′D,∠AED=∠A′ED,

图 5-3

∠ADE＝∠A′DE。AE＝A′E,AD＝A′D。

师:你讲得真全,请同学观察图形,猜想∠A′与∠1＋∠2之间存在怎样的数量关系?

生:∠1＋∠2＝2∠A′。

师:为什么?

生7:观察图形可知:∠1＋∠A′ED＋∠DEA＝180°,又因为∠AED＝∠A′ED。所以∠1＝180°－2∠A′ED。

同理可得∠2＝180°－2∠A′DE。两式相加得:∠1＋∠2＝360°－2(∠A′ED＋∠A′DE),又因为在△A′ED 中,∠A′＋∠A′ED＋∠A′DE＝180°,所以∠A′ED＋∠A′DE＝180°－∠A′,代入可得:∠1＋∠2＝360°－2(180°－∠A′)＝2∠A′。

师:还有不同的解决方法吗?

生8:连接AA′(如图 5-4),由"三角形的外角等于与它不相邻的两内角的和"可得:∠1＝∠3＋∠4,∠2＝∠5＋∠6。所以∠1＋∠2＝∠EA′D＋∠EAD。又因为∠EA′D＝∠EAD,所以∠1＋∠2＝2∠EA′D。

师:同学们,这两位同学都说得很好,表达得也很完整,不知道你们欣赏谁的解法?

生:后面这一种。

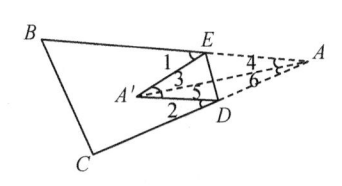

图 5-4

**启示**:将课本原习题作为"锚",在这里进行抛"锚"教学,探索不同的解法目的在于:其一,能拓宽学生解决问题的思路;其二,可以加深学生对这个问题的本质理解。另外,这里教师没有给学生"暗示"哪一种方法好,而是让学生进行自我自觉的"价值判断",选择优化方法,旨在学生的"潜意识中"自我培养思维的合理性和解法的优化意识。

3. **变式拓展**:如图 5-5,把△ABC 纸片沿 DE 折叠,使点A 落在四边形BCDE 的外部A′的位置,∠A′与∠1＋∠2之间存在怎样的数量关系?为什么?

师:请同学们重新按题中的要求将手中的三角形纸片进行折叠,并探求出∠A′与∠1＋∠2之间存在的数量关系,为什么?

生:(动手折叠后得到)∠1－∠2＝2∠A′。

师:哪位同学来说一下为什么?

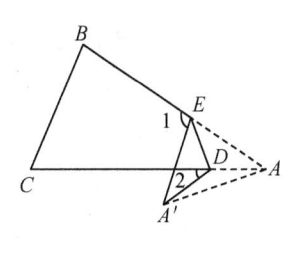

图 5-5

生9:类比刚才的后一种方法,连接AA′,由于"三角形的外角等于与它不相邻的两内角的和",可得:∠1＝∠EA′A＋∠EAA′,∠2＝∠DA′A＋∠DAA′。两式相减得:∠1－∠2＝∠EA′D＋∠EAD。又因为∠EA′D＝∠EAD,所以∠1－∠2＝2∠EA′D。

**启示**:变式拓展的意图是打破学生的思维定式和认识上的封闭性,让学生明白对于折叠三角形一个角的问题,这个角的顶点可以落在一边上或落在形内或落在形外,学会"自觉"运用数学的分类思想去思考问题,提升学生自觉性的学习品质。

**(二)横向发展**

1. 拓宽提升:如图 5-6,将△ABC 纸片的三个角都向内折叠,使点 $A'$、$B'$、$C'$ 都在三角形的内部,求图中∠1+∠2+∠3+∠4+∠5+∠6 的和是多少度?

师:图中∠1+∠2+∠3+∠4+∠5+∠6 的和是多少度?

生 10:360°。

图 5-6  图 5-7  图 5-8

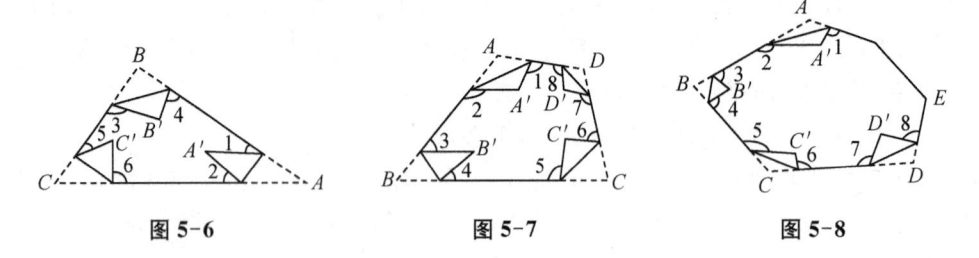

师:为什么?

生 10:因为∠1+∠2=2∠$A'$,同理可得:∠3+∠4=2∠$B'$,∠5+∠6=2∠$C'$。所以∠1+∠2+∠3+∠4+∠5+∠6=2(∠$A'$+∠$B'$+∠$C'$)=2(∠A+∠B+∠C)=360°。

师:如图 5-7,现在将三角形纸片改为四边形纸片,则图中∠1+∠2+∠3+∠4+∠5+∠6+∠7+∠8 为多少度?

生 11:为四边形内角和的两倍,为 720°。

师:如图 5-8,若将四边形纸片改为 n 边形,则图中∠1+∠2+…∠(2n-1)+∠2n 等于多少度?

生 12:n 边形的内角和的两倍,是(n-2)×360°。

2. 原题呈现(第⑤题),已知:如图 5-9,BO、CO 分别是△ABC 的∠ABC、∠ACB 的外角角平分线,BO、CO 相交于 O,试探索∠1、∠2 与∠A 之间是否有固定不变的数量关系。

师:通过前面的探究,现在同学们对第⑤题的解决有什么启发?

生 13:因为 BO、CO 分别是△ABC 的∠ABC、∠ACB 的外角角平分线,所以∠DBO=∠1,∠ECO=∠2,BO、CO 相交于 O,所以∠A=∠O,由第④题可知,2∠O=∠ECO+∠DBO=∠1+∠2=2∠A。

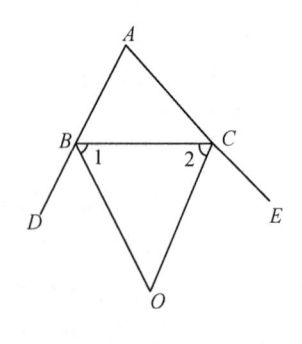

图 5-9

师：大家对他的解法有什么看法？

生14：老师！他的解法不对！

师：为什么？

生14：$BO$、$CO$ 分别是 $\triangle ABC$ 的 $\angle ABC$、$\angle ACB$ 的外角角平分线，不一定有 $\angle A=\angle O$！第④题是将角折叠，这两道题的本质是不一样的，第④题的结论不能在这里用！

师：(对生13)你有什么看法？

生13：他说得对！我只看了图形就用结论，没有比较它们的本质，下次要认真审题。

师：很好！所有的同学都要吸取他的教训！现在谁来说说第⑤题的解法？

生15：老师，我们可以通过两次外角与内角的关系将它求出来的。因为 $BO$、$CO$ 分别是 $\triangle ABC$ 的 $\angle ABC$、$\angle ACB$ 的外角角平分线，$\angle DBC=2\angle 1=\angle A+\angle ACB$，$\angle ECB=2\angle 2=\angle A+\angle ABC$，两式相加可得：

$2\angle 1+2\angle 2=2\angle A+\angle ACB+\angle ABC$，又因为 $\angle A+\angle ACB+\angle ABC=180°$，所以 $2\angle 1+2\angle 2=\angle A+180°$，所以 $\angle 1$、$\angle 2$ 与 $\angle A$ 之间的关系是 $2\angle 1+2\angle 2-\angle A=180°$。

生16：老师，我有和他不同的做法。

……

启示：第一，拓宽提升的目的是让学生全面、深刻地看到课本习题的全貌和问题的本质，在教学中常常要防止学生"只见树木而不见森林"的现象；通过合理整合教学资源，用三角形、四边形、多边形这三个"有效题串""四两拨千斤"地将"纷繁复杂"的问题"轻松解决"。第二，把习题归类，这样能让学生在脑海中对知识结构有一个系统的认识。通过对第⑤题的原题呈现，和与第④题的类比，让学生发现它们的异同之处，提升了他们的思辨能力。

数学新课标指出：学生的数学学习内容应当是现实的、有意义的、富有挑战性的，这些内容要有利于学生主动地进行观察、实验、猜测、验证、推理和交流等数学活动。教材是我们组织教学的重要资源，"用教材，不是教教材"并不意味着抛弃教材，在实际教学中，很多人对教材中的例题和习题"不屑一顾"，认为它们的"教学的附加值"不高，这是不妥的。实际上课本中的每一个例题和习题都是经过"千锤百炼"的，具有典型性和代表性，对培养学生的能力有着很高的教育价值。只有培养好学生的自觉性学习行为，才能行走到教学的智慧深处。

实践表明，学生数学课堂学习行为对他们的数学成绩有着非常重要的影响，因此，培养学生在数学课堂上良好的学习行为是十分必要的。对学生而言，这不仅有助于学生进行高效率的学习，获得优良的数学学业成就，而且有利于学生养成良好的学习习惯和思维习惯，培养学生坚强的意志和锲而不舍的精神，促进学生优良数学学习品质的形成;同时也帮助我们教师从课堂上发现问题,引导学生逐步改变不良的课堂学习行为,从而提升数学课堂的教育教学质量。

当前,我们的教育方针和人才培养目标聚焦于培养学生的创新能力、批判性思维、合作与交流能力、信息素养、自我管理能力等关键能力和必备品格。自觉教学形态关注自觉性学习品质的建树,即要求学生用思辨方式掌握非结构化的深层知识,并促进问题解决能力、批判性思维、创造性思维、元认知能力等高阶能力的发展。

## 第二节　自觉性学习品质

现代教学论专家卡斯特金指出:"学习不是玩耍,而是劳动,也不是轻松的劳动,它要求全力以赴。"学习行为、学习习惯与学习品质是密不可分的,良好的学习行为和习惯是良好学习品质的基础,良好学习品质是良好学习行为习惯的必然体现。学习品质有四个主要特点:①导向性;②自主性;③差异性;④可塑性。不良的学习品质则表现为:①被动学习;②机械学习;③个体学习;④接受学习。显然,要顺应数学素养教育的要求,我们必须进一步培养和锤炼学生良好的学习品质。

### 一、态度意志决定学习品质高度

数学学习是一项艰苦复杂的脑力劳动,学生在学习过程中不可能总是一帆风顺的,他们会经常遇到各种困难和疑惑,这就需要他们去迎接困难、战胜困难,知难而进,以达到预期的学习目的。在这一过程中,就要求学生要具有端正的学习态度和坚强的意志,要能经受住磨炼,这对培养学生良好的学习意志具有重要作用。我们不能只注重知识的传授,更要培养学生对学习数学的态度、情感、自信心,独立思考和终身学习的能力。

(1)数学学习态度。学习态度一般是指学生对学习及其学习情境所表现出来的一种比较稳定的心理倾向,是学生对数学学习的一种心理倾向和行为方式,通常可以从学生对待学习的注意状况、情绪状况和意志状态等方面加以判定和说明。它由对数学学习的认识、情感和行为倾向三种成分构成,具体反映在学生对数学学习的认识与其价值观念紧密相连,表现为对数学的社会功能、发展功能等的认识。学生的学习态度,具体又包括学生对待课程学习的态度、对待学习材料的态度以及对待教师、学校的态度等。2020年春节前后全国多地出现了新冠肺炎疫情,学生只能在家上网课。在线上网课结束以后,各地基地学校调研发现,学生的各门学科两极分化较大,尤其是数学学科。全国的自觉教育联盟学校进行大样本分析,得出的结论如表 5-1 所示,这充分说明培养自觉性学习品质的重要性。

表 5-1 基地学校回校检测归因分析表

| 自觉性表现 | 基础好 | 基础较好 | 基础一般 |
| --- | --- | --- | --- |
| 自觉性强 | 成绩更好 | 成绩逆袭 | 成绩稳定 |
| 自觉性一般 | 成绩下滑 | 成绩下滑 | 成绩很一般 |
| 自觉性弱 | 成绩严重下滑 | 成绩严重下滑 | 成绩惨不忍睹 |

学习态度是隐藏在学习行为中的心理因素。明确的学习目的、清晰的学习认知、浓厚的学习兴趣都能对学生形成积极的学习态度具有良好的促进作用。积极的学习态度对一个学生形成坚毅的学习品质有极大的促进作用。从分析数学学习学困生的情况来看,不少学困生往往是由于意志薄弱、畏难、怕苦、贪玩,不能克服内部和外部的各种困难和干扰造成的。因此,在数学学习上,培养坚强毅力非常重要,特别是遇到不易理解的内容或难题时,要以百折不挠的精神,把学习中的困难当成自己的敌人,去战胜它,克服它,磨炼自己的意志,不要轻易放过任何一次磨炼的机会。在动机、情感的激励下,学生学习数学不仅要集中注意力,充分发挥自己的才能,积极开展思维活动,而且还要克服各种困难,能动地调节自己的学习行为,实现预期的学习目的。这种能自觉确定学习目的、及时调节学习行为、努力克服种种困难以实现预期目的的心理过程,就是学习意志。学习态度表现在学习行为上,认真、勤奋、自信、谦虚,是学习取得成功的重要条件。勤奋是在学习实践中锻炼形成的,学生一旦养成勤奋好学、积极主动且善于动脑的习惯,对数学学习就会产生巨大影响,甚至可以弥补某些天赋的不足。如由于勤奋,对学习内容经常复习、整理、练习、应用,这样可以弥补记忆力差的缺陷。

(2)数学学习毅力。毅力是一种心理现象,它是在同内部与外部困难作不懈斗争中,得以体现的意志品质。学习是一项长期的任务,只有持之以恒坚持到底,才能不断地从一个台阶上升到另一个台阶,不是靠一朝一夕的热情和三分钟的热度就能取得良好的学习效果的。而数学是思维的体操,学习数学更是一项艰苦的脑力劳动,和其他学科相比,学好数学更需要恒心持久、意志坚强。在教学中我们发现许多学生都明白学习的重要性,也有过远大的理想或抱负,或者曾经努力奋斗过,但是随着时间的推移,他们的热情消退、得过且过,最后没有取得满意的数学学业成就。在自觉教学形态中,培养学生毅力的策略主要有以下方面:①繁而不厌其烦。"以简驭其繁",寻求简便方法是数学解题能力的一般性原则,但诸多计算、化简、求值题乃是考查学生的计算及操作能力,难免量大,耗时费力,一些学生做起来急于求成,乱找窍门,或懒于动手、动脑,抄袭他人现成成果。这种不扎实的学习状态,不仅在学习上难以收获,意志也将日趋退化,乃至消失。面对这种情况我们会引导学生正确对待数学上的"繁",教育学生学会有耐心,并持之以恒,使他们形成坚强的毅力。②在纷杂中理清思路。数学知识是一个庞大、复杂而统一的整体,呈现给学生的知识是零碎的、思维是跳跃的,易于发生混乱与矛盾,这给学生的数学学习增加了很多的困难。我们在教学过程中,要引导学生按知识的前后联系与逻辑结构,把所学的知识组成一个体系,分析条件与结论的因果关系、数学概念的从属关系、各分支之间的内在关系,渗透数学思想方法,并隔一段时间让学生再按顺序重温一次,帮助学生养成一丝不苟、严肃认真的良好素质,这无形中培养了学生的意志力。另外,数学知识还"杂"在面上,涉及天文、地理、物理、化学、工业、农业……为弥补教材的不足,我们还开展了各种课外实践活动,增强学生把所学知识运用于实际的能力,这样不仅联系了实际,同时也能激发学生刻苦钻研的精神意志。③关注从量变到质变的飞跃。自觉教学形态强调"精讲巧练"和"教师下题海,让学生荡轻舟",会让学生精做题,在不断的"练习—矫正—练习"中,关注数学学业进步的渐进性,关注从量变到质变的飞跃,在此过程中造就学生的毅力品质。④难则知难而上。数学中的难点突出表现在:具体到抽象难,分析转化难,步步有据难,思维严密难,书写表达难等。从数到式的过渡,是由特殊到一般,具体到抽象的飞跃,学生不可能一下子完成,要经过一个漫长的孕育阶段。自觉教学形态强调,要把握好思维的节奏,切不可跨度过大,让学生望而却步,应培养学生稳健的毅力品质和自信心理。

我们知道,攀登科学高峰是理想与意志的较量。我国古代数学家在科技和数学不发达的情况下,作出诸多巨大贡献是何等不易!我们会借助中国的数学文化发展史,激发学生探索和尝试的勇气,不管在数学学习中遇到多大挫折和失败,仍保持平衡的心态,有着"不畏艰难险阻,顽强地沿着荆棘丛生的崎岖道路走下去"的勇气。自觉教学形态关注的是在数学教学中重在帮助学生体会科学研究的全过程,消除他们对科学研究的神秘感,树立起自己进行研究,进而发现的信心和决心,以促进他们形成良好的思想品质和坚忍不拔、锲而不舍的精神素质。

## 二、能力方法决定学习品质长度

学习能力是指能够进行学习的各种能力和潜力的总和,是学生个体从事学习活动所需具备的心理特征,是顺利完成学习活动的各种能力的组合,包括感知观察能力、记忆能力、阅读能力、解决问题能力等。对学生个体而言,它包括能够容纳、储存知识、信息的种类和数量,行为活动模式种类,新旧信息更替的能力等,具体表现在怎样学以及学习的效果等方面。在教育环境下,学习能力的发展与教学过程相辅相成。一般数学学习能力,主要包括以下八种基本要素:①感知能力。包括感觉能力和观察能力,是对数学学习信息的观察和反映,表现为学生对数学学习内容、方法及分析、归纳、理解的整体认知。②注意力。表现为学生在学习情境下的专注水平,包括注意的范围大小、集中程度、稳定性、转移的快慢、注意分配(即同时注意两个以上的物体)的情况等。③记忆力。表现为对数学公式、法则、定理等的感觉记忆、短时记忆、长时记忆的容量和保持时间,识记速度,储存是否牢固,重现与再认效率高、遗忘少等。④思维能力。从思维过程上说,包括分析与综合能力、比较能力、抽象与概括能力、系统化与具体化能力;从思维方式上说,包括概念的形成与掌握能力、判断与推理能力、发散思维与辐合思维的能力等。⑤想象力。包括对数学相关知识的联想能力、自由联想能力、再造想象和创造想象能力。⑥表达能力。包括口语、书面语的表达能力,数学的文字、符号和图形语言的转化能力等。⑦操作能力。从智力操作上说,表现为智力过程的速度、广度、逻辑性、灵活性、独立性、首创性等;从手工操作上说,表现为动作的熟练性、准确性和应变性。⑧学习适应能力。包括学习适应与调节能力、学习方法的选择与创造能力、学习心得经验的总结能力等。⑨评价反馈能力。在学习过程中,对内容、策略、他人、自我的评价、反馈与评定能力等。

现代教学观认为,学生的发展实质上是在学习活动中主体内部自己运动的结果,外部的作用可以促进其内部活动的进行,但不能代替学习主体的"自己运动"。因此,从本质上讲,学生在数学方面的发展,是一个自我实现的过程,在全部学习过程中,我们的一切主导因素都必须通过学生的主体活动才能起作用。在学生的数学学习过程中会有许多的困难,能使学生战胜这些困难的方法就是学生的上进心、责任心、意志力等。怎样让学生形成较强的数学学习能力呢?什么是上佳的数学学习方法呢?这是我们不得不关心的问题。自觉教学形态在数学能力培养中主要关注以下方面:①培养正确理解和掌握数学知识之间的内在联系的能力。由于数学是一个连贯性很强的学科,如果在学习某一内容或解一题时碰到了困难,那么很有可能就是因为相关的或以前的一些基本知识没有掌握好所造成的,因此,我们要求学生在学习中不断地进行查缺补漏,找到问题及时解决,努力做到具有"发现一个问题及时解决一个问题"的能力。②掌握检验方法,培养求异创新的能力。首先,我们让学生学会严格遵守思维规律,推理严谨,言必有据,具有严密的逻辑思维能力;其次,我们要求学生掌握准确的概念、定义或定理、公式,能符合逻辑的判断能力;最后,掌握一些检验方法,可以提高解决问题的"正确率"。③重视知能的获取能力的培养。首先,培养学生倾听、内化、表达的能力;其次,培养学生抽象、概括、分析综合、推理证明的能力。

**案例:苏科版数学教材九年级上册"1.1 一元二次方程(2)"教学片段**

1. 自觉体悟

**师:** 同学们,现在我们回顾一下长方形中蕴含了哪些量?

生：长方形中有长、宽、周长和面积。

师：这些量之间有哪些等量关系呢？

生1：2×(长＋宽)＝周长

生2：长×宽＝面积

师：我们现在要修建一块长方形公园，要求围绕长方形公园的栅栏长280 m，并且它的面积为4 800 m²。那我们如何确定这个公园的长与宽呢？

生3：问题中虽然问的是两个量，但我们知道周长之后，只要确定一个量，另一个量也就可以用这个量来表示。

生4：因为长×宽＝面积，只要把相应的量代入就可以得到一个一元二次方程了，只要解这个一元二次方程就可以了。

生5：得到一元二次方程的解之后，还要代入实际问题中进行检验。

生6：检验符合题意之后，写出答案，这个问题就解决了。

师：通过解决这个问题，你们有什么发现？

生7：这题是利用一元二次方程来解决的。

生8：利用了长方形中的等量关系"长×宽＝面积"来列出方程的。

生9：利用一元二次方程解决面积问题的一般步骤是：

(1) 分析题意，找等量关系；

(2) 根据题意，设未知数；

(3) 用一元二次方程表示等量关系；

(4) 解这个一元二次方程，得到方程的解；

(5) 检验所得到的解是否符合题意；

(6) 写出答案。

生10：其中列方程最关键的是找等量关系。

启示：通过自觉体悟，唤醒学生在解决面积问题时所选取的等量关系，并以此体会用一元二次方程解决实际问题的必要性与优越性，同时概括出利用一元二次方程解决实际问题的一般步骤。让学生认识到用一元二次方程进行建模来解决问题，是一种方法，更是一种能力。

2. 展示表述

例1：一根长的铁丝。

(1) 能否围成面积是4500 m²的矩形？

(2) 能否围成面积是5000 m²的矩形？并说明理由。

教师先让学生思考，然后请同学尝试进行分析，再引领学生进行有条理的表述。

师：这题与上面的长方形公园问题是不是同一类型呢？

生11：虽然都是求矩形的长和宽，但长方形公园问题中，要求的量——长和宽非常明确;而本题中却是问是否存在矩形,隐含着要求矩形的长和宽的含义。

**生12**:本题与长方形公园问题有区别,本题中问的是能否存在,所以,等量关系"矩形的长×矩形的宽=矩形面积"就不能像在长方形公园问题中那样直接应用,而一定要在假设存在的前提下才能使用。

**师**:同学们对本题的分析非常到位。

……

**启示**:只有让学生进行深入的思考和探索,他们才会产生思维碰撞的火花,并为后续的深入学习打下基础。这个自我尝试、探索的过程,能使学生初步体验用一元二次方程解决面积问题的一般过程及注意事项;同时,让学生体会到数学思维的严密性,养成有条理地表述的习惯,这也是一种我们要培养的能力。

3. 变式引领

**师**:请同学们认真阅读这题,仔细分析。

如图5-10,在矩形 $ABCD$ 中,$AB=6$ cm,$BC=12$ cm,点 $P$ 从点 $A$ 沿边 $AB$ 向点 $B$ 以 $1$ cm/s 的速度移动;同时,点 $Q$ 从点 $B$ 沿边 $BC$ 向点 $C$ 以 $2$ cm/s 的速度移动,问几秒后△$PBQ$ 的面积等于 $8$ cm$^2$?

(针对此题,首先,教师组织学生进行分析,由小组分别书写解题过程,每组小组长拿给教师批阅;然后,各组小组长批改其他成员的解题过程,并将错误之处及时反馈给教师,教师集中处理;最后,教师展示完整过程。)

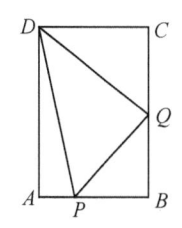

图 5-10

**启示**:

本环节的作用是:第一,对学生已学内容及时巩固;第二,关注学生的书面表达;第三,进一步让学生体验用一元二次方程解决面积问题中的注意事项,再次让学生体会到数学思维的严密性;第四,开发学生资源,实现学生差异的"良性互动","以学习为中心","把核心学习还给学生"。培养严密性是加强严谨的求知态度,关注表达、差异互动等这些都是能力的培养。

4. 自主探究

如图5-11,在矩形 $ABCD$ 中,$AB=6$ cm,$BC=6$ cm,点 $P$ 从点 $A$ 沿边 $AB$ 向点 $B$ 以 $1$ cm/s 的速度移动;同时,点 $Q$ 从点 $B$ 沿边 $BC$、$CD$ 向点 $D$ 以 $2$ cm/s 的速度移动。

(1)求 $t$ 秒后△$PDQ$ 的面积。

(2)几秒后△$PDQ$ 的面积等于 $16$ cm$^2$?

(全班思考后,进行小组讨论。要求:①叙述本题与上题的区别与联系;②写出解题过程;③整理解题过程中的注意事项。各小组完成后,分别上传本小组讨论结果,由小组代表讲解本小组讨论结果)

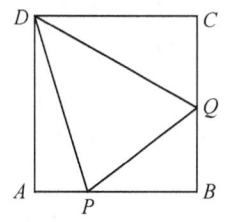

图 5-11

**启示**:第一,这个环节主要是为了通过课堂的跟踪反馈,达到巩固提高的目的,同时也遵循了巩固与发展相结合的原则;第二,自觉地运用所学的数学思想方法——分类讨论的思想、函数思想,以及方程思想来解决问题,提升学生的独立学习能力和小组合作学习能力,并在合作学习中,促进同质互动和异质交流,使每位学生都能在小组内充分发挥作用。

5. 经验提升

师:通过这节课的学习,你们有什么感悟?

生13:利用一元二次方程解决面积问题的一般步骤:

(1) 分析题意,找等量关系;

(2) 根据题意,设未知数;

(3) 用一元二次方程表示等量关系;

(4) 解这个一元二次方程,得到方程的解;

(5) 检验所得到的解是否符合题意;

(6) 写出答案。

生14:列方程最关键的是找等量关系,最容易忽略的是要将方程所得到的解代入题意进行检验。

师:老师将本节课所学习的内容绘制成了思维导图(如图5-12),课后,请同学们好好体会。

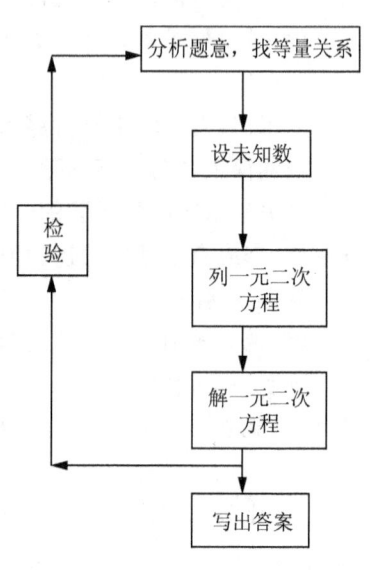

图 5-12

启示:这个教学环节很重要。第一,通过学生的归纳,有利于学生类比和总结出解决现实生活中的事件的一般策略;第二,虽然这节课学生活动很丰富,但脑海中的智能结构还不是很完整。思维导图能有效地帮助学生建立关系性理解,同时,借助思维导图,学生对所学知识应用的一般步骤也会一目了然。

6. 自觉生成

教师给出任务资源包。情境:如图5-13,$A$、$B$、$C$、$D$为矩形的四个顶点,$AB=16$ cm,$BC=6$ cm,动点$P$、$Q$分别从点$A$、$C$出发,点$P$以3 cm/s的速度向点$B$移动,一直到达$B$为止;点$Q$以2 cm/s的速度向点$D$移动。请每小组成员设置适当的问题,小组间相互解答,相互交流。

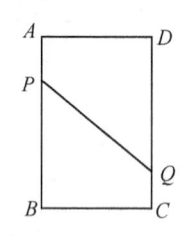

图 5-13

启示:本任务资源包将教材内容与本节课所学内容进行同类迁移,既巩固所学内容,又让学生看到问题本质。本任务资源包意在激发学生的创造潜能,引导学生在问题的设计和互动交流中,自觉利用一元二次方程解决实际问题,利用分类讨论的思想、函数思想以及方程思想来解决问题。

学习方法可以分为心理方法、思维方法与操作方法。心理方法是由于心理习惯所决定的对学习对象的认识方法,偏重情感因素;思维方法是由思维习惯所决定的对学习内容的思想方法,偏重智力因素;操作方法是由行为习惯所决定的具体行为动作,偏重外部活动因素。掌握科学的学习方法,是提高学习能力的重要环节。有人曾做过这样的比喻:一个猎人到森林里去打猎,要准备猎枪和干粮,二者缺一不可。如果一个学生只知道积蓄知识,而不懂得掌握获得知识的方法,就像猎人只带干粮没带猎枪走进森林一样。没有猎枪,干粮带得再多,也会很快消耗殆尽。如果有一支猎枪,并能运用自如,那么还愁打不着猎物吗?这个比喻意味深长,它说明了掌握学习方法的重要性。

### 三、学习习惯决定学习品质的精度

学生要学好数学,必须解决好两个问题:一是认识问题,二是方法问题,这些都是有关数学学习品质的问题。学习行为就是依据学习各学科的方法和经验而进行的学习动作,数学学习方法和经验是学生在学习过程中通过预习、听课、复习、阅读、作业、做与玩、交流、考试等学习环节而必须遵循的秩序。学习行为在不断的重复过程中学生会形成一种学习习惯,有什么样的学习习惯就会有什么样的学习结果和获得。规范的学习行为就会使学生获得高效的学习效率、优秀的学习成绩。这些收获不断地让学生体会到学习快乐,无形之中增加了学生的自信心,引发学生深层次的学习兴趣;这些收获还会让学生对于学习有更深入的认识,更好地完成既定的学习计划和达成学习目标。

为提高学生的学习效能和养成良好的学习习惯,在自觉教学形态中我们主要抓好以下几方面的工作:①全身心投入课堂的习惯。通过长期培养,使学生能认真听老师讲解,仔细想老师提出的问题和讲解的内容;注意听同学们的发言,大胆地发表自己的意见,积极参加课堂上的讨论活动;认真完成老师布置的任务,纠正精神不集中、贪玩、做与课堂无关事情等不良习惯,全身心地参与学习中去。②大胆探索质疑的习惯。让学生独立地思考问题,不畏困难,积极思考,敢于提出自己的疑问,并追根问底,对于提出不同见解的学生,要积极地鼓励和表扬。③认真阅读的习惯。培养学生认真阅读课本的习惯、认真阅读课外资料的习惯,激发学生的看书兴趣,教给学生看书的方法,养成学生看书的习惯,培养学生自学能力。④按时独立完成作业的习惯。按时独立完成作业,是考查学生学习态度、学习习惯及培养学生独立思考能力的主要途径,学生的作业不仅反映学生知识、技能的水平和教学效果,而且也能反映学生的学习态度、学习习惯和学习结果。我们要严防与纠正学生投机取巧、抄袭别人作业、马虎了事的坏习惯,要注意培养学生勇于克服困难完成任务的毅力。⑤一丝不苟的习惯。教育学生在做题过程中,要认真检验,及时反思,从而使学生在解题过程中记忆更深刻,思维更灵活。这对学生优良品质的形成和以后的学习、生活都有很大好处。

　　习惯的培养是一个渐进的过程,需要教师有意识地培养,也需要家长的积极配合,只有要求具体,严格训练,反复强化,持之以恒,习惯的培养才会取得理想效果。自觉教学形态特别关注在起始的七年级抓好数学学习习惯的工作,具体做好下列工作:①认真"听"的习惯。为了做到学教同步,要求学生在课堂上集中思想,专心听老师讲课,认真听同学发言,抓住重点、难点、疑点听,边听边思考,边听边做听课笔记。②积极"想"的习惯。积极思考老师和同学提出的问题,回答问题时要求达到:有根据、有条理、符合逻辑,思考问题时应逐步渗透联想、假设、转化、类比、分类等数学思想,不断提高思考问题的质量和速度。③仔细"审"的习惯。审题能力是学生多种能力的综合表现。要求学生仔细阅读教材内容,学会抓住关键的字、词、句,正确理解内容,对提示语、旁注、公式、法则、定律、图示等关键性内容更要认真推敲、反复琢磨,准确把握每个知识点的内涵与外延,不断增强学生思维的深刻性和批判性。④独立"做"的习惯。作业和练习是教学活动的重要组成部分和自然延续,是学生最基本、最经常的独立学习实践活动,也是反映学生学习情况的主要方式。我们教育学生对知识的理解不盲从优生的看法,不受他人影响而轻易改变自己的见解;对知识的运用不抄袭他人现成答案;课后作业要按质、按量、按时、书写工整完成,并能做到方法最佳,有错就改。⑤善于"问"的习惯。我们积极鼓励学生质疑问难,带着知识疑点问老师、问同学、问家长,大力提倡学生自己设计数学问题,大胆、主动地与他人交流,进而促进学生的交际、表达等方面的能力逐步提高。⑥勇于"辩"的习惯。讨论和争辩是思维最好的媒介,它可以形成师生之间、同学之间多渠道、广泛的信息交流。我们让学生在争辩中表现自我、互相启迪、交流所得、增长才干,最终统一对真知的认同。⑦力求"创"的习惯。我们十分重视培养学生的创新意识,积极鼓励学生思考问题时不受常规思路局限,乐于和善于发现新问题,能够从不同角度诠释数学命题,能用不同方法解答问题,能创造性地操作或制作学具与模型。⑧提早"学"的习惯。我们告知学生要想获得良好的数学学习成绩,必须牢牢抓住预习、听课、作业、复习四个基本环节。指导课前预习教材,可以帮助学生了解新知识的要点、重点,发现疑难,从而可以在课堂内重点解决,掌握听课的主动权,使听课具有针对性。⑨反复"查"的习惯。培养学生检查的能力和习惯,是提高数学学习质量的重要措施,是培养学生自觉性和责任感的必要过程。在作业、考试或练习后,要求学生一般应从"是否符合题意,计算是否合理、灵活、正确,应用题、几何题的解答方法是否科学"等几个方面反复检查验算。⑩客观"评"的习惯。学生客观地评价自己和他人在学习活动中的表现,本身就是一种高水平的学习。只有客观地评价自己、评价他人,才能评出自信,评出不足,从而达到正视自我、不断反思、追求进步的目的,逐步形成辩证唯物主义认识观。

**案例：学生熊伟健的数学周记摘抄《细节决定成败》**

我以前有一个不太好的习惯，不管什么时候什么作业，眼睛只扫描一下题目，然后拿起来就做，特别是在考试的时候，我"考前拍胸脯，考后拍屁股"，每次都是审题不清被扣不少分，平时的作业获得全对的机会不太多。我最欣赏潘老师的教学细节，他花一定的时间引导我们学会审题，审题对于解决问题是非常重要的，不会审题一切都是空谈。课堂上他总是引导我们分析题目的条件、结论，分析表面信息、挖掘隐含信息，寻找解决问题的桥梁等。有意思的是，有一次我去问潘老师一道题目，他看了一下题目并没有立即给我讲解，而是将书合上对我说："你将这道题复述一下给我听！"我说："老师，我不会！"潘老师说："现在给你 5 分钟看题，然后说给我听！"这 5 分钟里我特别用心，将题目中的条件、结论、隐含条件等都在我的心中进行了一次又一次的整理，当我给潘老师复述到一半的时候，我豁然开朗，不由自主地说："潘老师，我会啦！"当我转身要走的时候，潘老师叫住了我："通过刚才这件事，你有什么感悟？"我说："今后要学会深入分析题目，只有将题目中的所有信息分析到位，才有可能整理出好的思路。"通过这件事，我明白了，任何题目都是由句子组成的，复杂的问题总是由简单的问题构成的，我们逐字逐句地进行透彻的分析，就会找到解决它的办法。我时常提醒自己：细节决定成败！

在可塑性较强的初中学生身上，有很多的动态变化，学生容易受到环境的影响而改变习惯。我们要以自己良好的教学习惯做出示范，成为学生的楷模，促使学生逐渐改变不良习惯。例如，我们在课堂上应倾注对数学的深厚感情，表现出对数学的极大热情，讲课中充满激情，以激发学生的兴趣与热情，使学生形成良好的心理习惯。通过对数学思想、方法与技巧的准确描述，对数学思维的深刻分析，对数学命题的严密推理以形成学生良好的思维习惯。只有这样才能使学生有上佳的数学学习行为习惯，为学生的终生发展奠定坚实的基础。

学习的主体是学生，他们的学习能否有效，考验的不仅仅是学生能否掌握正确的学习方法，更根本的是学生能否具备优秀的学习品质。良好的学习品质不仅落实立德树人的培养目标，还有利于学生健康情感的养成，更会提升教育教学活动的效率，对学生高尚人格的形成起着积极的作用。我们通过长期的自觉性学习品质的培养实践，使学生的数学学习综合能力得到了提高，数学学习主动性、学习毅力、责任意识等都有了可喜的变化，数学学习成绩都有了明显的提升，真正助推了数学核心素养的有效落地。

我们应注意学生个性的发展，要让每个学生都有自己的主见，成为主宰自己思想的主人；要让学生具有冒险不怕失败的精神，鼓励学生独立思考、大胆发问、踊跃参与；要善于引导学生去发现、类比、猜想，激发他们的创造意识，唤醒学生的创造性潜能。自觉性学习培养的意义正在于此。

## 第三节　自觉性学习培育

新课标指出:通过义务教育阶段的数学学习,学生能够获得适应未来社会生活和进一步发展所必需的重要数学知识(包括数学事实、数学活动经验)以及基本的数学思想方法和必要的应用技能。在翻转教学形态的研究中,我们发现运用现代教育技术可以优化教学过程。它能更好地由远及近、由浅入深、由具体到抽象地进行知识呈现,同时可把复杂的东西变得简单,把抽象的事物化为具体,它可以把时间和空间放大,又可以把时间和空间缩小。运用现代教育技术,增大了教学容量,活化了学习形式,通过教育技术,可以把过去许多不容易理解的新科技内容增加到教学内容中,增加了教材的艺术感染力,使教学内容现代化。自觉教学形态认为面对当下的教育教学形势,我们应充分利用教育技术的平台、载体和技术手段构建满足学生个性化学习和发展的教学生态环境,提供可选择的课程资源,以学生发展为本,强调尊重学生差异,加强对学生数学学习的支持服务,在平等对话的基础上进行因材循导和自觉体悟,做到学、教、做相统一,讲、探、练相结合,关注少教多学,唤醒、激励学生释放出本质潜能,促进学生的学习品质、思维品质、道德品质不断成长,形成学生面向未来的终身学习和发展的能力。但对于教育教学形态的变化,学生的学习方式也应随之改变,它就显得十分重要。然而,掌握自觉性学习方式对学生的要求较高,自觉性学习方式的培育策略是我们不得不探究的问题。

### 一、自觉性学习培育策略

学生优良的数学思维品质具体表现在:学生在参与中思维活跃,有很强的好奇心和丰富的想象力,有独立思考且表现出一定的创新意识与能力;学生是否围绕讨论的问题积极思考、踊跃发言,学生回答问题的语言是否流畅、有条理,是否善于用自己的语言阐述自己的观点;学生是否敢于质疑,提出有价值的问题并展开争论;学生的回答或见解是否有自己的思考或创意。这些都是自觉性学习素养的重要内容,可见优良的数学思维品质是构建自觉性学习品质的基础。

新课标提倡让学生在学习活动中自学、自悟、自省、自得,在此基础上建立良好的数学学科学习自信。"认知工具在帮助和促进认知过程,在培养学生批判性思维、创造性思维过程中起着重要作用,它可作为个人认知能力的脚手架发挥作用。"在以学生自觉性学习为中心的自觉教学形态中,呈现出来的是以学生为主体的主动学习过程。从学习内容和学习方法的确定,直到学习过程的组织、反思、评价,都是以学生为主体因素来展开的,这是对学生主体地位的真实关照。在教学过程中,学生参与学习的每一个环节,都能使其获得全程性的体验与感受。与此同时,不但能使学生的知识得以生成和建构,而且还能使学生的自我价值得以实现,甚至是超越于课堂而存在。这种状态既可以真正拓展自觉性学习的外延,又可以使课堂教学的过程与效益得到真实的延伸。自觉性学习的培育策略主要有以下方面。

(1) 培养学生的自觉意识。自觉意识是作为认识和实践主体的学生对自己的主体地位、主体能力和自身价值的一种高度自醒的意识,是学生个体自主性、能动性和创造性的观念表现。它包括自主驾驭时空的意识、自主求知的意识、自主交往的意识、自主活动的意识等。自觉意识是主体性和能动性的基础和重要内容。学生有了自觉意识,就会以主人翁的姿态参与学习活动,去努力实现预定的学习目的,成为自觉学习的主人。

**常州市田家炳初级中学七(4)班王心怡有这样一篇周记:《数学学习的变化》**

最近,学校开展了利用"E"学习平台进行翻转课堂教学,并对我们进行自觉性学习方法的指导,一改以往"台上讲,台下听"的方式,采用现场互动,现场解惑,交流生成的互动方式,其中特别强调我们的自觉意识,这不仅让我们耳目一新,印象深刻,也让同学们体验到了小组合作学习、共解难题的快乐!

课前,学生可以通过青果在线学校平台在线观看微视频,对于新课有一个基本的了解。学习中,如果遇到困难,可以在线提问,会有老师和同学帮助解决问题。"翻转课堂"有着传统课堂不可比拟的魅力,它颠覆了传统的教学模式,用"视频再造教育",让不同学生根据自己的学习需求来进行个性化学习,并能得到老师"一对一"的辅导。在课堂上5个同学分为一小组,在教学助理的带领下,进行合作学习,这样大大提高了学习效率,节省了时间,充分地让同学在课堂上积极动脑。每个同学说出自己的想法,不管说对还是说错,对自己来说都是一个展现自我的机会。自觉性学习中要求我们要"思辨地接受新知",这让我们大家都受益匪浅,对这,我有深切体会。原来的我在课堂上面不敢大胆地说出自己的想法,因为害怕说错,怕老师会责怪我。但是现在的小组合作学习、交流讨论中,我会敢于将自己的想法说出来,并积极地与同学进行讨论,非常有效地提高了学习效率,增强了对数学学习的兴趣。

视频的预习就像是一个能量站,课堂就是一种释放,而老师来负责激发能量。智慧教室教学平台也给我们创设了良好的学习环境,在数学课堂中每个学生都是平等的,我们在课下有充分的思考,到课上有充分的时间和机会进行思维火花碰撞。在这样的学习环境中,利用自觉性学习来提高学习效率,提升了我对学好数学的自我发展期望,当然在学习过程中我们个人的自觉意识是非常重要的。

(2) 培育学生的独立意志。意志在学生的自觉性学习过程中是一个维持性因素。从这个意义上说,自觉性学习中独立意志的作用是很大的。意志通常是在主体碰到障碍或抵抗时才会产生和发挥作用。实际上,学生在学习过程中经常会遇到各种障碍,这些障碍有自己思想上的,也有自己心理上的,还有来自外部的,克服这些障碍需要学生借助自己独立意志的力量。学生独立意志作用的过程是:意志会通过自我信念,在一定的学习需要和动机的支配下,自觉地调节自己的活动方向、活动方式和活动强度,以实现自己的目的。

(3)造就学生的自立行为。学生的自立行为,是指学生在具体的学习活动中所表现出来的一种独立的学习行为。主要表现为:学生能够自己去确定学习目标,拟定学习计划,规定学习进程;能够克服学习中的困难,主动地完成学习任务,而不是被动地依靠教师的安排;能够有选择地接受教师的指导和恰当地吸取别人的长处;能够充分发挥自己的主观能动性,形成自己独特的学习个性、学习风格和学习方式。

**案例**:学生潘丽萍的数学周记摘抄《数学学习效能分析帮我成长》

我原来的数学基础很差,但我遇到了一位好数学老师!潘老师是一位很有责任心的老师,只要是我们做过的作业或试卷,他都会认认真真地批改,他做事总是一丝不苟。

由于我原来的数学基础不太好,他经常让我到黑板上做题,他从不因为我做错了题而责备我,总是耐心地帮我找原因。记得有一次,我考得很不好,潘老师并没有责怪我,而是帮我进行了近段时间的数学学习效能分析,通过数学学习效能分析,我知道了数学成绩滑坡的原因:①由于家庭中的事,学习不够静心;②上次考试进步受到老师的表扬后,产生了骄傲自满的情绪;③在数学学习中的思维不够深入,对较难的题目有畏难情绪,有时怕动脑筋而抄同学作业;④在小组合作学习中,同学们都在认真互动学习,而我却有时走神;⑤在数学学习的任何时候都要有自己独立的思考,还要有自立行为。

一次小小的数学测试折射出我在数学学习中存在的问题,潘老师帮我进行的近期数学学习效能分析,让我重新认识了自我。我要经常多做这样的学习效能分析,增强我的自立行为,因为这样能提升我的数学学习自信,它是我成长的阶梯。

(4)赋予学生自主学习权利。在过去封闭的课堂教学中,由于学生的自主学习权利受到多方限制,因而学生常处于被动地位。现代教学的改革理论主张,应打破传统的封闭性课堂教学形态,建立一种开放性的新的课堂教学形态。这种新的课堂教学形态要对学生的课堂自主权进行开放,开放的自主权利主要有:受到尊重的权利、自主学习的权利、独立思考的权利、自我发展的权利、参与问题研究的权利、享受课堂快乐的权利等。赋予了学生这些自主学习的权利,也就为学生的自主性学习提供了可靠的保证。

**案例：学生周心怡的数学周记摘抄《是数学学习成功感给了我学数学的自信》**

"周心怡，100分！"我笑了，笑得是那么自信！我从容地走上讲台领试卷，两个羊角辫一晃一晃。从小学到初中，我的数学"精神气场"总是喜洋洋的，一次又一次总是让我喜上眉梢。

进入初中以来，在潘老师的引领、教诲之下，我凭着扎实的功底和对数学非同一般的兴趣，我很快从年级里脱颖而出，成绩总是遥遥领先。潘老师风趣幽默的语言、驾轻就熟的铺垫、生动的变式和多维互动的活动，让我们徜徉在数学的海洋里，我总是觉得特别幸福。

我继续沿着老师、家长给我用数字搭建起来的梯子往上爬，不断地汲取那些新生的露水。潘老师给予了我很多自主学习的权利，也给了我一些数学课外读物，我如饥似渴地看着数学课外读物，真是恨不得一下子把这些定理、公式全装进脑子里去。为爷爷的账本结算，为家里判断哪种包装的牛奶更合算……虽然只是一些再琐碎不过的生活小事，但我能够用自己的知识、自己的智慧来为大家服务，这种感觉真是万分的骄傲、自豪。直到那时候我才发现，原来数学真的那么重要，那么有趣！圆周率、方程、函数……我被这片海洋深深地吸引了。

坐在初中的教室里，我对数学情有独钟，她像一粒种子种在我心中，由老师和自己来浇水施肥，它茁壮成长。从1到10，从10到100，从100到$x$，从$x$到$2x$再到$x^2$，它已长成一棵参天大树。不知道为什么，一到数学课，我就是想走神都走不了。或许是那个奇妙的世界有太多的已知等着我去了解，有太多的未知等着我去解开吧！有了潘老师给的自主学习权利，渐渐地，我学会了拓展，学会了提升，知道不能只限于老师"喂"给我们的，还得自己"找食吃"。在数学学习中，我不断提高对自己的要求，特别是对数学自觉性学习方法的领悟。现在我有了较好的数学自觉性学习策略运用水平，多次优异的数学学业成绩，提高了我的数学学习成功感，更给了我学数学的自信心。

无意间回首，数学已经伴我度过了15个春夏秋冬。有了数学和自觉性学习策略做伴的每一天，或许欢乐，或许烦恼，但从不枯燥。如今，我正满怀信心地在数学的天空翱翔，愿我能满怀收获地结束，哦，不！永不结束这一旅程！因为是数学学习成功感给了我数学学习的自信，也给了我人生的自信。谢谢潘老师给予我的自主学习权利。

我们应对学生加强学习数学的使命感教育，引导学生磨炼自己的意志，坚定学生学习数学的信念，增强其自我效能感。学业成就好的学生，他们的自我效能感高，也往往具有较好的学习策略运用水平，自觉性学习能力也强。自觉性学习能力越强，学习策略运用水平越高，学生自信心越强，学习效能感也就越有效，学业成就也越好。在自学数学课堂中最重要的事是，激发好奇心—培养兴趣—获得效能感—

产生自我发展期望—具有数学学科自信。在教学过程中,当学生取得成功时,我们要勉励他们继续努力,要取得更大的成绩;当学生失利时要给予鼓励,给他们以积极的期待,我们要以各种方式向学生暗示"老师对你能学好数学充满信心";对部分学困生,我们可以先适当降低要求,让他们也有成功的体验,以此来增强他们学好数学的信心。

## 二、自觉性学习培养途径

学生的数学学习过程是复杂的,许多情况也是非预期的,我们的教学策略也应是灵活多变的。从能力培养目标来看,学生不仅需要学会独立探究和自主学习,还要学会协作学习,特别是自觉性学习。尽管自觉性学习的确是一种有效的学习方式,但每个学生是有差异的,还要看学习内容的难易程度和数学认知策略运用水平等。即使在适合自觉性学习的情况下,我们也要根据情况选择不同的支持策略,充分考虑各种制约因素,这样才能使学生自觉性学习真正发挥它应有的作用,才能使不同层次的学生都得到应有的发展,都能得到锻炼与帮助。自觉性学习要求学生在学习过程中,以已有的知能为基础,通过有效问题的引领,在有效的学教互动中,结合学习活动实践、深度思考、合作交流、大胆探索,促进他们能够思辨性地接受新知,使学生的学习品质和思维品质得到不断提升。自觉性学习的发生途径主要有以下几个方面。

(1) 认真思考、敢于表达。从浅层学习走向深度学习,互助反思性学习是必不可少的,其目的是让人人参与学习的全过程,使学生学得生动活泼,人人尝试成功的喜悦。在知识的重难点处组织学生协作与讨论,能给学生更多的自主学习的机会与空间,使学生通过互相启发、互相帮助、互相评价,从而学会合作,学会交流,提高自主获取新知的能力。因此,我们首先要培养学生积极动脑、认真思考、踊跃发言的良好习惯,让学生真正参与课堂教学,主动探索新知的形成过程,并把自己的探索过程用语言表达出来,在组内进行交流,逐步形成动脑、动口的习惯,使学生在小组协作中敢想、敢说、敢质疑。这既能让学生发现与自己不同观点的解决问题方式,又为学有困难的同学提供帮助,真正发挥团体的合作精神,从"个体自觉"走向"群体自觉"。

(2) 善于倾听、学会尊重。自觉性学习的主要特征是思辨性接受新知,在新知的学习过程中,不同的学生有不同的思维方式和不同的发展潜能,因而我们要关注这些个性差异,根据学生思维方式的多样化和思维水平的不同层次进行教学,有利于学生思维的撞击和智慧火花的迸发,从而培养学生的批判思维、求异思维和发散思维。在交流展示思维过程时,我们要着力培养学生尊重同学的人格和意见,善于倾听同学发表观点的习惯,注意善于倾听,学会尊重。

(3) 积极实践、合作操作。数学知识来源于实践,学习数学知识同样也离不开实践操作。自觉性学习中自为的能力是其显著的标志,我们在培养学生个体实践操作能力的同时,还要在小组学习中培养学生合作实践的习惯。小组协作学习中的操作活动,既能体现集体的智慧,又能培养学生的合作意识,养成与人合作的习惯。我们在指导学生操作时,要有意识地创设有利于协作学习的活动,促进学生协作能力的提高。这样开展协作探究,无论对学生来讲,还是对老师来讲,都是一种乐趣,一种享受,一种经验的升华。

(4) 提出问题、大胆质疑。自觉性学习的主要特征是思辨性接受新知,提出问题、大胆质疑是其重要的抓手。爱因斯坦指出:提出一个问题比解决一个问题更为重要。因为解决问题也许是一个数学或实验上的技能而已,而提出新的问题、新的可能性,从新的角度去看旧的问题,却需要创造性的想象力。所以,对学生在质疑问难时提出的问题不可忽视,在这些问题上进行合作与讨论,能激发学生提问题的欲望,从而使学生乐于质疑,敢于标新立异,真正成为知识的发现者、探索者。

事实证明,学生有了对知识的好奇心,有了学习动机,产生了良好的自我效能感和自我发展期望,才有可能有学习自信,才会使学习从知能、策略、智慧和意义等方面实现增值。促进自觉性学习"有效发生"的途径在于:①有效问题,是自觉性学习的起点。在学生的自觉性学习过程中,要关注有效问题串的设问和有效的追问,合理的设问和追问才能促进学生高阶思维的形成。②方法科学,是自觉性学习的原点。自觉性学习除了关注原有的接受式学习和发现式学习方法外,还要关注现代学习方式(如混合式学习、互助反思性学习、深度学习、自组织学习、智慧学习等)的深度融合,特别是关注相关学习方法的指导,学会用科学的方法进行学习。③发展思维,是自觉性学习的支点。在自觉性学习过程中,要善于发展学生的批判思维、求异思维、创新思维和远迁移等优秀思维品质。④元认知,是自觉性学习发生的远点。自觉性学习注重对学习策略、认知策略的培养,特别关注对元认知和元认知控制等能力的发展。

**案例**:北师大版八年级下册"从'更短'到'最短'探究"教学片段一

**原问题**[义务教育课程标准实验教科书(北师大版)八年级(下)数学教材第216页复习题A组第1题]:将正方形的四个顶点用线段连接,什么样的连法最短?研究发现,并非对角线最短,而是如图5-14的连法最短(即用线段$AE,DE,EF,BF,CF$把四个顶点连接起来),已知图中$\angle DAE = \angle ADE = 30°$,$\angle AEF = \angle BFE = 120°$,你能证明此时$AB // EF$吗?

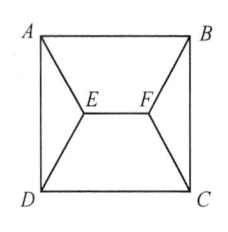

**图5-14**

**探究任务**:在正方形$ABCD$中,将正方形的四个顶点用线段连接,即用线段$AE,DE,EF,BF,CF$把四个顶点按图5-14

的方式连接起来,其中∠DAE=∠ADE=30°,∠AEF=∠BFE=120°,你能证明这样的连法最短吗(并非对角线最短)?

**【设计意图】**①探究任务要指向明确,简洁明了。探究任务的难度不要太低也不要太高(或通过阶段实施能够达成)。②探究课的课时安排要灵活掌握。本次探究活动用了两课时,其中探究活动 1 是作为第一课时预学习的作业,第一课时中先由学生来进行探究活动 1 的成果展示(略讲),再进行探究活动 2 的小组合作探究(详讲);将探究活动 3 作为第二课时的预学习作业布置,先让学生进行深度的思考,课堂上进行小组合作探究,最终完成了探究任务。③通过这次探究活动,学生初步体悟进行科学探究的思路和策略,提高了综合运用几何知识的能力,增强了进行探究活动的自信。

1. 预学成果展示

**预备定理 1**:如图 5-15,若在线段 $AB$ 的同侧作等腰△$ABD$($AD=BD$)和任意△$ABC$,且 $DC$//$AB$,则 $AD+BD<AC+BC$。

师:课前的预习作业都完成得很好,下面请几位同学将他们的学习成果进行展示,预备定理 1 的证明思路谁来说?

生1:延长 $AD$ 到 $F$,使 $DF=DA$,再连接 $FC$,过 $D$ 点作 $DE⊥AB$ 于 $E$,由 $AD=BD$,$DE⊥AB$ 可知∠1=∠2,再由 $DE⊥AB$,$DC$//$AB$,可得 $ED⊥DC$,故∠2+∠3=90°,由 $DF$ 为 $AD$ 的延长线,故∠1+∠4=90°,得∠3=∠4,又因为 $DB=AD=DF$,所以△$DBC$≌△$DFC$,故 $BC=CF$,在△$ACF$ 中有 $AC+CF>AF$,即 $AD+BD<AC+BC$。

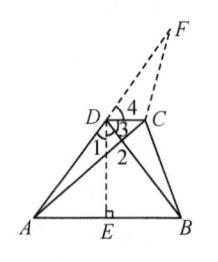

图 5-15

**预备定理 2**:如图 5-16,若在△$OAB$ 中,$OA=OB$,$OH⊥AB$ 于 $H$,$S$ 为 $OB$ 边上任一点,过 $S$ 作 $SP⊥OH$ 于 $P$,$Q$ 为 $PS$ 上任一点,则 $OP+PA+PB≤OQ+QA+QB$。

师:预备定理 2 的证明思路谁来说?

生2:由预备定理1得,$PA+PB≤QA+QB$,又因为在 Rt△$OPQ$ 中,$OQ>OP$,$OP+PA+PB≤OQ+QA+QB$(当点 $Q$ 与 $P$ 重合时取等号)。

师:对预备定理 2,大家有什么想法?

生3:从预备定理 2 可知,线段 $PS$ 上异于 $P$ 的任一点到等腰△$OAB$ 的三个顶点的距离之和都大于在等腰△$OAB$ 的对称轴上的点 $P$ 到这个等腰△$OAB$ 的三个顶点的距离之和。再由线段 $PS$ 的任意性和等腰三角形的轴对称性可知:到等腰△$OAB$ 的三个顶点的距离之和最短的点必定在这个等腰三角形的对称轴线段 $OH$ 上。

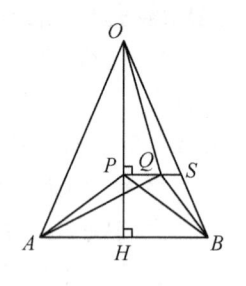

图 5-16

**预备定理 3**：如图 5-17，若 △ABC 为等边三角形，P 为与 A 点在 BC 异侧的任一点，则 $PA \leqslant PB + PC$。

师：预备定理 3 的证明思路谁来说？

生 4：将 △BCP 绕 B 点逆时针旋转 60° 后为 △BAP′，连接 $PP'$，可得等边 △PBP′，则 $BP = PP'$，又因为 $PC = AP'$，在 △APP′ 中，$AP' + PP' \geqslant AP$（当 $P'$ 在 AP 上时取等号），故有 $PA \leqslant PB + PC$。

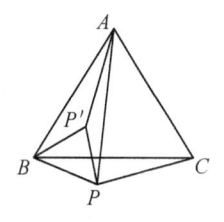

图 5-17

启示：这些问题学生都已经深入思考过，对全体学生来说挑战不是太大，但为了探究过程的完整性，其证明过程还是要说明一下，也为了让少数学困生跟上全班的步伐，必须要花点时间，但不是教学重点，有些"点到为止"的意思。

2. 小组合作探究

（1）探究活动 1

师：今天的小组合作探究活动分两个阶段，先看思考预备定理 4 和推论 1 的证明，请大家先独立思考 5 分钟，再小组交流（学生独立尝试证明，教师巡视）。

**预备定理 4**：如图 5-18，若在 △ABC 中，∠BAC = 120°，P 为 △ABC 内任一点，则 $PA + PB + PC > AB + AC$。

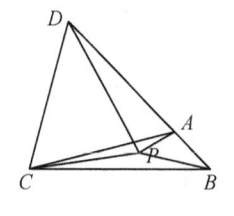

图 5-18

师：好，时间到。哪一小组来展示预备定理 4 的证明过程？

生 5：以 AC 为边向形外作等边 △ACD，连接 PD，由预备定理 3，可知：$PA + PC \geqslant PD$，由于 ∠DAC = 60°，∠CAB = 120°，故 ∠DAC + ∠CAB = 180°，故点 D、A、B 成一直线，在 △PDB 中，$PD + PB > BD$，故 $PC + PA + PB \geqslant PD + PB > BD = AD + AB = AC + AB$。

**推论 1**：如图 5-19，若在 △OAB 中，OA = OB，OH⊥AB 于 H，E 为 OH 上的点，且 ∠AEB = 120°，K 为线段 EH 上任一点，则 $OK + AK + BK \geqslant OE + AE + EB$（当点 K 与 E 重合时取等号）。

师：哪一小组来展示推论 1 的推断过程？

生 6：在 △EAB 中，∠AEB = 120°，由预备定理 4 可得，故有 $OK + AK + BK \geqslant OE + AE + EB$（当点 K 与 E 重合时取等号）。这说明在线段 EH 上到等腰 △OAB 的三个顶点的距离之和最短的点是 E 点。

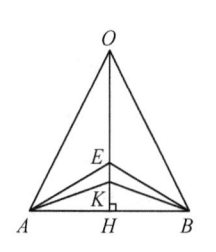

图 5-19

启示：①在学生独立思考的过程中，教师要进行巡学指导，关注的重点对象是学困生，主要是引导他们如何分析条件和结论，用什么样的策略找到中间的连接桥梁。②教师在学生小组合作的过程中,要关注合作能力弱的小组,帮助他们理清论证的逻辑线索和书写过程中的逻辑板块。

(2)探究活动2

师:下面我们再来思考预备定理5和推论2的证明,也是先请大家独立思考5分钟,再小组交流(学生独立尝试证明,教师巡视)。

**预备定理5**:如图5-20,在△OAB中,OA=OB,OH⊥AB于H,E为OH上的点,且∠AEB=120°,F为线段OE上任一点,则OF+FA+FB≥OE+AE+EB(点F与E重合时取等号)。

师:好,时间到。哪一小组来展示预备定理5的证明过程?

生7:将△EFB绕点B顺时针旋转60°为△RSB,连接ER、FS,可得等边△EBR和等边△FBS,于是∠HEB=∠BER=∠ERB=60°,∠SRB=∠FEB=120°,所以点A、E、R、S四点共线,且EB=ER,FF=RS,FB=FS,在△AFS中,AF+FS>AS,故 AF+FB≥AE+EB+EF(点F与E重合时取等号),可得OF+FA+FB≥OE+AE+EB。

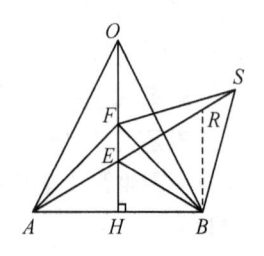

图5-20

师:大家还有其他想法吗?

生8:这又说明在线段OE上到等腰△OAB的三个顶点的距离之和最短的点是E点。由预备定理2、推论1和预备定理5可知,在等腰△OAB中到三个顶点的距离之和最短的点是E点。

**推论2**:如图5-21,在△OAB中,OA=OB,∠AOB=90°,OH⊥AB于H,E为OH上的点,且∠AEB=120°,则到等腰直角△OAB三个顶点的距离之和最短的点是E点,且AO+OB>AE+EB+OE。

师:哪一小组来展示推论2的推断过程?

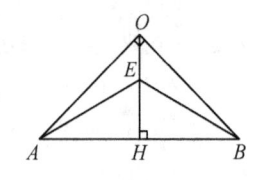

图5-21

生9:因为在△OAB中,OA=OB,∠AOB=90°,说明△OAB是等腰直角三角形,且AB为底边,又OH⊥AB于H,H为AB边的中点,E为OH上的点,且∠AEB=120°,由预备定理2、推论1和预备定理5可知,到等腰直角△OAB三个顶点的距离之和最短的点是E点,且AO+OB>AE+EB+OE。

**启示**:在教学过程中,不仅要对学困生和合作能力弱的小组巡学指导,更重要的是,要让学生学会从定理到推论的演绎过程,学会从一般到特殊的思维方式,培养数学直观的核心素养。结课时,对前面系列演绎推断进行了归纳与整理。

师:上一节课,我们对要探究的问题需要用到的基础知识进行了系列的论证,在这些论证过程中,同学们的表现都很棒!今天这节课我们要来完成探究任务,大家有没有信心?

众生:有!

(1) 正方形中只有一个连接点

**问题 1** 已知:如图 5-22,若 $P$ 为正方形中的任一点,求证:到正方形四个顶点距离之和最短的点是正方形对角线的交点 $O$。

师:现在来研究将正方形的四个顶点用线段连接的几种情况。下面先来展示课前的预习作业中的问题 1,谁来说一下思路?

生 10:连接正方形的两条对角线 $AC$、$BD$,相交于 $O$,显然,$AP+PC \geqslant AC$、$BP+PD \geqslant BD$,

故有 $AP+PC+BP+PD \geqslant AC+BD = OA+OB+OC+OD$(当点 $P$ 在正方形对角线上时取等号),所以,当正方形中只有一个连接点时,到正方形四个顶点距离之和最短的点是正方形对角线的交点 $O$。

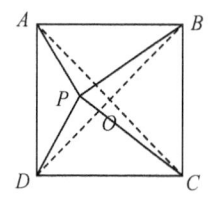

图 5-22

(2) 正方形中有两个连接点

**第一种情况**:两个连接点分别与正方形的一对相对顶点连接。

**问题 2** 已知:如图 5-23,在正方形 $ABCD$ 中,有两个连接点 $P$、$Q$,连接 $AP$、$PC$、$BQ$、$DQ$、$PQ$,求证:$PA+PC+PQ+BQ+DQ \geqslant AC+BD$(当点 $P$ 在正方形对角线上时取等号)。

师:正方形中有两点分别与正方形的四个顶点连接(不重复),有几种连接方法?

生:有两种。一种是分别与正方形的两组对角顶点连接,另一种是分别与正方形两组相邻顶点连接。

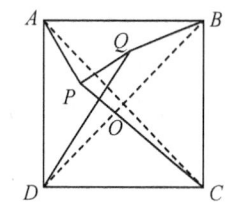

图 5-23

师:好。下面我们先来研究第一种情况。谁来说说你的证明思路?

生 11:如图 5-23,连接 $AC$、$BD$,不难得到 $AP+PC \geqslant AC$,$BQ+DQ \geqslant BD$(当点 $P$ 在正方形对角线上时取等号),于是 $PA+PC+BQ+DQ \geqslant AC+BD$,所以 $PA+PC+PQ+BQ+DQ \geqslant AC+BD+PQ$。

师:这个问题是解决了,但与我们的探究任务有什么关系?

生 12:正方形中有两点分别与正方形的四个顶点连接(不重复),有两种连接方法,从推理的严密性上来看,这种情况是必须要讨论的。

师:说得很好!但证明出的这个结果与我们探究的任务好像没有联系啊?!

生 13:老师,有联系!从刚才的推断中可以说明在这种情况下,无论怎么连接这五条线段的长度之和都大于正方形的两条对角线的长度和,如果我们能找到五条线段的长度之和小于正方形的两条对角线的长度和,那么这种连接法就不是"最短的连接法"。

**启示**:①由于这些问题通过课前预习,绝大部分学生都完成得很好,在课堂中就直接"开门见山"地进行个人学习成果展示,不需要再进行小组讨论。②这里教学的重点是对如何分类讨论的引领,特别是对问题2探究意义和价值分析的点拨。

**第二种情况**:两个连接点分别与正方形的一对相邻顶点连接。

**问题3** 已知:如图5-24,在正方形 $ABCD$ 中,有两个连接点 $P$、$Q$,且点 $P$、$Q$ 分别与正方形的一对相邻顶点连接,求证:只有当点 $P$、$Q$ 都在与点 $P$ 的两个连接顶点所在的边 $AD$ 的垂直平分线 $l$ 上时,才能使 $AP+PD+PQ+QB+QC$ 更短。

图 5-24

**师**:下面,我们来研究第二种情况:两个连接点分别与正方形的一对相邻顶点连接。先小组交流问题3的证明过程(学生小组交流,教师巡视)。哪一个小组来展示问题3的证明思路?

**生14**:作正方形 $ABCD$ 的边 $AD$ 的垂直平分线 $l$,分别过 $P$、$Q$ 作边 $AD$ 的平行线与 $l$ 相交于 $P'$、$Q'$,再作 $PH \perp QQ'$ 于 $H$,连接 $AP'$、$DP'$、$BQ'$、$CQ'$,由预备定理1可知:$AP+DP>AP'+DP'$,$CQ+BQ>CQ'+BQ'$,又因为在 $Rt\triangle PQH$ 中,$PQ>PH=P'Q'$,所以 $AP+DP+PQ+CQ+BQ>AP'+DP'+P'Q'+CQ'+BQ'$。

**师**:他们小组的证明思路有没有问题?

**生**:没有!

**师**:那么问题3与探究任务之间有什么关联呢?

**生15**:在问题3中,当点 $P$、$Q$ 都在边 $AD$ 的垂直平分线 $l$ 上时要作进一步的推理。

**问题4** 已知:如图5-25,在正方形 $ABCD$ 中,有两个连接点 $P$、$Q$,点 $P$、$Q$ 分别与正方形的一对相邻顶点连接,且点 $P$、$Q$ 都在与点 $P$ 的两个连接顶点所在边 $AD$ 的垂直平分线 $l$ 上,当线段 $PQ$ 在边 $AD$ 的垂直平分线 $l$ 上移动时,求证:只有当点 $P$、$Q$ 关于正方形 $ABCD$ 的另一条对称轴 $l'$ 成轴对称时,才能使 $AP+PD+PQ+QB+QC$ 更短。

图 5-25

**师**:好!下面,我们再请小组交流问题4的证明过程(学生小组交流,教师巡视)。哪一个小组来展示问题4的证明思路?

生16：在正方形 ABCD 的边 AB 上截取 AT=PQ，在 PQ 所在的直线上取 PQ=P'Q'（P'、Q'关于 l'轴对称），连接 TQ 和 TQ'，不难看出，AT∥PQ，AT=PQ，AT∥P'Q'，AT=P'Q'，可得平行四边形 APQT 和平行四边形 AP'Q'T，所以 AP∥TQ，AP=TQ，AP'∥TQ'，AP'=TQ'，又因为点 P'、Q'关于正方形 ABCD 的对称轴 l'成轴对称，故有 AP'=BQ'=TQ'，又因为△BTQ 为等腰三角形，由预备定理 1 可知：TQ+BQ>TQ'+BQ'，即 AP+BQ>AP'+BQ'，又由于 AP=DP，AP'=DP'，BQ=CQ，BQ'=CQ'，PQ=P'Q'，所以 AP+DP+PQ+CQ+BQ>AP'+DP'+P'Q'+CQ'+BQ'。

师：问题 4 的证明已经解决了，它与探究任务之间有什么关联呢？再请小组交流。

生17：老师将它特殊化就可以了！

师：怎样特殊化？

生17：当线段 PQ 关于正方形 ABCD 的另一条对称轴 l'成轴对称时，如图 5-26，连接正方形 ABCD 的对角线 AC 和 BD 相交于 O，在边 AD 的垂直平分线 l 上取两点 E、F，使得∠DAE=∠ADE=30°，∠AEF=∠BFE=120°，这就是预备

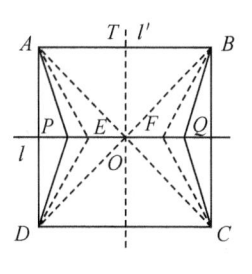

图 5-26

定理 5 的推论 2 的条件，由推论 2 可知，只有当点 P、Q 与点 E、F 重合时，才能使 AE+DE+EO+OF+FB+FC=AE+DE+EF+FC+FB 最短。

师：同学们真棒！现在通过大家的共同探究已经完成了探究任务，现在可以回答教材上的问题"将正方形的四个顶点用线段连接时，如图 5-23 的连法最短"了吗？

生18：没有！

师：为什么？

生18：还要与问题 2 进行比较！

师：怎么比较？

生18：在问题 2 中有 PA+PC+PQ+BQ+DQ≥AC+BD+PQ≥AC+BD，而在这里有 AE+DE+EF+FC+FB=AE+DE+EO+OF+FB+FC<OA+OB+OC+OD=AC+BD，这说明在正方形内的两个连接点分别与正方形的一对相对顶点连接中不存在最短连法。

师：比较以后可以下结论了吗？

生18：可以了。综上所述，"将正方形的四个顶点用线段连接时，如图 5-23 的连法最短"。

启示：①探究教学的关键不仅是证明过程的探究，更要关注学生思维的严谨性的培育，通过教师的不断追问和启示引领，使学生的思维不断地深化、不断地深刻

起来；有效设计问题和精准提问很重要，有效的追问也是很重要的，学生思维的不断深入是离不开有效追问的。②在探究过程中，学生的表述很可能不到位，这是正常的，我们要对学生每一种方案，不论正确与否，不论烦琐与否，都要给予热情的、积极的、正面的评价，以保护学生的进取心和自信心，在让学生获得充分肯定的同时，使学生能够具有更加深入的思考。

当下的数学教学内容丰富多彩，但数学教学的灵魂却非常苍白，因为我们的眼中只有课标、教材、教参和教辅，没有学生的数学学习活动，特别是没有"学生立场"和"学生视角"！课堂上我们相当重视数学知识的逻辑性、系统性，为了严密、完整、不产生歧义，常常用大量的文字表述某个概念，结果使学生的数学学习失去生命的活力，使数学原本"火热的思考"变成了"冰冷的美丽"，自觉性学习的目的就是要唤醒数学的"火热的思考"。

少教多学，教促不教。教的真正目的是帮助学生学会科学地思考和学会有效地学习，在此过程中要不断地提升学生的自组织学习力、学习品质和思维品质，让学生学会从"他教"有效地走向"自教"。如何实现少教多学？也只有让自觉性学习真实而有效地发生。让自觉性学习真实而有效地发生，就是要通过教师进行科学有效的引导，实现学生"本质力量"的释放，要最大限度地释放出他们的创造力。只有真正让自觉性学习有效地发生，才能"打通"课程改革的"最后一公里"，才有教育的未来。

教学评价与教学活动始终是一对"孪生兄弟"，评价的目的是全面了解教和学的状况，为改进教与学的行为服务，促进教与学的质量不断提高。我们要根据具体情况采取"立体的""多元的""多维的""多主体"的评价，才能全面、公正、客观地反映教与学的具体情况，才能准确地对教与学可能失败的风险进行良好的干预。

## 第四节　学习指标体系

近年来，我们的研究重点是挖掘学生在微课程学习和进阶训练过程中的学习行为数据，建立学生的微课程学习和进阶训练中的学习指标体系，构建微课程学习和进阶训练中的数据分析模型，掌握学生的微课程学习和进阶训练的优效学习规律。通过学生学习行为的大数据分析，对学生学习失败风险进行有效干预，制订具有个性化的学习计划和课程安排；开发基于大数据分析的初中数学实体课堂的分层学习资源、检测和推送系统，完善初中数学个性化学习的支持系统的架构，为微课程学习中的自适应平台和资源的建设提供可靠的技术准备。通过学生学习的阶段性的连续行为的大数据分析,实现真正意义的双向回路反馈,帮助师生的教与学行为的改进。学习行为指标体系构建有以下原则:①系统性原则,是指指标体系应由若干相互联系、相互作用的要素构成。所构建的指标体系,不仅要能反映评价目标的总体特征,而且要能体现评价对象的内部特征。在整个评价指标体系中,既要考虑指标体系内各个影响因素的内在联系,又要考虑每个因素对总目标的影响,尽可能准确全面地构建大学生网络学习行为评价指标体系。②目标性原则,构建的评价指标体系应尽量围绕影响大学生网络学习行为的因素这一目标进行,尽可能地把所有影响因子列入其中,既要尽可能全面地列出影响因素,又要避免各因素之间的交叉重复。③可行性原则,构建评价指标体系应从实际出发,尽量选取具有代表性的、易被理解的、易被赋值的因素,并且要对评价指标体系进行分析和论证,尽可能地简化评价流程,避免资源浪费。

## 一、自觉性学习行为指标体系

传统教学是以教师讲授为主,学生被动接受的教学方式,过于强调单一、被动、灌输知识。当下的课堂教学中所缺乏的是:①高阶思维;②有机整合;③参与体验;④建构生成。虽然在很多课堂教学中也强调师生的交流,但都是在教师控制下的"一问一答",这种学习方式把学生的学习建立在人的被动性、依赖性上,忽视了人的自觉性和主观能动性,把人当成被动接受的客体,忽视学生是学习的主体。它最大的缺陷就是过分突出强调"他教性"学习,强调教师的外在诱导和灌输,教师布置的作业多是书面习题与阅读教科书,而很少布置如观察、制作、实验、读课外书、社会调查等实践性作业,使学生的学习行为成为受外在控制的行为。依靠学生查找资料、集体讨论为主的学习活动很少,学生很少有根据自己的理解发表看法与意见的机会,使学生的学习积极性、主动性和独立性丧失,导致课堂教学不能充分发挥促进学生发展的功能,这种强调接受的学习方式,缺乏主动性,忽视学生的主体性,严重阻碍学生的发展,培养出的人才很难适应社会的发展。另外,这种教学方式使学生感到枯燥、乏味、学习负担重,压制了学生自觉地发展。在翻转教学形态背景下,这些现象得到了一定的改变,但还是不够的。

自觉性学习实际就是学生能够认知自己的知识、能力等缺陷,根据学习能力、学习动机等要求,能够确定学习目标、制订学习计划、做好具体的学习准备,在学习活动中能够对学习进展和学习方法做出自我监控、自我反馈和自我调节,在学习活动后能够对学习结果进行自我检查、自我总结、自我评价和自我补救,积极主动地调整自己的学习策略和努力程度,自主性地学习知识、技能和能力等的行为。具体表现在:①评估自己的认识、技能、态度缺陷,找到不足,确定学习目标。②制订可行的学习计划。一个可行、能持之以恒的计划永远比一个看上去美好的计划好得多。③多途径学习。通过书籍、因特网、电视、身边的人等，获得改变自身不足的知识。④在学习过程中做好自我控制、反馈、调整。学习时要学会控制自己的情绪、兴奋状态等，对所学知识做自我反馈，评价学习效果。对学习行为等进行调整，以做到学习效用的最大化。⑤及时总结、复习。根据记忆遗忘曲线，对知识做一个复习。⑥认识性的学习要及时复习；能力的学习要不断地实践；态度的学习要做到一点一点地改变。

在进行自觉教学形态研究的过程中，我们在翻转教学形态中学生学习行为指标体系的基础上建立了自觉性学习行为的指标体系，如表5-2所示。

核心素养背景下的课程改革的"临门一脚"具体体现在，在课堂教学中让自觉性学习有效发生。这就要求我们教师要通过适合的手段与方法进行引导，以促进学生的自觉性学习的品质能够实现与达成。具体表现在丰富学生的学习方式、改进学生的学习方法，使学生学会学习，乐于学习数学，不断地从简单浅层的学习走向深度学习，促进高阶思维的有效发生。课程改革的"最后一公里"指的是：①通过教学行为创新促进学习方式的转变；②通过课堂转型促进核心素养要求在学生行为中表现出来；③通过有效的学教互动使学生会学、乐学、自觉地学，并使其"学习意义"不断增值。

自觉性学习是相对于"无意义接受性学习"、"被动性学习"、"机械性学习"和"他主性学习"等学习方式而言的，让学习成为学生的主动性、能动性和独立性不断生成、张扬和提升的过程，促进学生的学习由被动、他教转为能动、自主、自觉的学习；它着力于学生的学，强调学生的探究和创新，使学生创新精神和实践能力的培养有了切实的落脚点。自觉性学习虽然着眼点是要改变学生的学习方式，但着手点却是转变教师教的观点和行为方式，从而使教育真正发挥促进学生发展的功能。

## 二、关注双回路评价

在课堂教学评价的尺度与标准上，我们以往的主要关注点是教师的教学设计是否精彩，教师教了什么，教师是怎么教的，教师为什么这么教，教师教得怎么样，等等。我们经常通过对教师在课堂教学中教学目标是否明确、教学方法是否科学、教学环节是否合理、教学程序是否顺畅、教学基本功是否扎实等方面的考查来评价教师课堂教学的优劣，这就是传统的"以教评教"。新课程改革以来，我们逐渐把课堂教学评价的关注点转向学生的学，开始关注学生在课堂学习中学到了什么、怎么学习的、学习得如何、他们所学到的是不是自我成长所需要的，等等，这就是新课程所倡导的"以学评教"。新课程改革的核心理念是坚持以人的发展为根本，这里所指的人，不单单指学生，也包括教师。因此，课堂教学的评价尺度与标准应从对

表 5-2　自觉性学习行为指标体系细目表

| 一级指标 | 二级指标 | 三级指标 | 标准解读 | |
|---|---|---|---|---|
| 学习行为 | 信息获取 | 倾听 | 专注聆听各类学习资源材料<br>抓住关键点<br>倾听、尊重别人的意见<br>及时回应老师、同学的问题<br>在比对、思辨中内化、领悟、提升 | 0.01<br>0.01<br>0.01<br>0.01<br>0.02 |
| | | 阅读 | 认真阅读各类学习资源材料<br>有圈、点、勾、画等标注<br>有适度的要点记录<br>积极展开联想 | 0.01<br>0.01<br>0.01<br>0.02 |
| | | 观看 | 观看各类多模态资源<br>在观察、分析中提出问题<br>尝试概括、归纳部分问题<br>能对相关现象进行归因分析 | 0.01<br>0.01<br>0.02<br>0.02 |
| | 表达交流 | 评价 | 对学习内容、他人、自己的评价次数<br>评价质量<br>他人对其评价的认可度 | 0.02<br>0.02<br>0.01 |
| | | 答题 | 完成检测的速度<br>完成检测的质量<br>能完整规范地书写 | 0.02<br>0.03<br>0.02 |
| | | 交流 | 积极参与互动交流<br>完成相关分工任务<br>对同学进行必要帮助 | 0.01<br>0.01<br>0.01 |
| | 自主建构 | 理解 | 建立正确概念理解<br>达标题检测的正确率<br>积极发言的次数<br>发言的质量 | 0.02<br>0.03<br>0.01<br>0.02 |
| | | 整合 | 利用已有的经验进行建构学习<br>进行结构化的思考<br>进行结构化的整理与表述 | 0.02<br>0.01<br>0.02 |
| | | 探究性 | 动手操作能力水平<br>发现问题质量<br>见解多元<br>归类整理能力 | 0.01<br>0.02<br>0.02<br>0.02 |
| | | 个性化 | 学习方式的独到性<br>非常规性<br>提出个性化的问题<br>给出个性化解决问题的方案 | 0.02<br>0.02<br>0.02<br>0.03 |
| | 拓展应用 | 反思 | 对自己错因的反思<br>对学习策略的反思<br>对学习行为的反思<br>反思后优化建构 | 0.01<br>0.01<br>0.01<br>0.01 |
| | | 创造 | 能独自完成学习任务<br>阅读中标有自我见解的批注<br>交流中有自己独到的见解<br>能提出解决问题的方案 | 0.01<br>0.02<br>0.02<br>0.01 |
| | | 迁移 | 在新情境中解决问题<br>将"未知"化"已知"的转化率高 | 0.01<br>0.02 |
| | | 通类 | 能进行举一反三的处理<br>能在一类问题中提炼出规律<br>能用寻得的规律解决新的问题 | 0.02<br>0.03<br>0.01 |
| | 学科素养 | 习惯 | 有良好的思维习惯<br>科学的学科学习习惯 | 0.01<br>0.01 |
| | | 策略 | 学习策略运用水平<br>自组织学习 | 0.02<br>0.02 |
| | | 思维 | 思维的有序性<br>思维的批判性<br>思维的整体性<br>思维的发散性 | 0.02<br>0.02<br>0.02<br>0.02 |
| | | 创新 | 新颖的设计<br>新颖的制作<br>独到的见解<br>新颖的创意 | 0.01<br>0.01<br>0.02<br>0.02 |

"教"的关注转向对"学"的关注,从对"学"的关注进一步转向对"人"的关注,即不仅重视教,更关注学,不仅重视学,更关注人,关注学生与教师双方的全面发展、主动发展、个性发展和多元发展。

(1) 双回路评价。评价与教学并行,我们要关注评价的导向功能、激励功能、诊断功能、调节功能、干预功能、督促功能、管理功能和教育功能。自觉教学形态的评价要从单回路评价(课程教材—教学行为—学习行为效能)转向双回路评价(课程教材—教学行为—学习行为效能—教学行为—课程教材),不仅能纠正学生的错误,还能透过教和学的行为分析其低效能的原因,从而在双向意义上改进学生的学习行为、教师的教学行为及课程教材的不合理性。

①评价改进学习。美国评价改革小组认为,促进学习的评价最关键的特征是使用所获得的信息促进学生的学习。学习过程评价是与教学过程并行的同等重要的过程,它是教与学主要的、本质的、综合性的一个组成部分,应贯穿于教学活动的每一个环节中。我们应该通过课堂教学评价过程,特别是通过对学生学习过程评价,转变学生学习方式,改变教师教学的方式,优化课堂教学,所以,在课堂教学过程中,设计实施学生学习过程的过程性评价,是课堂教学改革一个重要的突破口。我们的评价要体现出一种建设性的评价观,注重评价学生行为表现的过程,评价目的在于帮助而非惩罚学生。促进学习的评价的要点是学生参与评价,即学生要学会利用评价信息来管理自己的学习。我们可以通过评价向学生提供具体的改进建议,学生也可以依据自评或互评的反馈信息采取改进措施。这些反馈信息必须是清晰的,不仅要有定量的数据,更应包括定性的描述性语言;不仅要明确告知学生他们所获得的分数或等级,更应当提供关于学生表现状况的具体清晰的细节。只有在明确学生当前的学习现状和学习目标并确定出差距所在后,才能向学生提供具有针对性的改进信息。

a. 班级群体学习效能反馈。班杜拉认为,人类的行为不仅受行为结果的影响,而且受人的认知形成的对自我行为能力与行为结果的期望的影响,人的行为既受结果期望的影响,更受自我效能期望的左右,自我效能是人类行为的决定性因素。数学学习自我效能感与学生的学习动机、学习成绩、素质提高、能力发展等都有密切的关系。建立数学学习效能评价体系的指导思想包括:第一,为学生的数学发展服务,不仅要使学生成为"拥有知识的人",更要成为"创造智慧的人",还要关注人格健全。第二,落实在学生的差异发展和个性发展上,学生在原有基础上取得新的进步就是发展,也要注重学生个性的发展。第三,要评价学生的数学发展趋势,通过某些结果或某些表现来评价学生的发展趋势,今天和昨天比,使学生看到自己的进步和发展,同时明确明天努力的方向,知道该怎样去做。第四,自评与互评相结合,建立自我激励的评价机制。增强学生的自信心、责任感和自我完善的反省能力。第五,激励学生能主动参与对问题的讨论,不依赖别人,自己做主,有自己的想法;敢于大胆提出问题、进行询问(自己想了解、想研究、想知道的问题),敢于提出不同意见、与同学和老师对话。第六,在与同学合作过程中,能积极参与对问题的讨论,能指出小组同学学习中优点和不足,别人学习有困难时能主动提供帮助,等等。

**案例:苏科版数学教材九年级"解直角三角形的应用"教学片段**

问题:"在Rt△ABC中,∠C=Rt∠,AC=1,AB=2,请利用这个Rt△ABC,设计一个方案求出15°角的四个三角函数值"。

我感觉到这道题非常好,能启迪学生的思维和激发学生学习数学的兴趣。另外,在近几年的中考试题中,常有用设计方案来求tan15°的值之类的试题,这是我在新课中要讲的典型例题。

师:给几分钟时间,同学们先独立探究,然后再相互交流,看看谁的学习效能较高。

生1:如图5-27,在BC上截取CE=AC,连接AE,过E作EF⊥AB于F。

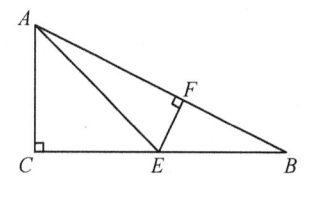

在Rt△ABC中,∠ACB=Rt∠,AC=1,AB=2,

∴∠ABC=30°,BC=$\sqrt{3}$。

∵AC=CE=1,∴∠EAC=45°,∴∠FAE=15°。

又BE=$\sqrt{3}-1$,EF=$\frac{\sqrt{3}-1}{2}$,BF=$\frac{3-\sqrt{3}}{2}$,AF=2−BF=$\frac{1+\sqrt{3}}{2}$,

∴tan15°=tan∠FAE=$\frac{EF}{AF}$=2−$\sqrt{3}$。

图5-27

生2:我认为她的方法较为烦琐,我的方法比她简单。

师:请展示你的方法。

生2:如图5-28,延长CB到D,使DB=AB,连接AD。

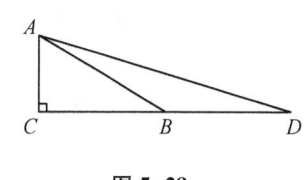

在Rt△ABC中,∠C=Rt∠,AC=1,AB=2,

∴∠ABC=30°,BC=$\sqrt{3}$,

∵DB=AB,∴∠D=∠BAD=15°,CD=2+$\sqrt{3}$。

∴tan15°=tan∠D=$\frac{AC}{CD}$=$\frac{1}{2+\sqrt{3}}$=2−$\sqrt{3}$。

图5-28

生3:老师,我的方法也不复杂,可以展示一下吗?

师:可以,请上来展示。

生3：如图5-29，延长$BC$到$D$，使$BD=BA$，连接$AD$。
在$Rt\triangle ABC$中，$\angle ACB=Rt\angle$，$AC=1$，$AB=2$，
$\therefore \angle B=30°$，$\angle BAC=60°$，$BC=\sqrt{3}$，
又$\because BD=BA$，$\therefore \angle BAD=\angle BDA=75°$，$\therefore \angle DAC=15°$，
在$Rt\triangle ADC$中，$DC=BD-BC=AB-BC=2-\sqrt{3}$，
$\therefore \tan15°=\tan\angle DAC=\dfrac{DC}{AC}=\dfrac{2-\sqrt{3}}{1}=2-\sqrt{3}$。

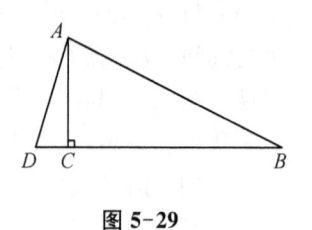

图5-29

师：现在请你们对这个问题独立探究学习效能进行评价，先进行同伴评价。

生4：我认为这3个同学的独立探究学习的效能都很高，在较短的时间内，他们有了良好的解题策略，他们思路清晰，表达完整，我们应该向他们学习。但我较为欣赏后面两个同学的方法。

师：下面进行自我评价。

生5：看了刚才3个同学的独立探究成果展示，我很难过，我还未想出来，因为受到了要产生15°角的影响，我的辅助线作了30°角的角平分线，我想可能也能做出来，但计算量要大，并且解题的速度要慢了。这说明我的思路还不够宽广，今后要在增强思维的灵活性上多下功夫。

生1：我刚才为我能较快地解决这个问题，还在自鸣得意，没想到同学的方法比我简便，今后我要不自满，要学会不断超越。

生2：谢谢同学们对我的鼓励，我的方法被认为是较好的方法，我很高兴，这增强了我学好解直角三角形的学习效能感。这说明，只要我们认真学习，勤于动脑，一定会想到优化的解题策略。

师：刚才老师看到了大部分同学都做出来了，有的和他们的方法类似，有的没有他们的方法好，就没有上来展示，还有少数几个同学未按时探究出来，其主要原因是在如何构造含15°角的直角三角形和分解图形的策略上发生了障碍，希望通过刚才几位同学的展示，大家解决问题的策略和能力能够有所提升。

启示：在这个教学片段中，通过让学生独立探究后的成果展示，激发了学生的学习兴趣，发展了他们的思维能力，也培养了他们的创新精神。同伴、自我和老师的学习效能评价，对于改进学生的学习策略、提高元认知水平等都是大有益处的。

b. 个体学习效能反馈。学生的自我效能感并不是单纯的解题策略方面的表现，多项调查研究表明：自我效能感分值的高低与学生的学习及身心健康密切相关。在学习方面，自我效能感会影响学生学习活动的动机、参与教学的兴趣、个人目标的确立、对待困难的态度、付诸努力的程度、因果思维（归因）的方式等。在身心健康方面，自我效能感会影响学生的认知调控、情绪反应、活动效率、思维能力、人际关系、潜能开发等。

**案例：学生张晶的数学周记摘抄《数学学习阶段性自我评价》**

数学期中考试卷已发了下来，潘老师让我们先进行数学学习阶段性自我评价。在这次数学期中考试中我得了113分（满分为120分），丢掉了不该丢的7分，其中有2分是填空题第14题："一组数据：1，-2，$a$的平均数是0，则这组数据的方差是_____"，答案应该是2，而我写的是6，忘记了还要再取平均数，这是很不应该的；有1分是对一个运算结果中的最简二次根式未化简；还有4分是最后一道探究题中共有三解，我只做出了两解，这说明我思考还不够全面，审题还不到位。

结合我这半学期以来的数学学习效能，这次期中考试考到这样的分数是必然的！因为在这个半学期中我的数学学习态度、习惯、方法和策略运用水平上都存在一些问题。我一直数学成绩较好，态度上有骄傲情绪；另外，我的英语有点薄弱，这半学期放松了数学去补英语了，正确的做法是不放松数学去补英语。在习惯和方法上还是存在一些问题，只完成老师布置的作业，深入探究不够，对一些难题中有疑问的地方，有一种侥幸心理，没有及时去弄懂；在初三的数学学习中，内容加深、思维量加大、方法灵活多变，因为我只满足于课堂和课后的作业，所以在数学思想方法策略运用上不够灵活。

今后的数学学习行为要做如下的改进：①"千重要，万重要，45分钟最重要！"上课认真听讲，认真参与小组合作，深入探究，提高学习效能。②"学问学问，要学要问！"有疑问先钻研，想不出来就及时请教老师和同学。③"严谨治学！"无论是平时作业还是阶段考试，要认真审题，完整表达。④"细节决定成败！"在数学学习过程中，要关注细节问题，特别要注意单位、化简、符号、二次项系数和一元二次方程根的判别式等。⑤"学会深入全面地思考！"对数学深入探究的激情不能减退，要深入全面地去思考数学问题，分类讨论和多解问题也是中考常考的问题，我要重视。

学生学习的评价结果对改进我们的教学和促进学生学习具有指导、约束和调控等作用。我们常常忙于处理评价结果，学生坐等评价结果，评价之后经常是教师"忙"，学生"闲"。教师对评价结果处理的权力过大，而评价的直接利益相关者——学生则没有参与评价结果处理的过程。过低的参与度导致了学生对评价结果的反馈和运用过程不甚了解，大大降低了学生与教师配合的可能性和积极性。当学生的成绩没有达到学习目标要求时，我们要根据能让学生心服口服的信息，帮助学生分析其学习的方法与策略是否适当，以便于调整；也要让学生学会认真分析和领会评价信息所反馈内容，调整自己学习策略和改进学习行为。为了更好地促进学生学习，我们要对课堂评价结果信息进行分析，了解学生的个人学习特征，根据对评价结果的分析，得到学生学习优劣势的信息，并据此帮助学生识别和判断如何在现有的学习程度上提高学习能力、培养学习兴趣和信心，进而开发学生的潜能，为学生的后续学习发展提供建议。

②评价改进教学。"以学评教"即以学生的"学"评价教师的"教",它强调以学生在课堂学习中呈现的情绪状态、交往状态、思维状态、目标达成状态为参考,来评价教师教学水平的高低。新课程提倡的"以学论教",就是要从学生是否学得轻松、是否学得自主,学生有没有学会、有没有会学和主动学的角度出发来看我们的教学是否成功。具体要从学生的价值观状态、情绪状态、参与状态、交往状态、思维状态、生成状态、目标达成状态等方面来评价我们的课堂教学效果。我们在课堂教学评价上强调更新观念,应体现评价的内在激励功能和诊断功能,只有树立"以学评教"的课堂教学评价观,课堂教学才能真正体现以学生为发展主体和以学生发展为本的教育思想,才能促进我们数学教育教学品质的提高。

我们的数学教学能力发展是我们专业发展的主要内容,而数学教学能力的发展需要我们自身的实践总结,更重要的是需要外来的信息交流和反馈。学生的学习评价是一个重要的外部因素,是我们专业成长和发展的条件。自觉教学形态的"评价改进教学"具体体现在以下几个方面:①导向作用。根据学情评价可以使我们在教学目标确定、教学行为选择、教学组织形式安排等方面自觉用评价标准来考量,引导我们改变教学行为、提高教学能力。②激励作用。每个人都需要激励,我们同样需要激励,需要得到尊重。通过学生的学习评价可以使我们看到自己的成长和进步,树立起自信心,愿意更多地改进教学,从而激励我们不断发展。③交流作用。学生的学习评价由于有多元评价主体的参与,对课堂教学的分析会从不同方面展开,弥补自我评价可能存在片面的不足,使我们的教学能力发展得更快。④反思作用。在学生的学习评价中,我们会发现自己不易察觉的一些问题,通过分析、交流,我们会对各种意见进行反思,找到需要努力提高的方面,从而逐步提高自己的教学水平。正是因为学生的学习评价对我们的教学有导向、激励、交流、反思的作用,所以它是我们改进教学的一个非常重要的影响因素。

**案例:2019年九年级下学期常州市中考模拟考试分析与思考**①

今年全市的中考数学模拟试卷很有特色,既继续近几年来命题思路的连续性和稳定性,又充分体现了新课标、新教材的理念,克服了过分注重知识掌握的偏向,促进了学生终身学习所必需的数学基础知识、基本技能、基本思想方法和综合运用能力,关注学生学习和成长的整个过程,关注学生情感、态度和价值观的和谐发展,鼓励学生的创新和实践,引导学生的个性成长。试题体现了新课程的理念,考查了基础知识和基本技能、数学活动过程、数学思考、解决问题能力,突出考查了学生运用数学知识解决实际问题的能力,无偏题、怪题,题目背景公平、公正,紧扣教材的体例,在常态教学的基础上变式和拓展,让学生增强了数学试题的亲切感,克服了

---

① 2019年,为加强中考复习的针对性,常州市在中考前进行了一次模拟调研。

考试过程中的恐惧感,利于学生能力和潜能的发挥。试题的最大特点在于起点低、落点高,在基础知识上拓广凿深,考查了学生运用基础知识的灵活性和应变能力。试卷重点突出,注意到层次性和相关性,也重视对学生解决问题的能力等方面的综合评价,试题呈现形式较为新颖,对考生来说下手容易,区分度没有停留在一两道题上,采用多小题压轴的方式,拿高分也不容易。

试卷在重点考查数学知识与技能的基础上,注重学生对数学思想方法的理解,关注学生获取数学信息的能力和数学交流的能力,注重数学与现实生活联系的应用性考查。在题型设计、情景安排及问题设问方式等方面有了一定的创新,但开放型、应用型、信息获取型、实际操作型、规律探索型等问题依旧是试卷组成的核心,这对我们今后的数学教学有直接的指导意义。

1. 重视基础:整卷用于评价学生毕业水准的容易题占总分的70%左右。这意味着基础题占了大部分,中考试题的难度不会有太大变化,对基础的考查不会弱化。因此,在我们今后的教学中,必须扎扎实实地夯实基础,使每个学生对初中数学知识都能达到"理解"和"掌握"的能力要求;在应用初中数学基础知识时要做到熟练、正确和迅速;教学时起点要低,注重基础,题目难度要控制,要合理安排时间,突出基础的学习;切忌"死教"与"教死",要加深对基础知识的理解,并能灵活地用于各种情境中;重点知识要重点抓,做到融会贯通,透彻理解,不断地在教学中进行查漏补缺;不搞题海战术,精讲精练,举一反三、触类旁通;教学有针对性、典型性、层次性,要找出学生的问题并切中要害;平时侧重基础知识与基本技能的训练,着重把好计算准确关、把好理解审题关、把好表达规范关、把好思维关等。这是因为学生的数学基础知识掌握好了,就可以更好更稳地发展学生的数学能力。

2. 培养能力:初三的数学考试要与中考的选拔功能匹配,有一定的区分度,命题中提高试题区分度的一个重要途径就是加强对学生能力的考查,试题应具有一定的导向性。纵观中考数学试题中对能力的考查,一是以运算能力、空间想象能力和逻辑思维能力为主,以带有各学科共性特征的分析问题和解决问题能力为特点;二是把数学作为文化,对学生的情感、态度、价值观等非智力因素的考查,就必然使中考数学试题对能力的考查进入一个新的阶段。因此,在教学中,重视和强化学生能力的培养显得尤为重要,要通过发挥教研组的集体智慧,转变教学观念和行为,丰富学生数学学习活动经验,切实促进学生的能力形成。

3. 学会思考:每个中档以上难度的数学试题通常要涉及多个知识点、多种数学思想方法,或者在知识交汇点上巧妙设计试题。在120分钟的考试时间里,面对28道试题的"思维长度",不会思考,或者思维不敏捷,要想取得好成绩是相当困难的。因此,"让学生学会思考"是从根本上提高成绩、解决问题的良方,不是"教会学生思考",而是"让学生学会思考",会思考是要学生自己"悟"出来,不是老师"教"出来的,要让学生用"学"到的方法和策略,在解决具有新情境问题的过程中,感悟出如何进行正确合理的思考。

4. 关注变化:纵观近几年全国各地的中考试题,可以发现中考数学试题的改革力度越来越大。近几年各地几乎无一例外地均有情境新、题型新的试题。在教学中,我们要对这些问题做深入的研究,理解其命题的思想和方法,探讨这些问题的解法规律,设计更有利于学生理解和掌握的教学方法,切实提高教学实效。

通过学生的学习评价结果改进我们的教学,包括对课堂动态生成的把握、学生知识面拓展和学生思维发展的引导等,帮助我们反思自己教学的得失,发现教学存在的问题,并积累教学案例,总结规律,提升教学理论和实践水平;帮助我们运用新经验、新理论改进课堂教学行为,剖析教学中存在的问题,引导我们完善教学行为,摒弃不符合教学规律的种种做法等。

## 三、自觉课堂评价构想

自觉教学形态中对数学教与学活动基本进程的调控,是数学教与学评价多种功能和作用的综合表现,它是建立在对数学教与学效能的验证、问题的诊断和多种反馈信息的获得等基础上的,具体表现为对教与学方向、目标的调整,教与学速度、节奏的改变,教与学方法、策略的更换,以及教与学内容、教与学环境的调整等。只有认真了解学情,研究学法,才能从理念上实现课堂教学评价从"关注教"到"关注学"的转变,自觉教学形态关注从预设性教学走向学生的生成性教学,突出学生学习活动的激发、生成评价的过程。"以真学定真教"不仅要求教师改变习以为常的教学理念,及时转换思路,更应从教学实践层面上掌握"以学定教"的教学要求。具体表现在:一方面,"以真学定真教"要求教师在学习目标的设定上体现"以学生发展为本"的原则,在设定学习目标前应进行充分的学情评估,根据以往的教学经验和教学观察了解学生已有的知识水平、学习特点和需求,从学生已有的发展现实出发设置可能实现的发展目标,弱化学习目标的预设,突出学习目标对学生表现性行为和生成性行为的关照。另一方面,在具体的教学中,需根据动态生成的学习目标随时调整预设性的学案,"会学不教,依学而教,少教多学",真正做到教为学服务,重视知识的发生过程、学生思维的暴露过程,把教学的重点放在过程的呈现、方法的引导和知识的形成规律上。通过教与学的评价,我们可以知道教学目标确定得是否合理,教学策略、方法运用是否得当,教学的重点、难点是否得到合理突破,也可以了解学生的数学学习状况和存在的问题,发现造成学生学习困难的原因,从而改进教学策略和措施,有针对性地解决教与学中存在的各种问题,可以"对症下药",及时矫正。自觉数学课堂观课议课大体思路框架如图5-30所示。

在自觉数学课堂中,学生外显的应该是"朝气、灵动、活力、创生"的课堂生态,

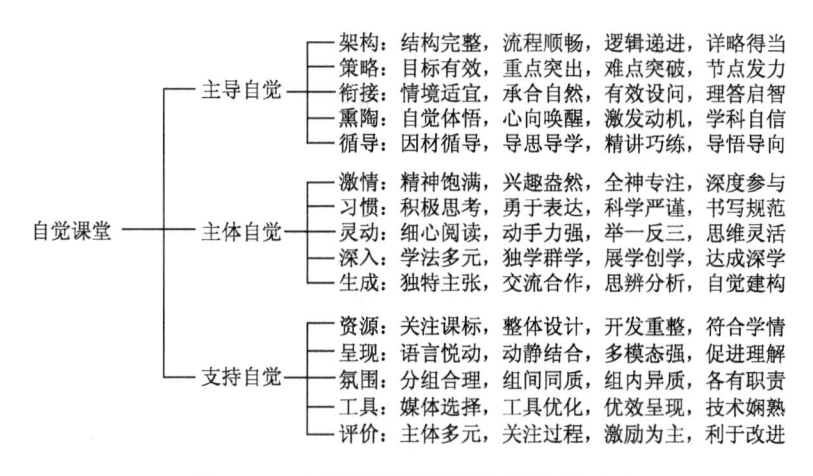

```
                        ┌─ 架构：结构完整，流程顺畅，逻辑递进，详略得当
                        ├─ 策略：目标有效，重点突出，难点突破，节点发力
              ┌─ 主导自觉 ─┼─ 衔接：情境适宜，承合自然，有效设问，理答启智
              │         ├─ 熏陶：自觉体悟，心向唤醒，激发动机，学科自信
              │         └─ 循导：因材循导，导思导学，精讲巧练，导悟导向
              │         ┌─ 激情：精神饱满，兴趣盎然，全神专注，深度参与
              │         ├─ 习惯：积极思考，勇于表达，科学严谨，书写规范
自觉课堂 ─────┼─ 主体自觉 ─┼─ 灵动：细心阅读，动手力强，举一反三，思维灵活
              │         ├─ 深入：学法多元，独学群学，展学创学，达成深学
              │         └─ 生成：独特主张，交流合作，思辨分析，自觉建构
              │         ┌─ 资源：关注课标，整体设计，开发重整，符合学情
              │         ├─ 呈现：语言悦动，动静结合，多模态强，促进理解
              └─ 支持自觉 ─┼─ 氛围：分组合理，组间同质，组内异质，各有职责
                        ├─ 工具：媒体选择，工具优化，优效呈现，技术娴熟
                        └─ 评价：主体多元，关注过程，激励为主，利于改进
```

**图 5-30　自觉课堂观课议课大体思路框架**

而内隐的却是思维的"自觉、有序、高阶"。"自觉"的重点是觉，有觉悟之意；而"灵动"的重点是动，就是行动，"自觉"是"能动"的前提。"自觉主动"是学生投入学习的一种内生动力，是学生自主思考的风格和状态，让学生喜欢思考、主动思考、独立思考、深入思考、善于思考，让思考变成学生学习的一种自觉习惯，这样才能让"自觉性学习深度发生"。教师在组织和实施教学活动过程中，要充分发挥学生的主观能动性，让学生学会科学地思考，最大限度地释放出他们的"本质潜能"，促进学生对学习中的问题与思考实现"自觉生成"。自觉课堂评价如表 5-3 所示。

**表 5-3　自觉课堂评价表**

| 一级指标 | 二级指标 | 三级指标 | 标准解读 | 赋值 | 得分 |
|---|---|---|---|---|---|
| 主导自觉 35 分 | 以教引学 28 分 | 结构流程 14 分 | 结构：课堂结构明晰，板块完整，布局合理，重点突出 | 4 | |
| | | | 流程：科学合理，衔接自然，详略得当，活动逻辑递进性强 | 4 | |
| | | | 广度：全员性、全程性、全方位；多感官、多方式、多时空 | 3 | |
| | | | 密度：课堂容量适宜，难易度适中，面向全体学生 | 3 | |
| | | 循导有效 14 分 | 效度：关注自主程度、合作效度、探究深度，难点突破有效 | 4 | |
| | | | 促进：师生、生生、与书本、与自我多向度、立体性深层对话 | 3 | |
| | | | 机智：应生而动，应境而变，精讲精练，节点发力 | 3 | |
| | | | 生成：知识和能力的自觉性生成；情感态度价值观生成 | 4 | |
| | 素养 7 分 | 学科 | 专业：学科语言科学，技艺功底扎实，教态自然，有亲和力 | 4 | |
| | | 人文 | 导向：立德树人，用人格魅力感染学生，用文化陶冶学生 | 3 | |

## 从"翻转教学形态"走向"自觉教学形态"
### ——以初中数学教学现实为例

续表

| 一级指标 | 二级指标 | 三级指标 | | 标准解读 | 赋值 | 得分 |
|---|---|---|---|---|---|---|
| 主体自觉 40分 | 以学促教 32分 | 会学 | 习惯 | 有标注、记录、批注;能发现问题,尝试解决部分问题 | 4 | |
| | | | 责任 | 有责任与担当意识,有好奇心、学习动机、学习毅力 | 4 | |
| | | 参与 | 态度 | 神情专注,各尽其能,踊跃尝试,乐于分享 | 4 | |
| | | | 深度 | 横向的多元见解,纵向的深刻性、批判性和创新性 | 4 | |
| | | 互动 | 倾听 | 聆听别人意见,适时回应,在比对、思辨中内化提升 | 4 | |
| | | | 自信 | 敢于表达不同的见解,表达清晰,声音响亮,正确率高 | 4 | |
| | | 感悟 | 领悟 | 师生之间、生生之间相互促进性强,知能内化程度高 | 4 | |
| | | | 反思 | 在学习中不断反思所获、所得与所失,提升经验 | 4 | |
| | 效果 8分 | 知识 | 达成 | 能理解和运用所学知识解决问题,目标检测达成度高 | 4 | |
| | | 素养 | 进步 | 学生发展核心素养与学科核心素养要求充分体现 | 4 | |
| 支持自觉 25分 | 资源创建 | 资源开发 | 目标 | 教与学目标明确、具体,渗透思想教育和行为训练 | 3 | |
| | | | 靶向 | 对教学主题的针对性强,关注知识的发生与发展 | 2 | |
| | | 资源推送 | 适度 | 对认知水平的适切度高,容量大小适度合理 | 2 | |
| | | | 有效 | 呈现载体运用合理,呈现方式优化,利用接受与内化 | 2 | |
| | 支持服务 | 环境营造 | 组织 | 关注利于学生学习的环境营造和组织架构,管理有效 | 2 | |
| | | | 深化 | 利于学生对新知能的深入内化和建立关系性理解 | 2 | |
| | | 方法指导 | 指导 | 对领学、独学、对学、群学和展学进行有效指导 | 2 | |
| | | | 方法 | 动手能力强,独立探究,合作交流,自组织学习水平高 | 2 | |
| | 技术使用 | 工具使用 | 高效 | 利于知能高效呈现,利于学生高效接受与内化 | 2 | |
| | | | 恰当 | 教育技术运用恰当,灵活服务于教与学,简捷有效 | 2 | |
| | | 平台使用 | 娴熟 | 对平台中各技术操作功能能熟练灵活使用 | 2 | |
| | | | 灵活 | 不被平台功能所限,灵活驾驭课堂,有效支持教与学 | 2 | |

自觉教学形态强调"以教引学,以学促教,以真学定真教",我们应把学和教的关系理解为:教是促进学生主动有效地学的条件,学生主动、有效地学是教师教的目的。学习活动是一种过程性的活动,具有很强的生成性特点,需要教师"为智慧的生长而教",这是一种需要长期总结与积累的实践性教学智慧。生成性的学习活动往往是师生教学智慧不断迸发的过程,教师有必要根据学生学习活动的需求调整自己的教学行为,使预设的"教"随着不断变化的"学"进行调整和更新,从而促使教学活动成为动态的、生动的学习过程。

数学教学内容是"血肉",教学能力和策略才是"灵魂"。内容和策略相比,策略更容易成为教学能力。能力与策略携手,便是潜在的创造力,只有这样才能提升教学品质。自觉教学形态下的数学教学现实的创构,需要我们不断地研究与发展,要在创造中品悟,在创新中发展。

# 第六章　教学现实案例选

经过20年的新课程改革,我们已经从迷茫走向明朗,从浮躁走向理性。新课改大力倡导的生命教育理念、多元智力理念、个性教育理念、合作学习理念、建构主义的理念正在被应用到教改实践当中,课堂结构正在发生实质性的变化,教师的教学观、学生观正在发生深刻的变化,教师和学生正在进入新的角色,教师驾驭新型课堂教学的能力大大增强,学生自主参与学习的能力逐步增强。然而,随着国内外教育教学形势的不断发展,新课程改革已从前课改时期向后课改时期渐变,当下的数学新课程改革已不断走进了深水区域,历经了内涵发展期,协调发展阶段,规范化发展阶段,"互联网+"与现代教育技术融合、翻转教学等创新发展阶段,面对走在"改革开放半路上"的数学新课程,真是"想说爱你不容易"。

教学主张是教育思想的具体化和个性化,教学主张的"血液"里流淌着思想。失去教学主张,教学风格就失去了灵魂,我们的数学教学充其量只是一种可供一时观赏而无实质内容的平庸、苍白的教学表演。数学教学是一项实践性很强的智慧活动,也是一门很难传授的艺术,绝非简单的解释;真正的教学决不能停留在技术层面,不是只关注教学技术的改良,而应关注自身独特的、科学的、适合的教学主张的形成和发展。没有自己的教学主张,不能说自己是个思想者,教学主张是我们如何开展教学行动所持有的见解和观点,是对教育教学深刻思考后所形成的一种见解、一种思想,表达了对事业的情感自愿和理智自觉。良好的教学主张促进我们将追求变成行动,将理念变成信念,将实践变成实验,不断提高我们的专业成熟度和专业自觉的深度。

课堂教学效率是新课程改革的第一生命,只有关注课堂教学效率,课程改革才能深入;新课程理念只有通过"已转变教学行为"的教师群体"活"的教学,才有可能达到课改的基本目标;只有新课程理念转化为课堂教学生产力,"高效课堂""教学创新"的课堂教学新秩序的建立才有可能成为现实。愿我们提供的自觉教学形态下的数学课堂教学现实能为广大教师打开一扇窗,给广大教师送来一阵春风。

从"翻转教学形态"走向"自觉教学形态"
——以初中数学教学现实为例

# 第一节 我的"自觉数学"教学思想[①]

新课程改革已经走向内涵发展期,其显要的特征是教学行为要从"以教为中心"向"以学为中心"转移,从"以学科逻辑体系为中心"转向"以学生发展为本",从关注"教得完整""学得完整"走向"发展得完整",数学教学更要满足学生个性化的发展需要,应从因材施教走向因需施教,着重表现在教师的"主导自觉"、学生的"主体自觉"和对学生自主学习的"支持自觉"。因此,我提出了"自觉数学"教学思想。

"自觉数学"教学思想始终体现以学生发展为本,强调尊重学生差异,在平等对话的基础上进行因材循导和自觉体悟,做到学、教、做相统一,讲、探、练相结合,关注少教多学,即教化在撤退,而对学生数学学习的服务和支持在不断加强,唤醒、激励学生释放出本质潜能,促进学生的学习品质、思维品质、道德品质不断成长。

顾泠沅先生对此的评价是:"'自觉数学'教学思想是非常有价值的。数学教学就应由'给出知识'转向'引起活动',一切活动都要围绕'学生学习'这一中心来组织,使学生从自我已有的经验中对新知能进行自主自觉建构,实现'自觉成长'。'自觉数学'教学思想给予了我们很多的启迪,让我们获得一种对数学教育的本真理解,用'自觉'的力量,找到教育教学行为健康进步的'可靠起点'。"

## 主体,自觉

"自觉"旨在唤醒老师的"主导责任"和学生的"主体责任"意识。老师的"主导责任"体现在尊重差异、以学生发展为本、教要服务于学。学生的"主体责任"体现在自律和自主、自我完成、自我实现。

"自觉数学"教学思想的内核是在尊重差异和了解学生数学发展需要的基础上,发挥教师的主导性作用,精心策划数学学习活动,进行因材循导;用帮扶式引领,促进成长性主体的学生进行自觉体悟;通过变式引领和自主创新等环节,使学生达到对认识对象的本质理解和自觉运用,促进学生的数学素养、学习品质和学习策略运用水平的全面提升;在平等对话的基础上,构建民主的教学生态,促进学生尊重、自信、热情、互爱等阳光品质的形成和人格健全成长。

2013年7月在江苏的苏州,我和美国的教师用"翻转课堂"进行同课异构(苏科版九年级上册"等腰三角形的性质与判定"一课)时,在"自觉创新"环节中,我给学生呈现的是一个任务资源包。

---

[①] 原载《人民教育》2014年第14期

信息资源:如图 6-1,(1) AD 是△ABC 外角∠EAC 的平分线;(2) AD//BC;(3) AB=AC。

探究任务:将以上的信息(或部分,或添加信息)作为已知资源,编出一道证明题,小组间相互解答,相互交流。

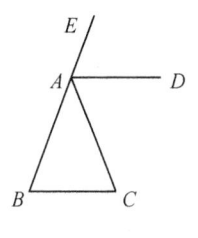

图 6-1

该任务资源包是将教材、教参和课本上的习题进行有机整合而成,放在这个环节出现是为激发学生的创造潜能,并通过学生对问题开放性的互动设计,让学生在交流的过程中,自觉运用等腰三角形的性质定理和判定定理解决问题。学生的数学素养是多元的、综合的、立体的,其数学学习品质的提升应遵从"简单模仿—初步掌握—本质理解—自觉运用—素养形成"的递进原则。因此,我们应该创设条件,让学生学会对数学新知能的"共同建设"和"共同发展",提高将知识资源转化为知识资本的能力,提升思维策略的运用水平,使学生的学习从智能、方法、智慧和意义等方面实现增值。

自觉是一种教育理念,是一种精神,也是促进教与学方式根本转变的策略与方法。在数学教学活动中,教师是主导,学生是主体,两者一个都不能偏废,"自觉数学"教学思想的本质是发挥教师和学生两者的"自觉作用",促进成长性主体的学生"自觉发展"。其内涵包括以下几个方面。

(1) 把核心学习过程还给学生。"自觉数学"课堂的真正奥秘在于唤醒学生高效的"自觉学习"。在数学教学中不能只关注知识表面化的力量,还要关注本质理解、创新思维和学生"好奇心"的养成。让数学学习变得有趣味、有活力、有情境、有挑战性,引领学生走向数学学习的核心,更要把核心学习过程还给学生。

(2) 重塑教学生产关系。真正能培养学生创新精神和实践能力的活动必须是学生自主的活动,必须有深刻的观察、想象、假设、推理、探究等高层次的思维活动的加入,这才能使学生的学习由指令性训练向自主性发展转变。我们要放飞学生的心灵和思想,要关注学生本质力量的释放、多向度潜能的开发和学生数学世界图景的意义建构。

(3) 解放数学教学生产力。数学教育教学的结果不仅是让学生学会拿着"提货单"到"知识仓库"里去"提货",更应学会拿着有自己的方法体系的"智慧工具箱",对遇到的问题能从不同的角度去理解,并创造性地去解决,只有这样才能解放数学教学的生产力。

(4) 促进学生的学习意义增值。现行教材在知识呈现方式上发生了很大的变化,结论性的东西越来越少,比较注重创设生动有趣、富有意义的问题情境,倡导师生利用教材提供的素材开展学习活动,让学生在多维互动中实现自主生成,特别要给学生再创造的机会。

"自觉数学"教学思想有很大的兼容性,可以吸纳很多教育思想和教学方法。

我们在教学中根据内容和学情产生各具特色的"自学数学"教学课型和策略,为课堂教学模式的创新提供了新的舞台,做到既有可操作的多种模式,又不会被模式化。

## 真学,真教

以学定教,只有以"真学"去定"真教",才有可能寻得数学教育教学的真谛。

"自觉数学"课堂教学策略要点是在学生进行深入思考的基础上分析学生数学发展的需要,针对学生的差异,精心设计和组织数学学习活动,做到因材循导;用变式教学(概念变式、过程变式)突破学生认识上的封闭性,在多维互动和平等对话中,促进学生自觉体悟;在习惯培养(学习习惯和思维习惯)和方法引领(学习方法和数学思想方法)中,提升策略(分析问题和解决问题)运用水平(具体结构如图6-2所示)。

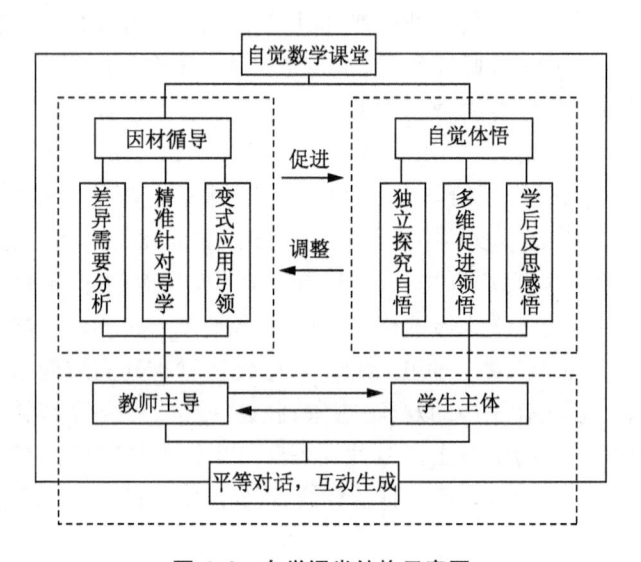

图 6-2 自觉课堂结构示意图

具体教学流程和策略主要有以下几个方面。

(1) 深思真学。"思"是"学"的基础,只有经过学生深入思考的学才会是真正的学。深思分布在课前、课中和课后等环节,贯穿全程。

(2) 交流展示。通过学生对新知或问题的深入思考,"学路优先"地让学生表述自己的观点,来暴露问题,进行交流展示,实现多维促进。

(3) 变式引领。变式是中国数学教育的瑰宝。只有通过变式引领,才能拓展学生的思域,打破认识上的封闭性,提高学生的"四能"(指分析问题、解决问题、发现问题、提出问题的能力),提升应变能力,学会创新。

(4) 自觉体悟。"悟"是一切"学习自觉"的"慧根",学生的学习过程总是从"他觉"到"自觉"。通过凸显数学本质的体悟活动,让学生感觉到数学知识本身发生发展的逻辑力量,促进自觉生成。

(5) 回归基础。在夯实"四基"(指基础知识、基本技能、基本思想和基本活动经验)的基础上,追求"稳定而有效"的教学。以上的教学环节没有严格的逻辑顺序,有时要相互嵌套综合运用。在具体的实际教学中,可以综合运用以上五种策略来推进课堂教学的自觉生成。

在教"等腰三角形的性质与判定"时,在"变式引领"环节中有这样一个片段。

师:(回顾展示用顶角平分线证明"等边对等角"的过程)你还能得到什么结论?

生1:可以证明所作的顶角平分线还是底边上的中线和高线。

师:把你们刚才的证明过程进行拓宽,可以得到什么结论?

生2:若辅助线是底边上的中线,可以证明出它还是顶角的平分线和底边上的高线。

生3:若辅助线是底边上的高线,可以证明出它还是顶角的平分线和底边上的中线。

师:综合以上探究,又能得出什么结论?

生(齐答):等腰三角形的顶角平分线、底边上的中线、底边上的高线互相重合。

师:"等腰三角形的顶角平分线、底边上的中线、底边上的高线互相重合",若从单一的论证去进行推断是有缺陷的,应进行综合论证。下面,我们来看这个定理的推理逻辑结构图(如图6-3所示)。

已知:在 $\triangle ABC$ 中,
$AB=AC$,
$AD$ 平分 $\angle BAC$。
求证:$AD \perp BC$,
$BD=CD$。

↓

(1) 等腰三角形的顶角平分线,也是底边上的中线和高线。

已知:在 $\triangle ABC$ 中,
$AB=AC$,
$BD=CD$。
求证:$AD \perp BC$,
$AD$ 平分 $\angle BAC$。

↓

(2) 等腰三角形的底边上的中线,也是顶角平分线和底边上的高线。

已知:在 $\triangle ABC$ 中,
$AB=AC$,
$AD \perp BC$。
求证:$BD=CD$,
$AD$ 平分 $\angle BAC$。

↓

(3) 等腰三角形的底边上的高线,也是顶角平分线和底边上的中线。

等腰三角形的顶角平分线、底边上的中线、底边上的高线互相重合。

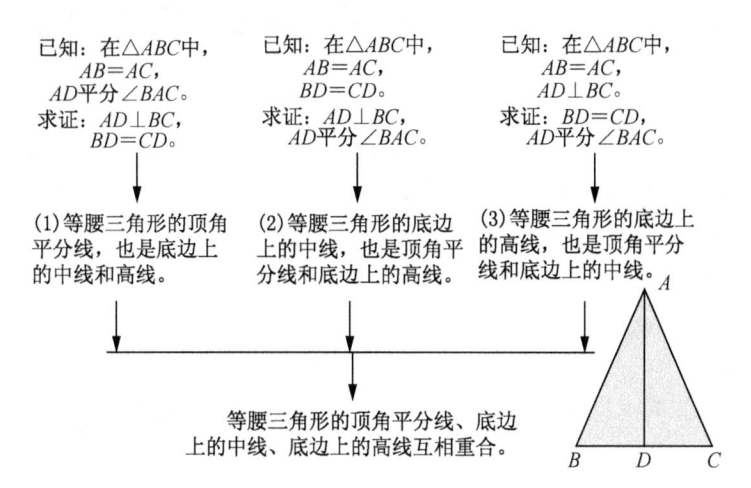

图 6-3 推理逻辑结构图

这轮提问结束后,再进行文字语言、符号语言、图形语言等的表述。

该性质定理的证明并没有"另起炉灶",而是在证明"等边对等角"的基础上,进行进一步深入推断,既节省时间,又让学生感到很自然;再让学生将自己的证明过程也进行了变式拓展,这让学生从不同的侧面认知了该性质定理的本质;最后通过推理逻辑结构图,让学生进一步感知演绎推理的严密性。在学生深入思考的基础上,进行学教互动性展示,在变式引领中让学生建立关系性理解,在自悟、领悟和感悟中实现自觉生成,这不仅是一种优秀的教学策略,也是一种教学境界。

自觉数学课堂倡导:"学生先思,教师后导""学生先学,教师后教""学生先做,教师后促""学生先展,教师后评",其灵魂是在教学之前,必须保证学生有充足的独立思考的时间和空间,引导学生对教学内容或相关问题先进行适当的分析和思辨,亲身经历问题的探究过程,促使学生在自身已有知识经验的基础上形成知能储备后,再进行自觉建构。

《平面几何入门教学》的作者杨裕前先生有如此评价:"'自觉数学'课堂虽有一个大致流程和策略,但又反对僵化地套用,强调从学情、内容和课型实际出发灵活应用,具有观点比较全面,实践方法比较灵活的特点,利于激发老师和学生在教学活动过程中的积极性和创造性。"

## 体悟,智慧

数学认知结构的形成是一个复杂的系统工程,它是对数学知能主动地不断进行组织和再组织的过程。学生的数学学习心理大致要经历"朦胧、混沌、积聚、清晰"这一过程,数学学习状态总是从模糊的、不自觉的、被动的状态,在老师和同伴的帮扶下,逐步走向清晰的、自觉的和主动的发展状态,这个转变过程的长短,关键在于数学学习活动中多维互动和有效促进的效度。因此,只有关注师生之间、生生之间知识的汇聚、思维的碰撞、思想的交锋、情感的融合,才能将高效教学转化为高效学习,才有可能构建出高效课堂的新秩序。

"自觉数学"的教学原则包括以下几个方面。

(1)因材循导。因材循导是在组织和实施数学教学活动过程中,针对学生的差异和数学发展需要,充分发挥教师的主导作用,通过科学策划和适当的帮扶引领,践行有效的学教互动,调动学生的主观能动性,最大限度地释放出学生的"本质潜能"。

(2)自觉体悟。自觉体悟重在突出学生的成长性主体地位,让学生在学习过程中获得深刻的体验和感悟,领悟数学思想方法,不断提升活动经验和元认知水平,促进学生的"自觉生成"和"自觉发展"。

(3)平等对话。平等对话是构建民主开放的课堂生态环境,激发学生多向度、本质性地认识问题,扩大学生的"认知半径";在师生、生生的思想交流中能释放出师生共建双赢的"正能量",激活师生的创新意识和创造能力,也让教师受到了"被教育"的"洗礼",拓展教学视野。

还是在"等腰三角形的性质与判定"一课中,"自觉体悟"环节中出现了以下的片段。

师:(打开几何画板,如图 6-4 所示)同学们,请观察这个任务资源包,它的信息资源有哪些?

生 4:AD、AE、AF 分别是 BC 边上的高线、∠BAC 的角平分线、BC 边上的中线。

师:△ABC 是不是等腰三角形?

生 5:△ABC 不是等腰三角形。

师:观察任务的核心要点是什么?

生 6:当 AB 和 AC 边的大小变化时,它们所对角的变化情况和这两边夹角的平分线与第三边上的中线、高线的位置关系的变化情况。

师:很好!为了利于同学们观察,老师在 AB 和 AC 边的大小变化的过程中,进行变量控制,其一是固定 AB 边的长度,其二是让 AC 边在一条直线上运动,通过观察你们有什么发现?

生 7:在 AC 边的大小变化的过程中,∠B 随着 AC 边的增大而增大,∠C 随着 AC 边的增大而减小。

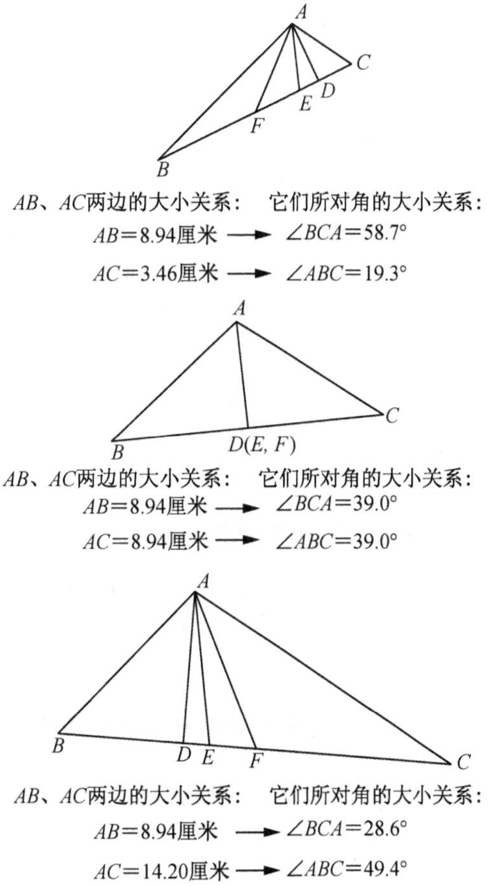

AB、AC两边的大小关系: 它们所对角的大小关系:
$AB=8.94$厘米 → $\angle BCA=58.7°$
$AC=3.46$厘米 → $\angle ABC=19.3°$

AB、AC两边的大小关系: 它们所对角的大小关系:
$AB=8.94$厘米 → $\angle BCA=39.0°$
$AC=8.94$厘米 → $\angle ABC=39.0°$

AB、AC两边的大小关系: 它们所对角的大小关系:
$AB=8.94$厘米 → $\angle BCA=28.6°$
$AC=14.20$厘米 → $\angle ABC=49.4°$

图 6-4

生 8:综合来看,在三角形中,应该有大边对大角,小边对小角,等边对等角。

生 9:我认为,反过来也应该是对的,在三角形中,应该有大角对大边,小角对小边,等角对等边。

生 10:当 AB 和 AC 边不等时,AD、AE、AF 它们不重合;当 AB 和 AC 边相等时,AD、AE、AF 它们互相重合。

生 11:等腰三角形的顶角平分线,我们不能只看到一条线,应看到的是三条线的重合。

生 12:原来,等腰三角形中的"等边对等角"和"三线合一",是三角形相邻两边

191

大小关系变化中的"特定关系""特定位置"中的"特定状态"。

这一环节的设计目的在于以下几点：其一，培养学生的观察能力、发现问题本质和提炼表达能力；其二，拓宽学生的视野，让学生感到等腰三角形的性质和判定定理不是孤立的，是由数学知识的内部结构"自然生发"而来的，也是"数学自身发展"的需要，让学生感悟到数学知识发生发展的逻辑力量；其三，促进学生进一步认识演绎推理中辅助线的作用。在教学中我发现，使用几何画板的动画进行因材循导，能较好地促进学生自觉体悟的效能，在等腰三角形性质的证明过程中，学生自然地想到了添辅助线的多种方法和证明的多种途径，也为后续"不等边三角形的边与角"的学习和探究奠定了基础。

知识是"血肉"，能力和方法才是"灵魂"。知识和方法相比，方法更容易成为能力；能力与方法携手，便可激发潜在的创造力。数学知识的获得和技能的养成是学生数学学习的中心内容，提升学生的数学素养、思维能力和学习品质才是数学教学的根本目标。数学教学中"自觉"品质的形成需要静悟、体察，需要我们在孤寂中慢慢品味，但更离不开践行，只有在实践中不断加深认识和理解，将认识不断内化，才能从偶然走向必然，从服从走向"自觉"。

## 第二节　在认知冲突中动态生成[①]
### ——例说对例题潜能的挖掘

**江苏省常州市金坛区华罗庚实验学校　潘建明（213200）**

有的初中数学素质教育显得非常苍白，只有课标、教材和教辅，没有生机、活力，更没有灵魂。它只有知识、技能和思维，只是让学生掌握知识，而没有使其形成能力，更缺乏一些具有生命活力的东西，在认知冲突中动态生成，结果使得许多学生感到数学枯燥无味，甚至不喜欢学数学。然而，使学生将掌握的知识形成能力是一个厚积薄发的过程，要求我们在平时的教学中应不失时机地去培养，对于我们平时的数学课堂教学来说，特别要注意对例题潜能——教育价值的挖掘，让学生在认知冲突和互动交流中加强数学知能的动态生成。下面是我在教北师大版九年级下册"2.6　何时获得最大利润"时的一个片段，供同仁们指正，以便抛砖引玉。

我先讲了教材中的例题1：某商店经营T恤衫，已知成批购进时单价是2.5元。根据市场调查，销售量与销售单价满足如下关系：在一段时间内，单价是13.5元时，销售量是500件，而单价每降低1元，就可以多售出500件，请你帮助分析，销售单价是多少元时，可以获利最多？

---

[①]　此论文发表在《数学通报》2007年第1期。

不难看出,例1没有揭示问题的本质:以基本数量单位为基准的数量变化规律。我讲完例1后,便补充了例2来揭示问题的本质:某旅社有100张普通客床,若每床每夜收租费10元,床位可以全部租出;若每床每夜收费提高2元,便减少10张床租出;若再提高2元,便再减少10张床租出。依此情况变化下去,为了投资少而获租金多,每床每夜提高租金多少元?

**启示**:①要传授哪些知识,培养哪些能力,渗透哪些数学思想和方法,这是首先考虑的;②在"教什么""怎么教"之前先弄清"为什么要教";③例题的选择要有代表性和典型性,要与学生的知识最近发展区相匹配;④例题对学生来说要具有现实意义和富有挑战性。

师:同学们对这道题的解题思路是什么?

生1:还是用二次函数来解。

师:为什么?

生1:租金是由租出去的床位数与每张床租出去的单价的乘积来决定的。题目中要求"获租金多",只有二次函数才能解决这个问题。

师:同学们,你们同意他的观点吗?

生2:老师,他说的前半句是对的,但后半句不对。

师:为什么后半句不对?

生2:如一次函数 $y=2x+3$,其中 $1\leqslant x\leqslant 3$,则它有最小值5和最大值9。

**启示**:教师对学生回答的错误不要先下结论,让学生来评判,这样能培养学生的思维批判性和深刻性,提高学生的思维品质。

师:你打算怎么来解这道题?

生3:可仿例1用二次函数。设每床每夜租费提高 $x$ 元,所得的租金为 $y$ 元。

根据题意,得:

$y=(10+x)(100-5x)=-5(x-5)^2+1125$

所以当每床每夜提高5元时,获租金最多为1125元。

师:他做得对吗?

生:对!

师:你们没有质疑吗?

生:(沉默)

师:(对生3)你能告诉同学们式子 $(10+x)$ 和 $(100-5x)$ 的含义吗?

生3:因为每床每夜收费提高2元,便减少10张床租出,所以每床每夜收费提高1元,便减少5张床租出。

**启示**:面对众多学生的错误,并不是简单地告诉学生结果了之,而是要让学生明白为什么错了,错在哪里,要找到突破口。

## 从"翻转教学形态"走向"自觉教学形态"
### ——以初中数学教学现实为例

师：你们对这个观点赞同吗？

生3：老师，我感到有点不妥，虽然题目中说"每床每夜收费提高2元，便减少10张床租出"，但并不代表"每床每夜收费提高1元，便减少5张床租出"。

生5：不对，可以这样理解，上次我去食堂买面包，牌子上写着"五元两个"，我给了两元五角，就买到了一个。

生3：不对，你这是生活中的特例，我认为本题中的2元是一个基本数量单位，不可分割。

生6：我认为可以这样理解。

生7：不可以。

师：看来现有两种观点了，好，我给点时间，请同学们小组讨论。

启示：并不是任何问题都值得小组讨论，让学生讨论的问题要有价值；另外，数学活动并不能追求课堂气氛热闹，而重活动、轻思维；这里的讨论是要让学生走出认识上的误区，也是加强学生在活动中的体验，这种体验是无法用语言来传授的。

师：你们讨论的结果是什么？

生8：我们认为本题中的2元是一个基本数量单位，不可分割。

师：为什么？

生8：只有当收费提高的数目为正偶数时，才有"每床每夜收费提高2元，便减少10张床租出"这样的一个关系，在其他情况下就不一定成立。

师：同学们的结论和他一样吗？

生：一样。

师：这样一来，这道题又该怎么做呢？

生9：设每床每夜租费提高$2x$元（其中$x$为$0 \leqslant x \leqslant 10$的整数），所得的租金为$y$元。

根据题意，得：

$$y = (10+2x)(100-10x)$$
$$= -20\left(x - \frac{5}{2}\right)^2 + 1125$$

从式中可以看出，当$x = \frac{5}{2}$时，$y$有最大值，但$x$为整数，故要取靠近$\frac{5}{2}$的整数值，

∴当$x=2$和3时，又∵要投资少，即租出去的床位要少，∴$x$取得3，则$2x=6$，所以，当每床每夜提高6元时，获租金最多为1120元。

师：解完这道题后，你们有什么想法吗？

生10：我们做任何事都要尊重科学，不可想当然。

**启示**:要注意对学生的科学人文素养的培养,新课标所倡导的三维教学目标中的情感、态度和价值观的培养是在平时教学中潜移默化地进行的。

师:对这道题,同学们还有什么话要说吗?

生11:老师,这道题还可以用列表法做。

师:你是怎么做的?

生11:因为每床每夜租费提高的价格是大于等于0,而又小于等于20的整数,可列表如下:

| 床位提高价 | 0 | 2 | 4 | 6 | 8 | … | 20 |
|---|---|---|---|---|---|---|---|
| 租出的床数 | 100 | 90 | 80 | 70 | 60 | … | 0 |
| 收益 | 1000 | 1080 | 1120 | 1120 | 1080 | … | 0 |

从表中可以看出我们刚才得到的结论。

师:很好,同学们要善于跳出书本去尝试创新思维,大家给他鼓掌。

**启示**:要防止赏识教育导致的廉价表扬泛滥,更不能用"对不对""是不是"这样学生不需要深度思考就能回答的问题来设问,否则会使学生的思维浅尝辄止、随意应付、道德判断力下降、价值观扭曲。

师:二次函数是帮助我们解决较复杂的问题的重要工具,同学们一定要掌握。同学们,例2与例1有什么区别吗?

生12:例1是以1元为一个基本数量单位,其矛盾被掩盖了,例2是以2元为一个基本数量单位,矛盾就凸现了出来。

**启示**:在平时教学中要让学生学会类比,要关注学生的知识和能力的生成性。

师:如果出数学中考卷的老师想把这道题变一变,作为明年的中考题,你能帮他们出点主意吗?

**启示**:抓住学生最关心的事,以此来激发学生的兴趣,调动学生的积极性,加深学生对本知识点的理解,使学生形成对知识的运用能力。

生13:老师,可以改数字。

师:你来改一下。

生13:将例2中的条件换成:若每床每夜收费提高3元,便减少10张床租出,并依此情况变化下去。

师:这样一改会得到一个怎样的关系式?

生13:这里是以3元为一个基本数量单位,可得:
$y=(10+3x)(100-10x)$(其中 $x$ 为 $0≤x≤10$ 的整数)。

师:若条件改为每床每夜收费提高4元,便减少10张床租出,并依此情况变化下去呢?

**生13**：这里是以 4 元为一个基本数量单位,可得：

$y=(10+4x)(100-10x)$（其中 $x$ 为 $0\leqslant x\leqslant 10$ 的整数）。

**师**：你能推广吗？

**生13**：若改为每床每夜收费提高 $n$ 元,便减少 10 张床租出,可得：

$y=(10+nx)(100-10x)$（其中 $x$ 为 $0\leqslant x\leqslant 10$ 的整数）。

**师**：很好,还有其他改法吗？

**生14**：换背景。某水果批发部有一种小包装的水果若干箱,若每箱的批发价为 10 元时,每天可批出 100 箱;若每箱的批发价提高 2 元,每天便少批出 10 箱;若再提高 2 元,每天便再少批出 10 箱,依此情况变化下去,为了减少库存、获销售额多,每箱提高多少元？

**生15**：老师,还可以改得复杂一点。某水果批发部有一种小包装的水果若干箱,每箱的进价为 6 元。若每箱的批发价为 10 元时,每天可批出 100 箱;若每箱的批发价提高 2 元,每天便少批出 10 箱;若再提高 2 元,每天便再少批出 10 箱,依此情况变化下去,为了获利润最多,每箱提高多少元？

**生16**：老师,还可以加税。

……

**启示**：在学生的数学学习活动中,要让学生在体验、感受、探索、理解、掌握和灵活运用中,使学生的数学学习过程变为学生自我建构、自我生长的过程。

老师是学生学习的组织者、指导者和参与者,课堂教学应面向全体学生。我们的教学要从关注传授知识的量转向关注知识的质,要从注重记忆转向注重思维,要从注重学习结果转向注重学习过程,要从强调教法转向强调学法,要从强调学会转向强调会学,要从学生被动接受转向主动发现,要从信息单向传递转向信息多向交流,这样的教学才有生命力。

## 第三节 立足"发展本位"唤醒"自觉性学习"[①]

——苏科版数学教材八年级上册"一次函数的图象(1)"教学实录与启示

本节课是 2016 年 11 月,我在江苏省张家港市举行的江苏省"苏派名师"高层论坛中的一节展示课,其教学内容是苏科版数学八年级(上)第五章第三节的第一课时"一次函数的图象(1)"。我们要站在数学课堂教学的专业制高点来重构我们的数学课堂教育文化,我们要用具体的教学行为来寻求学生在数学学习

---

① 此文发表在《中学数学教学参考》2017 年第 4 期。

过程中的知识、经验的有效生长的优化途径,特别要关注促进学生自觉性学习行为的发生。

教学实录

1. 学前先思

师:(课前已在黑板上写好了课题)同学们,我们今天学习的课题是什么?

生:一次函数的图象!

师:你们将这个课题读懂了吗?

生:不太懂!

师:有谁读懂了,谁来解读课题"一次函数的图象"?

生1:老师,这个课题并不难懂!只要抓关键词"图象",一次函数是"定语",不同的函数有不同的图象,今天我们只研究一次函数的图象。

师:什么是函数的图象?

生2:在直角坐标系中,以函数的自变量的值为横坐标、相应的函数值为纵坐标的点,所有这样的点所组成的图形叫作这个函数的图象。

师:什么是一次函数的图象呢?

生3:(知识要点1)在直角坐标系中,以一次函数的自变量的值为横坐标、相应的函数值为纵坐标的点,所有这样的点所组成的图形叫作这个一次函数的图象。

**启示**:一次函数的图象是学生真正接触"数形结合思想"的开端,也是学生从熟练的"数"向陌生的"形"转换的起点,一定要让学生对此深入理解,这常常是老师们忽视的地方;同时也教会了学生研读教材的方法,提高学生自觉观察、分析问题的能力。

师:你对于课题"一次函数的图象",想提什么问题?

生4:一次函数的图象是一个什么样的图形?

生5:怎样画一次函数的图象?

生6:一次函数的图象对我们的学习有什么帮助?

生7:一次函数的图象在生活中有什么应用?

……

师:刚才同学们提出了很多问题!很好!"学问学问"要先学"问",然后再学"答"!这节课不可能解决同学们提出的所有问题,我们今天这节课应该解决哪些问题?

生8:一次函数的图象是一个什么样的图形?怎样画一次函数的图象?

**启示**:激发学生的好奇心、问题意识、思维的有序性和整体性是数学教学的首要任务,这是培养学生创新意识的基础;核心素养背景下的能力目标不是靠贴标签的方式来生硬地强加在教学任务中的,而是在与学生的交往过程中自然、自觉地生成的。

师:请写出一个你喜欢的一次函数关系式(将这些函数关系式都分别写在黑板上)。

生 9：$y=2x+4$。

生 10：$y=-3x+6$。

生 11：$y=x-3$。

生 12：$y=-4x-4$。

启示：让学生自觉地创造和创建教学资源，用学生例举的一次函数关系式来作图象，能让学生有一种"亲切感"，所传授的知识就会有一种"亲和力"，使学生进行"暖认知"，利于知识生成。

2. 探究导学

师：下面请同学们观察与思考下面的问题：香燃烧过程（如图6-5所示）。

师：（片刻后）图中有几根香？

生：一根。

师：你们有什么发现？

生 13：香原长 16 cm，每 5 分钟烧掉 4 cm，共燃烧了 20 分钟。

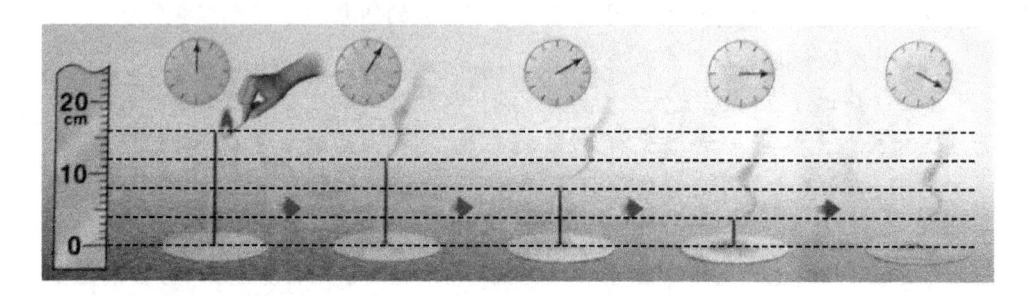

图 6-5

师：请将观察的结果填入下表（学生完成）。

| 点燃时间/min | 0 | 5 | 10 | 15 | 20 |
|---|---|---|---|---|---|
| 香的长度/cm | 16 | 12 | 8 | 4 | 0 |

师：设香燃烧后剩下的长度为 $y(cm)$，点燃时间为 $x(min)$，能写出 $y(cm)$ 关于 $x(min)$ 的函数关系式吗？

生 13：$y=-0.8x+16$

师：依次连接图片中香的顶端，你有什么发现？

生 13：它们在一条直线上！

师：你能借助直角坐标系，将此信息表示出来吗？

生 14：以 $x$ 轴表示点燃时间，以 $y$ 轴表示香的长度，建立直角坐标系，分别描出点(0,16)，点(5,12)，点(10,8)，点(15,4)，点(20,0)。

师：请同学们在方格纸上，建立平面直角坐标系，分别找出这些点。

师:(学生作图描点,老师巡回对学困生进行指导后)在直角坐标系中作出的这些点的位置上有什么特征?

生:在一条直线上!

师:根据你们的作图,你们对一次函数图象的形状有什么猜想?

生:一条直线。

启示:函数图象是学生的"认知难点",要站在学生的视角来处理知识的发生过程,不可急于求成。应让学生通过具体情境进行观察、分析、归纳、提炼和猜想,使学生易于对一次函数的图象进行深入了解。

3. 例题教学

**例 1**:在平面直角坐标系中,作出一次函数 $y=2x+1$ 的图象。

师:(知识要点2)作函数图象的一般步骤:(1)列表,找到一些满足条件的点;(2)描点,以表中各组对应值作为点的坐标,在直角坐标系内描出相应的点;(3)连线,把这些点依次光滑地连接起来,即可得该函数的图象。

启示:学生首次接触到函数图象的一般作法与步骤,教师一定要认真仔细讲解到位,特别是取多少个点、为什么要连线、为什么两端还要出头等问题,一定要讲清楚(如图 6-6 所示),为学生形成自觉的学习行为打好基础。

例1.作出一次函数 $y=2x+1$ 的图象。

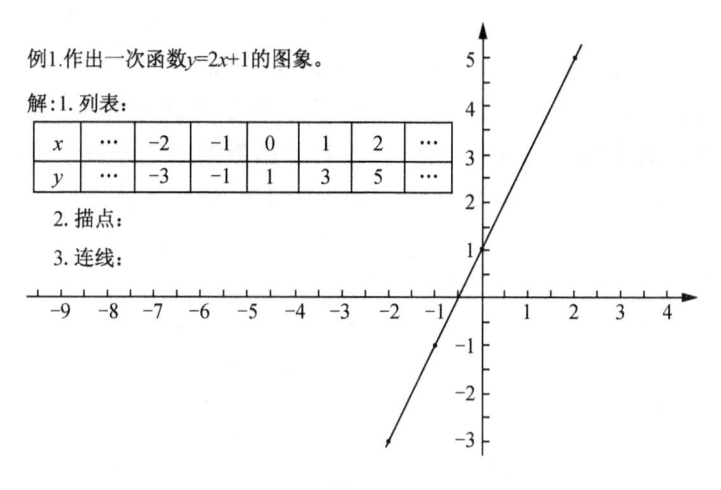

解:1. 列表:

| $x$ | … | -2 | -1 | 0 | 1 | 2 | … |
|---|---|---|---|---|---|---|---|
| $y$ | … | -3 | -1 | 1 | 3 | 5 | … |

2. 描点:

3. 连线:

图 6-6

师:请同学们在做中感悟(简单模仿):在学案的"做中感悟"栏内以小组为单位分别作出一次函数 $y=2x+4$、$y=-3x+6$、$y=x-3$、$y=-4x-4$ 的图象(学生作图象,老师巡回对学困生进行指导)。

师:(学生完成后)请在实物投影上展示你们的学习成果(以小组为单位派代表进行展示和点评)。

**师**：请观察你们刚才所作的所有一次函数的图象,你们有什么发现?

**生**：一次函数的图象是一条直线!

**师**：对!(知识要点3)(1)一次函数 $y=kx+b(k\neq 0)$ 的图象是一条直线;(2)一次函数 $y=kx+b(k\neq 0)$ 的图象也称为直线 $y=kx+b(k\neq 0)$。

**师**：(概念变式)根据所作出的一次函数 $y=2x+1$ 的图象,回答下列问题:(1)点(3,7)在直线 $y=2x+1$ 的图象上吗?(2)直线 $y=2x+1$ 经过点(-2,-1)吗?

**生15**：点(3,7)在直线 $y=2x+1$ 的图象上,因为把 $x=3$ 代入 $y=2x+1$ 得 $x=7$,所以点(3,7)在直线 $y=2x+1$ 的图象上。

**生16**：点(-2,-1)不在直线 $y=2x+1$ 上,因为把 $x=-2$ 代入 $y=2x+1$ 得 $x=-3\neq -1$,所以点(-2,-1)不在直线 $y=2x+1$ 的图象上。

**生17**：老师,我还有方法,从刚才作出的一次函数 $y=2x+1$ 的图象中也可以看出点(3,7)在直线 $y=2x+1$ 的图象上,点(-2,-1)不在直线 $y=2x+1$ 的图象上。

**师**：同学们,你们对以上3位同学解决问题的方法有什么感悟?

**生18**：生15和生16是从"数"的角度考虑的,生17是从"形"的角度考虑的。

**师**：你们对探究的这个问题有什么感悟?

**生19**：(知识要点4)(1)满足函数关系式的每一对 $x$、$y$ 的值所确定的点都在图象上;(2)图象上的每一点的横坐标 $x$、纵坐标 $y$ 都满足函数关系式。

**启示**：根据所授知识的类型确定学生的学习方式,作函数图象是后续学习的基础,让学生通过简单模仿在做中感悟,加深对作函数图象的一般步骤的理解和掌握。通过概念变式,让学生学会对本质属性的判断;通过解决问题方法的学习感悟,让学生对利用"数"和"形"来解决问题的策略有了更深的认识,同时关注学生对知识、学习策略、自己等多维的评价和感悟。

4. 策略变式

**师**：既然一次函数的图象是一条直线,那么作一次函数的图象有没有简捷的方法呢?要不要取这么多个点?

**生21**：不要,因为两点确定一条直线,所以只要取两个点就可以了。

**师**：取怎样的两个点呢?

**生21**：任意两点都可以。

**师**：你为什么有这样的感悟?

**生21**：取与两坐标轴的交点,一次函数图象的某些特性可能更容易看出来。

**师**：你说得很好!(知识要点5)一次函数图象的简便作法:画一次函数 $y=kx+b(k\neq 0)$ 的图象时,确定两个适当点的位置,常取点(0,b),点 $\left(-\dfrac{b}{k},0\right)$。

师：下面，同学们和老师一起来完成例 2：在平面直角坐标系中，作一次函数 $y=-3x+3$ 的图象。

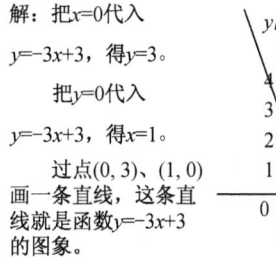

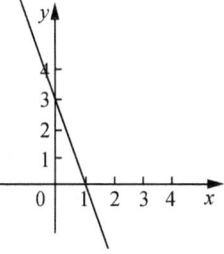

解：把 $x=0$ 代入 $y=-3x+3$，得 $y=3$。把 $y=0$ 代入 $y=-3x+3$，得 $x=1$。过点 $(0,3)$、$(1,0)$ 画一条直线，这条直线就是一次函数 $y=-3x+3$ 的图象（如图 6-7 所示）。

问题引申：根据一次函数 $y=-3x+3$ 的图象，回答下列问题：

当 $x$ _____ 时，$y>0$；

当 $x$ _____ 时，$y=0$；

当 $x$ _____ 时，$y<0$。

师：请同学们观察图象，这三个问题先回答哪一个？

生：第二个，当 $x=1$ 时，$y=0$。

师：你们是怎样得到这个结论的？

生 22：从图象上看出来的，$y=0$，就是求直线 $y=-3x+3$ 与 $x$ 轴交点的横坐标。

师：还有别的思路吗？

生 23：根据刚才作一次函数 $y=-3x+3$ 的图象过程的启示，用方程建模，把 $y=0$ 代入 $y=-3x+3$，得 $x=1$。

师：听了这两位同学的发言，大家有什么感悟？

生 24：解决这类问题，若有图象可从"形"的角度来观察图象得到结果，若没有图象可从"数"的角度来解决。

师：在一次函数 $y=-3x+3$ 的图象中的 $y>0$ 该作怎样的理解？它所对应的 $x$ 的值又是多少？

生 25：是一次函数 $y=-3x+3$ 的图象中 $x$ 轴的上方部分，所对应的 $x$ 的值是 $x<1$。

师：在一次函数 $y=-3x+3$ 的图象中的 $y<0$ 该作怎样的理解？它所对应的 $x$ 的值又是多少？

生 25：是一次函数 $y=-3x+3$ 的图象中 $x$ 轴的下方部分，所对应的 $x$ 的值是 $x>1$。

师：请同学们在平面直角坐标系中，用简便作法，作一次函数 $y=-2x+4$ 的图象（学生作图，老师巡回指导，完成后实物投影中进行展示和点评）。

**启示**：观察图象是"数形结合思想"的重点内容，一定要让学生"完全彻底"地

"理解到位";一次函数的简便作法是本单元的重点内容,一定要让学生亲力亲为,不可草率,要提升学生操作中自为的能力,这是后续探究学习的基础。

5. 拓宽提升

问题:根据图 6-8 中的信息,设香燃烧后所剩下的长为 $y(cm)$,点燃时间为 $x$ (min),在平面直角坐标系中,画出 $y$ 关于 $x$ 的函数图象(学生小组合作,老师巡回指导)。

师:下面请第三小组的中心发言人来展示你们小组的学习成果。

生 26:(将作业放到实物投影上,如图 6-8 所示)这道题的关键必须先求出 $y$ 关于 $x$ 的函数关系式。根据题意,得出香燃烧后的长度 $y(cm)$ 与燃烧时间 $x$ (min)之间的函数关系式为:$y=-0.8x+16$,它是一个一次函数,它的图象应该是一条直线,根据一次函数图象的简便画法就可以作出它的图象。

解:根据题意,得出香燃烧后的长度 $y(cm)$ 与燃烧时间 $x(min)$ 之间的函数关系式为:$y=-0.8x+16$

过点(0,16)和点(20,0)两点作一条直线,就是函数 $y=-0.8x+16$ 的图象。

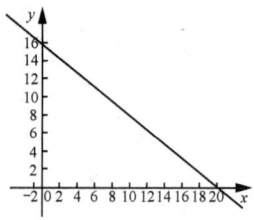

图 6-8

师:你们各小组作的图象都是这样吗?

生 27:老师,他们作得不对!

师:为什么?

生 27:不是直线,而是一条线段!

师:为什么?

生 27:因为自变量的取值是有范围的,$0 \leqslant x \leqslant 20$。

师:同学们,他说得对吗?

生:对!

师(对生 26):你有什么感悟?

生 26:对于实际问题还要考虑自变量的取值范围,以后看问题一定要深刻、全面,思维要缜密。

启示:让学生展示学习成果时,有时要挑有代表性错误的作业,学生作业中的错误是很好的教育资源,要用好这个资源,通过学生身边的人和事来教育学生,效果会更好。

6. 教学回归

(1)学生回归书本,看教材第 151~153 页。(片刻后)

师:你告诉同学们看教材后的收获。

生 28:其一,教材通过香的燃烧过程这个情景分析,给了我们一个一次函数的图象是直线的印象;其二,介绍了作函数图象的一般步骤是列表、描点、连线;其三,通过作一次函数 $y=2x+1$ 的图象让我们明白一次函数 $y=kx+b$ 的图象是一条直线;最后又介绍了一次函数图象的简便作法。

(2) 加归基础。学生完成学案中的基础练习(教材中的基础练习已融合其中)。

**启示**:回归分为回归书本和回归基础。学生脑中有"书",才能做到心中有"数",回归书本便于学生掌握教材中的知识要点,加强对教材的本质理解;回归基础,非常重要,只有打好基础才能进行智力和能力的培养。

7. 学后感悟

师:这节课你有什么收获?这些学习经验如何在今后的学习生活中应用?

生29:通过这节课的学习,我知道了一次函数的图象是一条直线,并学会了函数图象的一般作法和一次函数的简便作法。

生30:我学会了怎样观察一次函数的图象。

生31:我知道了作实际问题的函数图象时,要注意自变量的取值范围。

……

8. 学会创新

师:请你根据这节课中的例题(或习题)编(或出)一道题,看谁出的题新颖、精妙!

生32:作一次函数 $y=2x-6$ 的图象。

生33:作函数 $y=-2x+5(x\geqslant-1)$ 的图象。

生34:求直线 $y=-3x+6$ 与坐标轴围成的三角形的面积。

生35:南京到上海 300 km,高铁匀速运行,其速度为 360 km/h,作出高铁从南京到上海匀速运行的图象。

生36:汽车油箱的贮油量为 60 升,每百公里耗油 10 升,作出油箱的剩油量(升)与行驶的路程(km)的函数图象。

……

9. 课后分层作业

所有同学完成学案中的 A 组和 B 组题;学有余力的同学完成 C 组题。

**启示**:学后感悟有利于学生对本节课内容的整体把握,促进其学习经验的提升和认知逻辑链的生长;让学生改编或创新出题,能促进学生对本节课所学内容的本质理解和灵活掌握,这也是培养学生创新意识和能力的基础;学生作业分层能更关注因材施教、减负增效和保护学生学习数学持久的兴趣和热情,关注自觉性学习能力的培养。

教师是"路标",学生是"司机",教师是学生学习的组织者、指导者、参与者和合作者,课堂教学应面向全体学生。我们的教学要从关注传授知识的量转向关注知识的质,要从注重记忆转向注重思维,要从注重学习结果转向注重学习的过程,要从强调教法转向强调学法,要从强调学会转向强调会学,要从学生被动接受转向主动发现,要从信息单向传递转向信息多向交流,这样的教学才有生命力。

## 第四节 自觉体悟,促进智慧生成[①]
### ——以"中心投影[②]"之教学实践为例

**江苏省常州市金坛区华罗庚实验学校 潘建明 (213200)**

随着《义务教育数学新课程标准(2011)》版的执行,新课程改革已经走向内涵发展期,其最显要的特征是教学行为要从"以教为中心"向"以学为中心"转移,要从以"数学学科体系"为中心转向"以学生发展为本"为旨归,从关注"教得完整"向学生"学得完整"和"发展得完整"变革。数学新课标提出了"四基四能[③]",其基本活动经验的积累对学生的思维发展是很重要的,我们不仅要教给学生知识,更要帮助学生形成智慧,知识的载体是书本,而智慧的形成则在于经验积累。为了帮助学生形成智慧,我们就应更加重视数学学习活动的学程设计,要更加重视学生对于学习活动的直接参与。本质的教学并不是只关注活动经验的简单积累,而应更加重视如何能够帮助学生在经验的积累中实现相应的思维发展,更要促进学生的思维品质不断地向更高层次提升。然而,学生的思维发展又不是可以通过反复的实践(熟能生巧)能够简单地实现的,要在活动中让学生有所得、有所获,特别要有反思性思维活动。因此,我们要通过可接受性的学习活动,让学生进行自觉体悟,促进学生进行自我总结、自觉运用,不断丰富和提升活动经验。自觉体悟的常用方式有独立探究自悟、多维互动领悟和学后反思感悟。下面是我在教苏科版八年级下册"相似三角形应用(2)"一课时,引领学生进行自觉体悟的一点体会。

### 一、"准备学习"启发——独立探究自悟

学生在进行新知学习时,需要他们原有的知识和心智发展水平对新知学习的适合性。准备性学习是在学习新知前,通过提供体现出新旧知识间的内在联系、激发学生探求新知积极性的准备性材料或活动,让学生先行独立探究与尝试的"帮扶式导引"学习。准备性学习是以探究的方式展开对新知的感知,并不是传统意义上

---

[①] 此论文发表在《江苏教育》2015年第12期。
[②] 苏科版初中数学教材八年级下册"10.7 相似三角形应用(2)"。
[③] 《义务教育数学新课程标准(2011)》提出"四基":基础知识、基本技能、基本思想和基本活动经验;其"四能"为:发现和提出问题的能力,分析和解决问题的能力。

的预习,是以研究的方式思考问题和实践体验,而不是把教材内容进行简单的前移。准备性学习要点是简单、集约、本质和开放。在这节课的准备性学习中,我通过操作性活动来引发学生的思维性活动,从而让学生为理解新知积累一些初步的经验。只有通过引发学生"真学"的、有效的准备性学习,让学生积累了初步经验和基本的思考,才会产生对新知的疑问,才会有自己的想法,才会有思维碰撞的火花,才会有高层次对话的基础,才会有智慧生成的基础。

准备性学习活动:体验·思考·操作·尝试

1. 路灯下体验:(1)当你在路灯下行走时,会留下影子吗?(2)当你站在不同的位置上,你的影子会一样长吗?(3)当你从远处向着路灯方向行走时,其影长是怎样变化的?

2. 台灯(点光源)下实验:(1)在"平行投影"中我们将太阳光线看成是平行光线,台灯(点光源)照在桌面上的光线是平行光线吗?(2)当垂直于桌面的笔在桌面上移动的时候,它的影长有变化吗?其变化规律与你在路灯下的体验有什么异同?(3)当两支长短不同的笔垂直于桌面上不同位置的时候,测量它们的笔长和影长,通过计算来验证是否还符合"平行投影"下的"杆长之比等于影长之比"。固定一支笔,移动另一支笔,再进行计算和验证。(4)固定一支笔垂直于桌面上,量出台灯光源正下方的桌面上的位置到笔底端的距离、笔的长度和笔的影长,根据这些数据,你能否计算出台灯光源中心到桌面的距离?

通过以上体验和操作,你有什么思考、感悟和问题?请写下来以便交流。

准备性学习是让学生从精神上、心理上、智力上做好学习新知识的准备,准备性学习活动的设计起点要低、切入口要小,但立意要高远,给学生提供自主探究的问题要引人入胜、有现实意义,而且要富有挑战性。通过他们的感知、分析、判断、想象和归纳等心智活动,丰富基本活动经验,培养其自主学习能力、独立思考和动手能力,激发对新知的兴趣和好奇心。准备性学习是学习新知的前奏,只有对新知进行独立的探究和深入的思考,积累了一些初步的经验,才有探究和接受新知的"思维新基点"。

## 二、"立足根本"生发——多维互动领悟

数学课堂教学是离不开师生、生生和生本间语言的交流和思维的碰撞的。学生的数学学习心理大致要经历"朦胧、混沌、积聚和清晰"这一过程,数学学习状态应该是从模糊的、不自觉的和被动的状态,在老师和同伴的帮扶下,逐步走向清晰的、自觉的和主动的发展状态,这个转变过程的长短,关键在于数学学习活动中多维互动和有效促进的效度。同时,每个学生又都以自己的方式理解数学知识,是用自己的经验去顺应和同化新知的。在学习过程中,学生在已获得感知新知的一些

初步经验的基础上,进行同伴之间的良性差异互动,他们会看到与自己不一样的思考,听到与自己不同的观点,便能多角度和多途径地完善对数学新知的理解,也丰富了自己所积累的学习活动经验。因此,我们要构建民主开放的课堂生态环境,激发学生多向度、本质性地认识问题,激活师生的创新意识和创造能力,扩大学生的"认知半径"和提升思维品质,提高学习策略运用水平,促进智慧生成。

师:在这节课的准备性学习活动中你们有什么收获?

生1:路灯和台灯射出的光线不再是平行光线;路灯下人离路灯越远,影子越长,反之,离路灯越近,影子越短;在点光源下,不同物体的物高与其影长不一定成正比例。

师:点光源下的光线不再是平行光线,这样,在点光源的照射下,物体所产生的影称为中心投影。现在老师问大家一个问题:在晚上的路灯下,当一个人站在不同的位置,他的影子会一样长吗?

生2:当人站在关于路灯对称的位置上时,他的影子是一样长的。

师:有没有不同的意见?

生:没有!

师:他仅仅站在关于路灯对称的位置上时,他的影子是一样长吗?(学生们陷入了沉思)通过准备性学习,同学们对"中心投影"的有关问题虽然有了一定的感知,但还没有走到这一学习内容的核心。下面,请同学们带着准备性学习活动中的思考、感悟和问题,现在按既定的学习小组和用准备好的器材进行分组实验,完成"协作学习活动单"中的问题,特别是各位同学要注意自己在小组中的分工和职责。

教室拉上窗帘,各小组实验完成:(1)固定点光源柱,取一根小木棒,将它直立摆放在不同位置,观察、测量并记录其影长的变化。思考问题:点光源柱、小木棒、小木棒的影子,它们构成怎样的基本图形?(2)改变点光源柱的位置,观察两根长度不等的小木棒的影长的变化。思考问题:根据这两根小木棒和它们的影子能否确定光源的位置?(3)探究:当固定点光源柱时,两根长度都是 10 cm 的小木棒满足怎样的位置关系,它们的影长相等?(4)一根小木棒在两个光源柱之间运动时,观察两个影子的变化情况,请你提出一个问题。

学生分组实验,教师巡视指导;实验结束,全班多维互动交流。

师:通过以上的学习活动,你们有什么领悟?

生3:在点光源下,光源柱、小木棒和它的影子构成"A"字形相似基本图形。

生4:由光源和物高可确定影子;在同一光源下由两个物高和它们的影子可以确定光源。

生5:高度相等的物体站在以点光源为圆心的同一个圆周上时,它们的影长相等。

生6:一根小木棒在两个光源柱之间运动时,分别构成两个"A"字形相似基本图形。

通过"小组实验"、"做中学"和"协作学习",让学生深度感知中心投影中的"核心内容",在准备性学习的基础上将学生的思维活动引向深入,并把核心学习过程还给了学生。通过学生的良性差异互动和师生交流对话,促进学生的领悟和理解,使学生深刻理解"中心投影"的本质内涵,丰富了数学活动经验,提升了思维品质。

## 三、"变式""深化"引领——学后反思感悟

我们知道数学教学并不能只关注活动经验的简单积累,而应更加重视如何能够帮助学生在经验的积累中实现相应的思维发展,要促进学生的思维品质不断地向更高层次提升。教育心理学的研究表明,重复、单调的刺激难以引起学生的注意,容易引起思维的疲劳,但是绝对新的刺激由于变异的成分较多,也难于引起学生的注意,只有相对新鲜的刺激,即既有一定相同或相似的,又有一定变异的成分,容易激发起学生的探究热情,并能培养学生的创新思维和能力。因此,我们要进行有机、灵活的变式教学,使学生在数学活动中学会探索、分析、类比、综合和经验迁移,发展学生的应变能力、创新能力,提高学生的数学素养,促进学生的学习品质向能力型、智力型、开放型转化。

**例**:如图 6-9,请在图中画出路灯光线下木桩的影子。

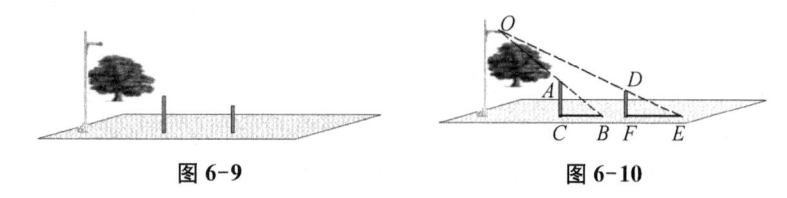

**图 6-9**

**图 6-10**

学生利用实物投影讲解略,如图 6-10 所示。

**变式1**:如图 6-11,请在图中找出光源 $O$ 的位置。

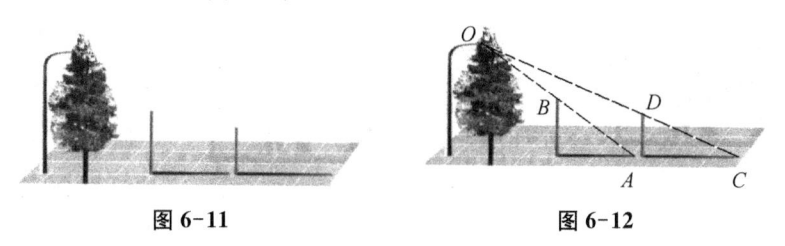

**图 6-11**

**图 6-12**

学生利用实物投影讲解略,如图 6-12 所示。

**变式2**:一天晚饭后,姐姐小丽带着弟弟小刚出去散步,经过一盏路灯时,小刚突然高兴地对姐姐说:"我踩到你的'脑袋'了。"你能确定小刚此时所站的位置吗?如果此时小刚的影子与姐姐小丽的影子一样长,你能在图 6-13 中画出表示小刚身高的线段吗?若能,在图中画出来;若不能,请说明理由。

图 6-13　　　　　　　图 6-14

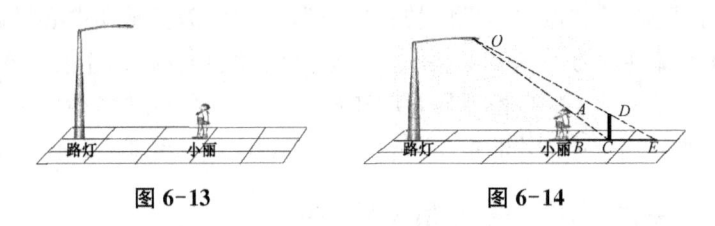

学生利用实物投影讲解略,如图 6-14 所示。

**师**:同学们的讲解都很精彩!通过以上的变式学习和探究,你有什么感悟?

**生7**:光源、物高、影子三者之中,已知任意两者,就可以画出第三者。

变式引领应从学生的已有经验出发,由浅入深,由易到难,这里对作影子、光源、物高三种情况进行了巧妙的"梯度呈现",利于学生感悟和找到规律。通过实物投影让学生自己来展示学习成果,这种"兵导兵"的"专业引领"要胜于老师的讲解。感悟是为了提高学生的元认知水平,也是为了让学生能见到"树木"也见到"森林",感悟升华是在前经验的基础上提升学生思维品质的必由之路。

知识是血肉,能力和方法才是灵魂;知识和方法相比,方法更容易成为能力;能力与方法携手,便是潜在的创造力。数学知识的获得和技能的养成是学生数学学习的内容,提升学生的数学素养、思维能力和学习品质才是数学教学的目标。这始终离不开学生的基本活动经验的积累、丰富和提升,如果我们只会向学生灌输知识,灌输结论,以及所谓"一把一式"的方法,而不重视学生活动经验的积累和元认知能力的开发,这对学生的发展是不利的。只有通过有效的活动让学生在积累基本活动经验的基础上,进行"自觉体悟",才能促进学生的智慧生成。

## 第五节　把握模型本质　建立模型联系[①]

**摘要**:数学课程标准明确指出:"数学探究、数学建模、数学文化是贯穿于整个数学课程的重要内容"。数学建模[②]就是根据实际问题来建立数学模型,再对数学模型进行求解,然后根据求解的结果去解决实际问题。在初中渗透数学建模思想,

---

① 此文发表在《江苏教育》2020 年第 9 期。

② 数学模型(mathematical model)是一种模拟,是用数学符号、数学式子、程序、图形等对实际课题本质属性的抽象而又简洁的刻画,它或能解释某些客观现象,或能预测未来的发展规律,或能为控制某一现象的发展提供某种意义下的最优策略或较好策略。数学模型一般并非现实问题的直接翻版,它的建立常常既需要人们对现实问题深入细致的观察和分析,又需要人们灵活巧妙地利用各种数学知识。这种应用知识从实际课题中抽象、提炼出数学模型的过程就称为数学建模(mathematical modeling)。

经历建模过程(知识建模、能力建模、方法建模和策略建模等),可以培养学生发现问题、提出问题、分析问题和解决问题的能力,同时培养他们的动手能力和知识实际应用能力,也利于对学生创新能力的培养。

**关键词**:数学建模　把握本质　建立联系

数学课程标准明确指出:"数学探究、数学建模、数学文化是贯穿于整个数学课程的重要内容。"数学建模是数学学习的一种新的方式,它为学生提供了学习和探究的新载体,有助于学生体验数学在解决问题中的价值和作用,体验综合运用知识和方法解决实际问题的过程,增强数学知识的应用意识;同时也有助于激发学生数学学习和探究的兴趣,发展学生的创新意识和实践能力。在初中数学教学过程中,要真正让学生对数学建模思想有所感悟,需要经历一个长期的过程,我们应该根据学生的年龄特征和不同年级的要求,循序渐进,逐步渗透,有效培养学生的建模意识和建模能力。在这一过程中,让学生从相对简单到相对复杂、相对具体到相对抽象,逐步积累经验,学习一些建模方法,逐步形成运用模型思想去进行数学思维的习惯。本教学内容是苏科版九年级上册"第二章　对称图形——圆"学完后,结合苏科版九年级《数学实验手册》(实验6:滚动的圆)对多边形周长和圆的弧长等相关知识的综合应用。这是我面向常州大市范围内开办的一次公开课,请各位同行批评指正。

# 一、把握模型本质

## (一) 情境导入

**问题**:如图6-15,已知一个半径为2 cm的圆⊙$O$,在△$ABC$的外部沿三角形的边滚动(无滑动)一周,其中$AB=5$ cm,$BC=6$ cm,$AC=7$ cm,求:当⊙$O$滚动结束时,⊙$O$的圆心$O$所运动的路径[①]的长度。(2018年常州中考模拟题)

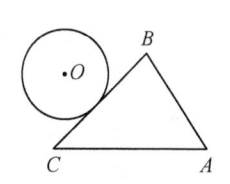

师:我们已经学完了第二章"中心对称图形——圆",今天我们来研究数学实验手册的"实验6:滚动的圆",同学们先看老师给出的问题(让学生看题和思考)。

师:有答案的同学请举手(没有学生举手)。你们为什么不举手?

生1:这个问题很有趣,但圆在三角形边上滚动,它的规律我还未发现,所以没举手。

生2:我做出了一个答案,但不敢确定,所以没有举手。

---

[①] 苏科版教材没有引用"轨迹"的概念,在实际教学中常用"运动的路径"来表述。

**生3**:我看到是中考模拟题,心理压力很大,思维有点"短路"。

**师**:看来这个问题对同学们的挑战还是比较大的,下面我们先来从简单的问题探究开始。

**启示**:关注对"未举手"的提问,进一步了解学情,了解学生的思维"断点"和学习心理。"开门见山"地将这个问题让学生先思考一下,让学生明白对此类问题探究的重要性和必要性,也为本节课的"前后呼应"设置一个"悬念"。

(二) 自觉体悟

**问题探究 1**:如图 6-16,半径为 $r$ 的圆沿着直线无滑动地滚动一圈,圆心所移动的路径是怎样的图形?圆心所经过的路径的长度是多少?

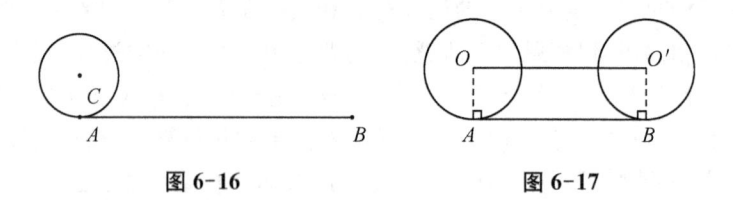

图 6-16

图 6-17

**师**:(学生动手操作后)对问题探究 1 有结果的请举手(学生全部举手)。

**生4**:这个问题在小学时就已经探究过了。如图 6-17 所示,在探究中我发现,无论是圆上任意一点还是圆心,在运动过程中圆上的每个点都紧紧贴在直线上所走过的线段长,与滚动前后的圆心距刚好是矩形的一组对边,因此可以判断,圆心所运动的路径是一条线段,圆心所经过的路径的长度是这个圆的周长,为 $2\pi r$。

**启示**:这是探究的基础,一定要重视全体学生的实验和表述,学生规范的表达是后续表达的基础,但这里不是重点,不需要花太多的时间。

**问题探究 2**:如图 6-18,半径为 $r$ 的圆的滚动路径为:两条总长度为 $m$ 的直线段组成,其夹角为 $\alpha$,请试着画出圆心运动的路径图形,求其圆心运动的路径长度。

图 6-18

**师**:你们在这个问题的探究中,觉得认知难点在哪里?

**生5**:圆滚到点 $C$ 后会怎么滚的问题。

**师**:好的,针对这个认知难点,请同学们再拿出准备好的硬币先进行自主实验和思考,再在小组内相互交流。(学生操作、交流,教师巡学指导)

**师**:哪一个小组来展示你们的学习成果?

**生6**:我们研究发现,圆滚到点 $C$ 后圆心会绕点 $C$ 旋转后再滚动,所以……

**师**:(示意暂停,教师动画演示,如图6-19所示)对这个问题的理解,大家有问题?

**生**:(齐声)没问题!

**生6**:所以,圆心运动的路径是两条线段长加上一段圆弧长,两条线段长的和为 $AB+BC=m$。

**师**:那这段圆弧长是哪条弧的长度?

**生6**:是以 $C$ 为圆心 $r$ 为半径的"$\overset{\frown}{DE}$"的长。半径有了,只要求出圆心角的大小,事实上,我们作 $DC \perp AC$、$EC \perp BC$,因为 $\angle DCA+\angle ACB+\angle BCE+\angle DCE=360°$,而 $\angle ACD=\angle BCE=90°$,所以 $\angle ACB+\angle DCE=180°$,又因为 $\angle ACB=\alpha$,所以 $\angle DCE=180°-\alpha$,因而这段圆弧长为 $\dfrac{(180-\alpha)\pi r}{180}$,故其圆心运动的路径长度为 $m+\dfrac{(180-\alpha)\pi r}{180}$。

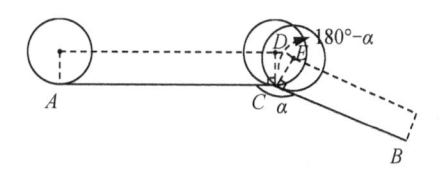

图 6-19

**启示**:在教学中要让学生明白认知的难点在哪里,这样的探究才会有的放矢。通过独立探究和小组交流,利用良性差异互动和巡学指导能更好地帮助中等生和学困生理解和掌握。这个环节揭示了算法模型的本质,一定要让全体学生彻底理解和掌握。

**问题探究**[①]**3**:如图6-20,将一个半径为 $r$ 的圆在一个周长为 $m$ 的 $n$ 边形上滚动(外部),请试着画出圆心运动的路径图形,求其圆心运动的路径长度。

**师**:现在我们来看问题探究3,这个问题与探究2有什么联系?

**生7**:问题探究2只是问题探究3的每个内角处发生的情境。

**师**:很好!下面给5分钟,每个同学先独立探究,再小组交流。

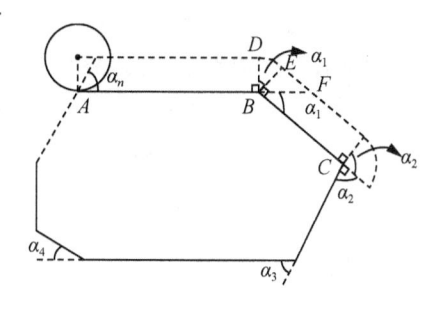

图 6-20

**师**:(学生探究后交流,教师巡视指导后)现在哪个小组来展示你们的合作成果?

**生8**:我们设 $n$ 边形的 $n$ 个外角分别是 $\alpha_1, \alpha_2, \alpha_3, \cdots, \alpha_n$,则有 $\angle\alpha_1+\angle\alpha_2+\angle\alpha_3+\cdots+\angle\alpha_n=360°$,又因为 $\angle ABC+\angle\alpha_1=180°$,由问题探究2可知,

---

[①] 这里要看学生的基础,若他们的基础较弱可增加对四边形的探究,这个班的基础较好,故我这里直接用 $n$ 边形了。

$\angle ABC+\angle DBE=180°$,所以 $\angle DBE=\angle \alpha_1$,$\overset{\frown}{DE}=\dfrac{\alpha_1\pi r}{180}$,同理,圆在所有顶点处的所有弧长

$$L=\dfrac{\alpha_1\pi r}{180}+\dfrac{\alpha_2\pi r}{180}+\cdots+\dfrac{\alpha_n\pi r}{180}=\dfrac{(\alpha_1+\alpha_2+\cdots+\alpha_n)\pi r}{180}=\dfrac{360\pi r}{180}=2\pi r$$

则当半径为 $r$ 的圆在一个周长为 $m$ 的 $n$ 边形上滚动(外部)时,其圆心移动的路径长度为 $m+2\pi r$。

**师**:大家听明白了吗?还有哪个小组有不同的想法吗?

**生9**:我们小组和他们小组解题思路上大体相同,但我们没有假设每一个外角的度数,我们是这样做的,由问题探究 2 可知,$\angle ABC+\angle DBE=180°$,可得:$\angle DBE=180°-\angle ABC$,所有的内角处都存在这样的情况,所以所有弧的圆心角之和为 $n\cdot 180°-(\angle ABC+\angle BCD+\cdots)=n\cdot 180°-(n-2)\cdot 180°=360°$。

**启示**:为了突破学生的认知难点,教师指出了问题探究 2 和问题探究 3 的联系(中等生和学困生不一定能看出来),便于学生进行认知迁移;学生有不同的思路,应让他们进行展示,促进学生建立关系性理解。

(三)模型提炼

1. 算法模型:如图 6-20,将一个半径为 $r$ 的圆在一个周长为 $m$ 的 $n$ 边形上(外侧)滚动,则其圆心运动的路径长度为 $m+2\pi r$。

2. 模型验证:当半径为 $r$ 的动圆沿着四边形的外围无滑动地滚动时,请验证动圆的圆心沿四边形运动的路径之和为:$L=C_{四边形}+C_{圆周}$。

语言表述:一个圆在一个多边形上(外侧)滚动(无滑动),则其圆心移动的路径长度是多边形与这个圆的周长之和。

## 二、建立模型联系

(一)验模改模

1. 完成导入情境中所提出的问题。

2. 如图 6-21,在矩形 $ABCD$ 中,$AB=6$ cm,$BC=4$ cm,有一个半径为 1 cm 的圆在矩形内沿着边 $AB$、$BC$、$CD$、$DA$ 滚动到开始的位置为止,则圆心所运动的路径长度是 ( )

A. 20 cm
B. $(20+2\pi)$cm
C. $(20-2\pi)$cm
D. 以上都不对

学生完成情况都很好,过程略。

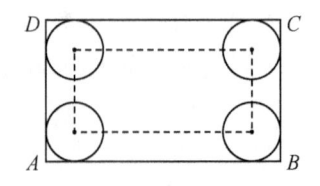

图 6-21

**启示**：圆在矩形内滚动就不能用所提炼的算法模型，促进学生对所提炼的算法模型适用前提的理解，学会辨模、改模和重新建模。

（二）变式应用

1. 如图 6-22，取两枚同样大小的硬币，设半径均为 $r$，固定其中一枚，将另一枚硬币绕其边缘滚动一周，那么它所滚动的路径是什么图形？其圆心运动的路径长度是多少呢？

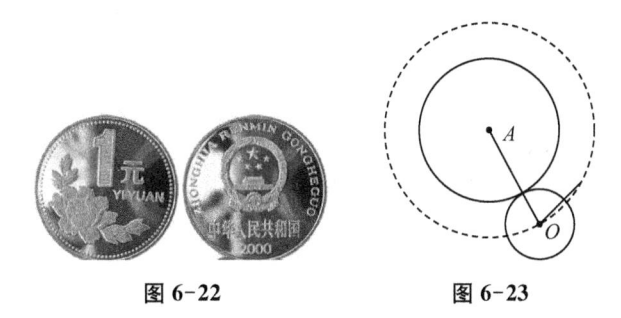

图 6-22　　图 6-23

2. 如图 6-23，有两个大小不同的圆⊙A 和⊙O，大圆⊙A 的半径为 $R$，小圆⊙O 的半径为 $r$，固定大圆⊙A，将小圆绕其边缘（外侧）滚动一周（无滑动），那么小圆的圆心所运动的路径是什么样的图形？其圆心运动的路径长度是多少呢？

3. 圆在多边形的边上（外侧）滚动与小圆在大圆的圆周（外侧）滚动有什么联系？试说出你的猜想。

**师**：刚才我们讨论了圆在多边形的边上（外侧）滚动，现在我们讨论圆在圆周上（外侧）滚动，大家先看问题（1），拿出硬币先操作再交流。

**生 15**：这个问题不复杂，如图 6-24 所示，因为两个硬币是等圆，所以，动圆的圆心所运动的路径是一个半径为 $2r$ 的大圆，故圆心运动的路径长度是 $4\pi r$。

**师**：问题（2）的解决思路，谁来说一下？

**生 16**：从图 6-24 中可以看出，动圆的圆心所运动的路径是以一个定圆的圆心为圆心，半径为 $(R+r)$ 的圆，故圆心运动的路径长度是 $2\pi(R+r)$。

**师**：我们将 $2\pi(R+r)$ 展开以后是什么结果？

**生 16**：是 $2\pi R+2\pi r$，是这两个圆的周长之和。

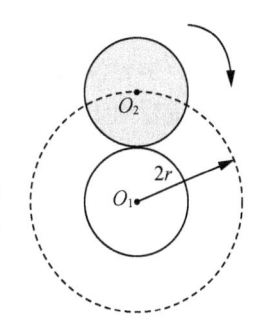

图 6-24

**师**：我们回头来看一下，我们所提炼的算法模型中的结论是什么？

**生 16**：一个圆在一个多边形上（外侧）滚动（无滑动），则其圆心移动的路径长度是多边形与这个圆的周长之和。

**师**：有什么想法？

**生16**：（豁然开朗）可以将这两个算法模型统一起来：一个圆在一个多边形上（或圆）的（外侧）滚动（无滑动），则其圆心运动的路径长度是多边形与这个圆（或两圆）的周长之和。

**师**：事实上，如图6-25所示，当动圆沿四边形四边外侧滚动时，其圆心运动的路径之和为：$L=C_{四边形}+C_{圆周}$，而有了这个发现之后，我们按同样的推理方式不难得出在五边形、六边形以至 $n$ 边形中都有着惊人的相似，所以，当动圆沿 $n$ 边形外围滚动一周时，其圆心运动的路径长为 $L=C_{n边形}+C_{圆周}$。

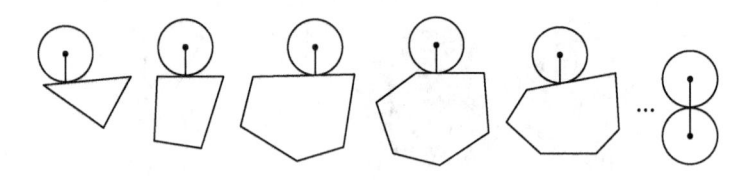

图 6-25

当多边形的边数逐渐增多时，多边形渐渐失去了棱角，当边数趋近于无穷大时，多边形就会变成一个圆，那么动圆的圆心运动的路径长度应该为：$L=C_{定圆}+C_{动圆}$。

**生16**："真奇妙，原来"直"和"曲"是可以统一的！

**启示**：这里的学习活动，对模型基础背景的变式探究拓宽了学生的视野。圆在另一个圆周上滚动是中考经常考的，也是需要研究的问题。通过建立起从"直"到"曲"的联系，不仅完善了学生的结构化认知，还促进了学生对模型之间的关系性理解。

数学建模思想的形成是一个复杂的系统工程，它是对数学知识、能力、策略等不断进行组织和再组织的过程。数学教学的目的是发展学生的思维能力，而思维能力的提升是不可以直接传授的，需要学生在学习的过程中不断地体验、领悟、感悟和顿悟。在本节课中我把核心数学学习过程还给了学生，让学生经历模型分析、模型提炼、验模辨模、变式联系等核心过程，不是仅仅让学生形式上得到自主、表面化合作和进行没有价值的"伪探究"，而是利用"学路优先"，引领他们走向数学学习的核心，使他们真正成为学习的主人，体现了数学教育价值的追求，即带着知识走向学生不过是授人以鱼，带着学生走向知识才是授人以渔，这样的教学才会有生命力。

# 参考文献

[1] 潘建明.解读自觉数学课堂[M].南京:江苏教育出版社,2019.
[2] 潘建明.聚焦现代教育技术背景下的自觉数学课堂[M].南京:江苏凤凰教育出版社,2015.
[3] 潘建明.潘建明与自觉数学教育思想[M].北京:北京师范大学出版社,2021.
[4] 潘建明,杭佳楣.翻转教学形态的变革与创新研究[M].南京:河海大学出版社,2019.
[5] 潘建明.我的"自觉数学"教学思想[J].人民教育,2014,7(14):35-38.
[6] 潘建明.把握模型本质与联系的数学建模教学[J].江苏教育,2020(9):40-43.
[7] 潘建明.前位类比 自觉体悟 自主建构[J].江苏教育,2019(1):69-73.
[8] 潘建明,高如玉.利用递进性学习活动激发"翻转课堂"活力[J].江苏教育,2018(7):36-39.
[9] 潘建明.教、学、做相统一,讲、探、练相结合[J].江苏教育,2017(9):53-57.
[10] 潘建明.交还核心学习过程,增强组织学习能力[J].初中教学研究,2014(3):20-22.
[11] 潘建明.促进法则内化,明晰生发原理[J].初中生世界:初中教学研究,2020(10):60-62.
[12] 潘建明.自觉体悟,促进智慧生成[J].江苏教育,2013(6):50-52.
[13] 潘建明.因材循导 自觉体悟[J].中学数学月刊,2012(12):7-10.
[14] 丁叶谦,潘建明.《一节"全等三角形复习课"的课例与说明》大家评——依靠"望、闻、问、切"调节"免疫功能"[J].中学数学教学参考,2011(6):22-24.
[15] 张伟俊,潘建明.立足课堂发展本位,释放学生本质力量[J].中学数学教学参考,2010(7):26-29.
[16] 何丽华,潘建明.构建"生本课堂",提升"数学气韵"[J].中学数学教学参考,2011(5):26-28.
[17] 潘建明,丁一谦."准备性学习案"的设计思考与实践[J].中学数学教学参考,2011(4):21-22.
[18] 潘建明,何丽华.特殊三角形[J].中学数学教学参考:中旬,2012(1):87-90.
[19] 潘建明."自觉数学课堂"的本质与内涵[J].初中生世界:初中教学研究,2016(4):65-67.
[20] 中华人民共和国教育部.义务教育数学课程标准(2019年版)[S].北京:北京师范大学出版社,2019.

数学新课程的改革不仅是教材的、观念的改革，更是数学教学文化的改革。随着新课程改革的不断深入，数学教育教学理念和策略将被不断地修正和完善。我们进行自觉教学形态的研究旨在唤醒数学教育的意识，建构自觉的数学教学"意义世界"，向着数学素养教育的"智慧深处"行走。

# 后记：建构自觉的数学教学"意义世界"

中国在建设"创新型国家"的进程中，若没有强大的数学教育"创新文化"支撑，其结果是不可想象的。正走在"改革半路上"的数学素质教育的现实并不乐观，应试教育始终是一个"坚硬的泡沫"，国人早已"审素质教育疲劳"，我们不能把"理想标准"混同于"现实标准"，到现在为止，"数学素质教育"还不是学生数学学习的"生活方式"。基于核心素养的新课改实施以来，初中数学课堂教学结构虽然发生了很大的变化，但当下的数学课堂教学现状基本上仍以教师为中心，学生始终处在压抑、被动的状态，学习积极性调动不起来，发展性主体作用得不到充分发挥，数学教学实际依然是"无人的"程序性劳动，我们所面对的权威的课标、教材、名校经验、升学率等束缚了我们的思维，使教育缺乏生机和活力，学生也成了被动吸收知识的容器，数学教学走上"无人的"物流通道。

构建自觉教学形态的本质效能是促进教师创造性和创新性的发展，对数学教育教学有本质的理解，关注适切性数学教学的创生，使数学教育内涵和品质都得到提升。现在全国22所自觉教学形态研究的基地学校，采用了自觉教学形态进行课堂教学改革，都取得了良好的效果，特别是学生的学习方式得到了转变，学习热情高了，数学核心素养得到了加强，学习成绩都有较大进步，中考和平时成绩都名列前茅，所有基地学校都给予了高度的评价。

近十年来我们发表成果论文达六十余篇，其中有十多篇论文发表在国家核心期刊上，主要成果《我的"自觉数学"教学思想》发表在《人民教育》2014年第14期。专著《解读自觉数学课堂》(2019年版)和《聚焦现代教育技术背景下的自觉数学课堂》均由江苏教育出版社出版，并收录在《著名特级教师教学思想录》和《中国教育成长观察(丛书)》中。

我们在立足于常州大市区域内学校推广的同时，充分利用省内外各级各类平台和学校进行教学实践、教学展示。2012年10月、2015年3月和2016年11月，"自觉数学"教育思想实践成果通过江苏省中小学教研室的"教学新时空"平台向全国进行展示。《人民教育》《江苏教育》《初中教学研究》等杂志对此进行专题报道。

近五年来,我们参加中美、中加、中俄及两岸四地的教学成果交流,并在全国各地进行辐射与推广达三百多次,均受到一致好评。中国"好课堂"组委会和全国中小学名师工作室发展专业委员会将"自觉数学教育思想"讲座和课堂教学录像制成光盘,全国发行。

自觉教学形态的研究给予了我们很多的启迪:数学教育意识的觉醒蕴含着数学教育教学作为科学的进步,蕴含着数学教育教学专业性的不断提升,它是我们对自己的教学行为的自我意识、自我觉察、自我评价和自我调节。我们通过对数学教学的理解和体验,唤醒我们的数学教育意识,在数学教育教学活动中要自觉地发挥能动性,以积极健康的心态投身到专业自觉、教学改革、数学教学创新等工作中去,改进教学行为,关注教学个性的张扬,建构自觉的数学教学"意义世界"。